Coleção

Biblioteca do Maçom

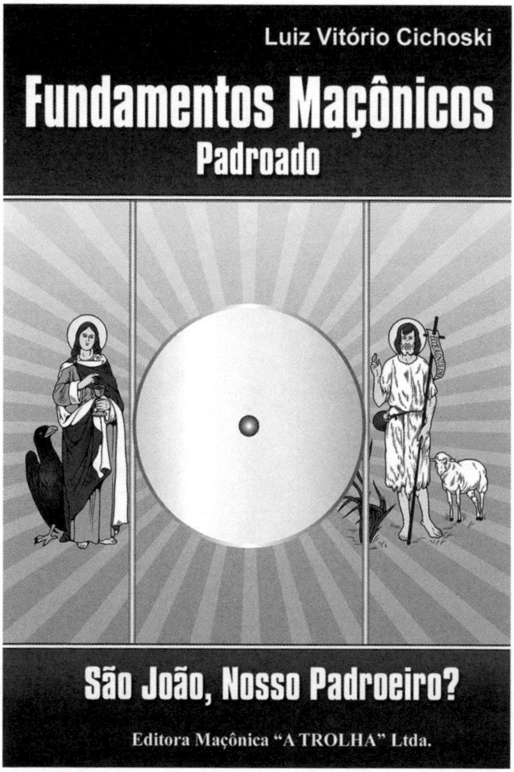

EDITORA MAÇÔNICA
A TROLHA

LUIZ VITÓRIO CICHOSKI

Fundamentos Maçônicos
Padroado
São João, Nosso Padroeiro?

Editora Maçônica "A TROLHA" Ltda.
Rua Castro Alves, 264 – Jd. Shangri-lá A – Fone (43) 3337-1982
Fax (43) 3326-0915 – Cx. Postal 238
CEP 86001-970 – Londrina – PR

Londrina, março de 2015

EDITORA MAÇÔNICA "A TROLHA" LTDA.
Rua Castro Alves, 264 – Jd. Shangri-lá A
86070-670 – Londrina – PR
Cx. Postal 238 – CEP 86001-970
Fone (43) 3337-1982 – Fax (43) 3326-0915
Site: www.atrolha.com.br
E-mail: redacao@atrolha.com.br

Coordenação Geral:
Conselho Editorial

1ª Edição:
2015

Tiragem:
1.500 exemplares

Projeto Gráfico e Diagramação:
Maristela Meneghetti

Capa:
Ulisses R. M. Candreva

Revisão:
Maria Christina Ribeiro Boni

Impressão e acabamento:
Midiograf – Gráfica e Editora

Obediência: *Grande Oriente de Santa Catarina – COMAB*

Dados Internacionais de Catalogação na Publicação (CIP-Brasil)
CATALOGAÇÃO NA FONTE

C568f Cichoski, Luiz Vitório.
Fundamentos maçônicos : padroado : (São João, nosso padroeiro?) / Luiz Vitório Cichoski. – 1. ed. – Londrina: Ed. Maçônica "A TROLHA", 2015.
232p.; 14,21 cm. – (Coleção Biblioteca do Maçom).

ISBN: 978-85-7252-338-7

1. Santos e Igreja. 2. João, Santo (Padroado) – Maçonaria. 3. Igreja Católica – Santos. 4. Maçonaria – Padroado. I. Título. II. Série.

CDD 200
CDU 235.3

Índices para Catálogo Sistemático:

1. Santos e Igreja
   235.3:260 (CDU)
2. João, Santo (Padroado) – Maçonaria
   235.3:061.236 (CDU)
3. Igreja Católica – Santos
   260.1:2353 (CDU)
4. Maçonaria – Padroado
   061.236:282 (CDU)

Dedicatória

Dedico este trabalho a todos os Irmãos da A∴ R∴ L∴ S∴ "Livres Telúricos Nº 126", Oriente de Maravilha, Grande Oriente de Santa Catarina/COMAB, da qual fui Membro efetivo nos três primeiros anos de atividades, e aos Irmãos da A∴ R∴ L∴ S∴ "Templários da Liberdade Nº 69", Oriente de Pinhalzinho, Grande Oriente de Santa Catarina/COMAB, onde recebi a luz e permaneço como Membro efetivo.

Agradecimentos

Agradeço a todos os Mestres Maçons que por meio de palavras escritas ou bem ditas fertilizaram a semente em mim plantada na Iniciação Maçônica.

Sumário

Prólogo – Apresentação

O presente trabalho nasceu para responder a questionamentos e dúvidas do autor, portanto, tem nele o seu primeiro usuário. Espero que todos os que vierem a consultar nosso texto encontrem nele respostas e dirimam alguma dúvida, vivência que justificará o esforço do autor e a existência da pesquisa.

Sendo honesto devo reconhecer que não consegui sanar todas as minhas inquietações, pois, se por um lado encontrei respostas para dúvidas antigas, os novos conhecimentos trouxeram consigo novas questões, de maneira que continuo com algumas dúvidas o que pode servir de estímulo para continuar com o infindável trabalho da busca pelo conhecimento – escopo de todo Maçom (com 'M' maiúsculo).

Acredito que são nossas dúvidas e angústias as que nos têm motivado e movido na busca de respostas. Literariamente, parece-me, é cada vez mais difícil o desenvolvimento de uma ideia completamente original, uma inovação lacunar. Contudo, escrutinando o nosso íntimo, via dúvidas e questionamentos, podemos garimpar material bruto do qual, com sorte, poderemos lapidar uma apresentação nova, escondida na ganga de outros. Se não apresento tema e texto completamente original, procuro trazer alguma novidade que não conhecia para partilhar com o leitor.

Assim sendo, justifico o uso basilar que faço das citações ao longo deste e, como já feito, em outros trabalhos. Meu modo de compor o texto está calcado nas referências que encontro. Por isso meus trabalhos estão colchetados por citações, tanto quando corroboram o ponto de vista em estudo, como no caso dissonante.

Servi-me delas como espinha dorsal ao longo deste trabalho, especialmente na segunda parte, quando estudo a procedência de S. João como padroeiro[1,2,3] da Maçonaria. Detive-me em desenvolver um comentário crítico e histórico sobre os dados encontrados. Desta forma acabo fazendo um estudo das entrelinhas dos textos comentados na busca pelo não dito, na esperança de encontrar, senão a originalidade, pelo menos a novidade.

Em nenhum outro trabalho vali-me tanto da "web" quanto neste. É forçoso reconhecer que sem o acesso e uso da rede dificilmente este trabalho poderia ser composto.

A primeira parte – Os Santos e a Igreja – foi, quase totalmente, composta a partir de dados disponibilizados na rede, uma vez que minhas fontes sobre o tema são exíguas e insuficientes para uma fundamentação mais robusta. O uso da rede como fonte de dados, se por um lado facilita o desenvolvimento dos trabalhos ao permitir acesso a dados e textos inimagináveis e inalcançáveis em outras épocas, visto não dispormos em nosso entorno de bibliotecas apropriadas; por outro lado, porém, exige uma visão e postura críticas para com estas mesmas fontes disponibilizadas. É fundamental selecionar dados e checar fontes mesmo e, principalmente, quando eles estão concordes com nossa linha de pensamento.

Procurei valer-me de fontes históricas e filosóficas relacionadas com o temário estudado. Fiz uma ampla exploração da

---

1 Em nosso Rituais encontramos a palavra PADROEIRO, cujo sentido dicionarizado é: aquele que tem o direito de padroado, defensor, protetor, patrono. PATRONO, padroeiro, protetor, defensor (mas também, advogado em relação aos seus clientes; o senhor em relação aos seus escravos na Roma antiga). PADROADO, direito de servir de protetor, adquirido por quem funda, erige ou dota uma Igreja; direito de conferir benefícios eclesiásticos. PATRONATO, proteção, auxílio, patronado (mas também, instituição que abriga e educa menores). Assim, ao longo deste trabalho usaremos como sinônimos os termos PADROEIRO e PATRONO.

2 C. Aulete, Dicionário Contemporâneo da Língua Portuguesa Caldas Aulete, vol. IV, 5ª ed. Ed. Delta, 1986.

3 A. B. H. Ferreira. Novo Dicionário da Língua Portuguesa. 2ª Edição, Ed. N. Fronteira, 1986.

Wikipédia a partir do Portal dos Santos, em busca de dados que auxiliassem na elaboração dos capítulos iniciais. Um cuidado especial foi dedicado à confrontação dos dados procurando evitar as informações dúbias e contraditórias com a pesquisa em múltiplas fontes até sanar as contradições.

As notas de rodapé, nas quais estão, invariavelmente, todos os endereços consultados, servem também para completar os dados citados. Sempre que possível foi colocado o texto original trabalhado, possibilitando ao leitor cotejar nosso esforço, nem sempre competente, de tradução, e que desde já pedimos as devidas desculpas e tolerância para com nossas limitações.

Os anexos acrescentados ao final de cada capítulo têm o objetivo de possibilitar ao leitor ampliar a pesquisa, principalmente do temário relativo aos Santos, para além do foco de nosso estudo – S. João. Procuramos trazer um painel mais geral dos Santos: Santos Padroeiros, dados biográficos dos Santos citados em algum parágrafo, temas associados aos Santos, como hagiografia e martirologia, entre outros. Também foram acrescidos em anexos outros dados que o autor desconhecia ou entendeu interessantes, como conhecimento histórico ou, até mesmo, como curiosidade.

Nossa postura tem sido sempre a "procura pela verdade", que possibilita um caminhar na senda do "desenvolvimento pessoal". Estes são os pilares que norteiam nossa pesquisa diuturnamente. Afinal, como tenho repetido à exaustão, Maçonaria é assunto sério, e como tal deve ser tratado. O Maçom que não tenha, de forma clara, semelhante compreensão e sentimento deve rever, de forma sincera e profunda, sua presença e atuação na Instituição.

Boa leitura.

Apresentação dos Editores

Este é o terceiro livro de autoria do Irmão Luiz V. Cichoski publicado pela Editora "A TROLHA", fruto de um trabalho de pesquisa intenso, sempre com vistas à busca das evidências e razões que originaram conceitos adotados e mantidos pela Sublime Ordem Maçônica até nossos dias atuais. Realmente é um tema bastante atraente e muito discutido e muitos trabalhos são elaborados e apresentados em Loja. O Autor apresenta seu estudo em duas partes, relatando, em primeiro plano, os Santos e as Igrejas e, na segunda parte, os Santos e a Maçonaria propriamente dita.

É importante comentar que, somente após o séc. VII as Igrejas, as Catedrais, começaram a eleger e adotar um Santo como padroeiro em suas comunidades, sempre com o destaque de seu nome aos Templos reconhecendo-os como Patronos comunitários.

Símbolo da fé do povo e sinônimo de proteção à comunidade paroquial, o Santo padroeiro significava o amparo e o confidente, o protetor, aquele que, por sua intercessão junto de Deus, tinha a faculdade e a missão de defender e obter para quem a ele recorre, o louva e nele confia as graças pedidas em oração e voto de promessa – particularmente, nas alturas mais precisas e difíceis da vida de cada um.

São João Batista é o único Santo cujo nascimento se comemora na Liturgia – além da Virgem Maria. A religiosidade popular lhe consagra cantos, danças folclóricas e fogueiras. Isso desde o século IV.

Por que tanta devoção?

E por que foi adotado como padroeiro da Maçonaria?

Junte-se ao autor e conheça mais sobre este assunto rico, já que englobará praticamente um milênio da história da humanidade e 3 séculos de história Maçônica.

Os Editores

Londrina, janeiro de 2015.

1. Introdução

O presente trabalho é o resultado da insatisfação e desconforto sentidos a partir de reiteradas leituras de, principalmente, duas expressões que, não raramente, encontrei separadas ou associadamente, quando não em um mesmo parágrafo ou trabalho.

As expressões consideradas são:

a) A Francomaçonaria descende de antigas organizações de ofício, como o *Collegia Fabrorum* romano[4,5], e

b) S. João é o padroeiro da Francomaçonaria desde a antiguidade da Idade Média[6,7].

A leitura destas citações sempre determinou uma sensação com o travo da incongruência, bem como o sentimento da necessidade de um melhor entendimento visto possibilitarem uma compreensão paradoxal no campo semântico.

Por um lado, o *Collegia Fabrorum* romano foi uma instituição da Antiguidade, do período atribuído a Numa Pompílio, que teria sido criado por volta de 715 a.C. Meu primeiro mal-estar refere-se à dificuldade de entender a existência de um organismo – o *Collegia Fabrorum* –, criado por um rei – Numa Pompílio – que é uma lenda, assim como seu antecessor, Rômulo. Também gera

---

4 P. Naudon, Les Origines de la Franc-Maçonnerie, Dervy, 1991.
5 T. Varoli Filho, Curso de Maçonaria Simbólica, Tomo I, Aprendiz, A Gazeta, s/d.
6 P. Naudon, A Maçonaria, Difusão Européia do Livro, 1968.
7 L. F. Abrines & R. A. Arderiu, Diccionario Enciclopédico de la Masonería, T. II, Ed. Kier, 1962.

insegurança a dificuldade de comprovar a existência contínua deste organismo ao longo de um período de, pelo menos, mil e oitocentos anos, ou seja, entre a sua fundação – 715 a.C. – e o desenvolvimento dos representantes conhecidos e aceitos de uma Maçonaria Operativa, relacionada ao período gótico, balizado pela construção da Catedral de S. Denis, a partir de 1127. Qual teria sido a trajetória desta organização – o *Collegia Fabrorum* – entre 715 a.C. até 1127 da nossa era?

Por outro lado, S. João Batista (2 a.C./27 d.C.)[8] é posterior ao *Collegia Fabrorum* em, pelo menos, setecentos anos, portanto, foi em algum momento posterior à fundação da organização romana e entre o desenvolvimento do cristianismo e da Maçonaria Operativa, que o Santo foi escolhido como padroeiro dos pedreiros[9] (*lapidarii et marmorii* cementeri, masons), pois, dificilmente, ele poderia ter sido o padroeiro dos pedreiros romanos do *Collegia Fabrorum*! – ver adiante Abrines/Arderiu. Havendo aqui, obrigatoriamente, uma troca, uma substituição de padroeiros. Mas quando? Por quem? Por quê?

Também é interessante considerar como algumas informações são aceitas e assimiladas sem um questionamento mais crítico. Muitas informações constantes de nossos estudos e textos, quando lidas, rápida e superficialmente, nos parecem aceitáveis, até mesmo óbvias em alguns contextos. A repetida leitura faz delas um chavão que impregna nossa memória de tal maneira que acabam se

[8] http://pt.wikipedia.org/wiki/Jo%C3%A3o_Batista. Acessado em abril/2012.

[9] Lembrar que a função de pedreiro teve diferentes termos designativos ao longo do tempo. Assim, no século IV eram chamados por ***lapidarii et marmorii***; já no século XII vamos encontrar as palavras ***latomos*** para designar os talhadores de pedra e, ***cementarios*** para distinguir os pedreiros. No século XIII aparece ***Lapicida*** substituindo a **cementarios**; ainda no século XIII, no precioso Livre des Metièrs, de E. Boileau, encontramos a nomenclatura francesa substituindo o latim: **maçons, tailleurs de pierre et morteliers.** No século XIV, os ingleses usam os termos ***cubitores*** **ou** ***positores*** na língua culta e ***hewers e layers*** na língua popular para designar os talhadores e assentadores, respectivamente. Resumindo, foi na França do século XII que apareceu o termo ***maçon***, enquanto o termo ***freemason*** surgiu na Inglaterra do século XIV. (ver L.V. Cichoski, Fundamentos Operativos nos Graus Básicos, "A TROLHA", 2012).

constituindo em um "automatismo maçônico", que dispensa uma reflexão mais ponderada e profunda. Senão vejamos: alguma vez conseguimos pensar em outro padroeiro para a Maçonaria que não São João? Esta situação automatizada tolda uma compreensão mais profunda, estrita e escorreita.

É, portanto, para responder e desfazer esta sensação de incongruência entre diferentes citações da literatura maçônica; bem como para elucidar minha compreensão a respeito deste tema que elaborei o presente trabalho. Espero que venha a ser tão útil para os Irmãos que o lerem, quanto foi para mim. Aliás, mais do que útil serviu para atualizar alguns conceitos errôneos que mantive por longo tempo; sem contar os novos constrangimentos de entendimento que herdei deste estudo, espero poder fornecer algumas dúvidas a todos os leitores para que incomodados com elas nos brindem com novos estudos e assim possamos realmente "fazer progressos em Maçonaria".

Primeira Parte

Os Santos e a Igreja

1. Os Santos da Igreja Católica

Por Santos[10], inicialmente, a Igreja designava os entes que estavam no Céu, isto é, eram aqueles que já estavam com Deus, que haviam concluído sua jornada terrena. Posteriormente, e estamos falando do século X, a Igreja começou a reconhecer "oficialmente" pessoas a partir de alguns atributos como: martírios ou virtudes de suas vidas e a tais pessoas foram, então, também designadas como Santos. Portanto, passou a ser necessário um estudo, uma formalização para a atribuição do título.

Ao lado da Igreja Católica, também reconhecem a qualidade de Santos, embora por critérios e processos diferentes, as Igrejas: Ortodoxa, Anglicana, Luterana e as conhecidas como não Calcedonianas[11, 12, 13].

Outras acepções estão associadas a esta palavra. Santo, no Antigo Testamento, pode assumir o sentido de *piedoso (hesed)*; mas

---

[10] http://pt.wikipedia.org/wiki/Portal:Santos acessado em maio/2012.

[11] As Igrejas não Calcedonianas resultaram de um cisma ocorrido durante o Concílio de Calcedônia, em 451, por se recusarem a aceitar a dupla natureza de Cristo, isto é, uma natureza divina e uma natureza humana, que foi votado e aprovado naquele Concílio. As Igrejas não Calcedonianas – que desenvolveram a doutrina do monofisismo – são: a Igreja Apostólica da Armênia, a Igreja Ortodoxa Síria, a Igreja Ortodoxa Copta, a Igreja Ortodoxa Etíope, a Igreja Ortodoxa Indiana e a Igreja Ortodoxa da Eritreia.

[12] http://pt.wikipedia.org/wiki/Igrejas_n%C3%A3o-Calcedonianas acessado em maio/2012.

[13] http://pt.wikipedia.org/wiki/Monofisismo acessado em maio/2012.

também pode ser entendido como *separado (qodex)*, isto é, um anjo ou homem que ficou ou viveu separado[14]. Esta mesma palavra, no Novo Testamento, "é adotada com uma designação característica da comunidade cristã. E assim, por aquela expressão se indica, em primeiro lugar, a chamada e estado do crente cristão; e, em segundo lugar, as qualidades próprias do crente, as quais derivam de tão alto privilégio".[15]

O termo Santo, enquanto sinônimo de Sagrado, é entendido como a separação[16] entre o que é "profano" do que é "sagrado"; sendo este último, "um fenômeno religioso primitivo, que em sua plenitude só pode ser compreendido na experiência concreta e pessoal".[17] É, portanto, desta concepção que podemos entender o crente tomado pelo "sagrado" como uma das condições para tornar-se Santo. A presença do "sagrado" no homem o diferencia dos demais, similarmente, o sagrado diferencia-se do profano, visto que "o poder do Santo influencia a totalidade do pensamento e da ação do homem".[18]

Hierarquicamente, a Igreja Católica desenvolveu um processo[19] para a canonização ou reconhecimento da santidade de um crente, no qual são observadas algumas etapas[20]:

a) *Servo de Deus*[21] – é o termo empregado para o candidato em processo de beatificação. A partir de uma apresentação formal, normalmente, em cúria diocesana, observa-se um trâmite ou Rito próprio da indicação, para então abrir-se um processo de canonização.

---

[14] A. R. Buckland, Dicionário Bíblico Universal, Ed. Vida, 1981.

[15] J. B. R. Santos, Dicionário Bíblico, Templus, 2006.

[16] No campo semântico vamos nos deparar com a dupla representação de "*separado*". Um sentido é o da designação dos eremitas que vivam uma vida **separada** dos demais fiéis, mas também, na **separação** do profano em relação ao sagrado empregamos novamente o mesmo vocábulo. Assim, são ditos Santos os ermitões dos primeiros séculos do cristianismo, do mesmo modo designamos por Santos os itens caracterizadores do que é sagrado.

[17] J. B. Bauer, Dicionário de Teologia Bíblica, vol. II, 2ª. edição, Ed. Loyola, 1979.

[18] J. B. Bauer, Dicionário de Teologia Bíblica, vol. II, 2ª. edição, Ed. Loyola, 1979.

[19] Publicado no Sactorum Mater pela Congregação das Causas dos Santos,

[20] http://pt.wikipedia.org/wiki/Santo acessado em maio/2012.

b) *Venerável*[22] (digno de honra, respeitável) – é como se denomina o indicado após uma investigação apropriada, normalmente pós-morte. Indica que o mesmo observou em vida uma irrestrita vivência das virtudes teologais[23] e cardeais[24]; estes são os preceitos mínimos para que o "servo de Deus" seja reconhecido como "Venerável". Esta formalização é dada após os estudos de comissão especialmente constituída para a avaliação da candidatura proposta, habitualmente, formada por teólogos, historiadores e cientistas médicos que produzirão um relatório apropriado e competente.

O primeiro Venerável conhecido, historicamente, foi São Beda, no século VII. Confira lista dos Veneráveis da Igreja.[25]

c) *Beato (feliz, bem-aventurado)*[26] – esta denominação está contingenciada pelo relatório relativo às virtudes e pela comprovação de um milagre; atualmente, os milagres são, em sua maioria, relatos de curas inexplicáveis cientificamente; para tanto os casos devem ser estudados por especialistas afeitos ao quadro apresentado. Portanto, dá-se por encerrado o processo de beatificação, restando ao Papa proceder a devida proclamação. (ver anexo – lista dos beatos da Igreja).

d) *Santos* – finalmente, o postulante será considerado Santo, quando novos milagres forem confirmados; o Papa então conclui o processo de Canonização.

---

21 http://pt.wikipedia.org/wiki/Servo_de_Deus acessado em maio/2012.
22 http://pt.wikipedia.org/wiki/Vener%C3%A1vel acessado em maio/2012.
23 Fé, Esperança e Caridade.
24 Prudência, Justiça, Temperança e Fortaleza.
25 http://pt.wikipedia.org/wiki/Vener%C3%A1vel acessado em maio 2012.
26 http://pt.wikipedia.org/wiki/Beato_(catolicismo) acessado em maio/2012.

2. Hagiológio da Igreja Católica[27]

Com o crescimento e disseminação do Cristianismo, e com ele o da Igreja Católica, no Ocidente e o da Ortodoxa, no Oriente, cresceu, também, o número de personagens desta história.

Este crescimento levou a um estudo sistemático dos veneráveis, beatos e Santos, estudo este que ficou conhecido como Hagiológio, obra, aparentada aos estudos biográficos, contudo, voltada, precipuamente, aos eventos e dados da vida e fenômenos ligados à fé do crente estudado. Os maiores representantes foram os "*exemplum*" – como a Legenda Dourada[28] –, cujos relatos constituíram-se em subsídios para utilização nos discursos e homilias dos pregadores medievais. Trata-se, o hagiológio, de uma biografia especializada nos eventos e vivências da fé.

A relação sistematizada destes personagens da Igreja ficou conhecida como Hagiografia[29], que consiste "na descrição da vida de algum santo, beato e servos de Deus proclamados por algumas Igrejas cristãs, sobretudo pela Igreja Católica, a partir da vida e da prática de virtudes heróicas"[30].

Este sistema teve seu maior impulso na Idade Média por obra e mérito de Atanásio de Alexandria (295/373), seu primeiro escritor; consolidando-se no século XVII.

---

[27] http://pt.wikipedia.org/wiki/Hagiol%C3%B3gio acessado em maio/2012.
[28] J.de Varazze, Legenda Áurea, Cia de Letras, 2003.
[29] http://www.ifcs.ufrj.br/~frazao/hagiografia.htm acessado em maio/2012.
[30] http://pt.wikipedia.org/wiki/Hagiografia acessado em maio/2012.

Atanásio foi bispo de Alexandria, sendo considerado Santo tanto pela Igreja Católica, do Ocidente, quanto pela Igreja Ortodoxa, do Oriente. Iniciou os escritos dos textos hagiográficos com a obra "*A Vida de Santo Antão do Deserto*", cujo objetivo, muito mais que um relato biográfico, era o de assinalar um exemplo a ser seguido, como ainda hoje procuram fazer os demais relatos hagiográficos da Igreja. Atanásio também foi o autor de um texto que consolidou o Novo Testamento com seus 27 livros, visto que alguns deles (Hebreus, Cartas de S. Pedro II, Carta de Tiago, Carta de Judas, Cartas II e III de S. João, bem como o Apocalipse[31]) eram questionados enquanto documentos se detinham ou não qualidades para serem considerados oficiais ou canônicos, ainda em 367 d. C.. O trabalho de Atanásio sanou esta dúvida e estes livros fazem parte da Bíblia como a conhecemos hoje.

A partir do exemplo dado pelo bispo Atanásio, e que foi logo e proficuamente seguido, podemos entender que a hagiografia baseando-se em relatos, martírio, sonhos, visões, aparições, revelações, necrológios foi fonte para a criação de muitas lendas envolvendo os Santos hagiografados, lendas estas que, voltando aos relatos hagiográficos, mantiveram e mantêm uma retroalimentação constante dos relatos, da catequização e da fé dos crentes.

Se Atanásio foi o iniciador destes relatos, na Idade Média houve um incremento significativo desta literatura. Uma obra em especial – "A Lenda Dourada"[32,33] ou "A Legenda Áurea" ou "Legenda Sanctorum ou áurea"[34] – foi um "sucesso editorial". Ilustrativamente, podemos ter uma ideia deste sucesso ao constatarmos que "entre 1470 e 1500, foram feitas 128 edições da *Bíblia* (94 em

---

[31] Ver comentários no item Obras da biografia de S. João Evangelista.

[32] http://www.scielo.br/scielo.php?script=sci_arttext&pid=S0102-01882002000100005 acessado em maio/2012.

[33] http://pt.scribd.com/doc/50211914/A-LEGENDA-AUREA-UMA-OBRA-ABERTA-versao-final acessado em maio/2012.

[34] http://pt.wikipedia.org/wiki/Legenda_%C3%81urea acessado em maio/2012.

latim, 4 em hebraico e 30 em línguas vernáculas), da *Legenda áurea* vieram à luz pelo menos 156 edições, 87 latinas, 25 em alemão, 17 em francês, 10 em italiano, 10 em holandês, 4 em inglês, 3 em boêmio”.[35]

Esta obra é um conjunto de narrativas organizado por Jacopo de Varazze, bispo de Gênova, em 1260. Apesar da incerteza sobre o conjunto original do frade de Varazze, tem-se como conjunto fonte um total de 175 relatos ou capítulos (presentes na edição brasileira cuja tradução é de Hilário Franco Júnior), que foram acrescidos ao longo do tempo, especialmente, nos séculos XIV e XV, chegando a 243 capítulos na edição de Graesse; já a edição latina de 1470 era composta de 280 capítulos; a edição francesa de 1480 já apresentava 440 relatos e a edição de Caxton chegou a 448 capítulos.

Estima-se em 1100 os manuscritos existentes, sendo que mais de 800 cópias foram feitas até 1450, quando, finalmente, ganhou uma edição impressa. Seguindo a tradição deste tipo de literatura, também nesta obra procurou-se muito mais as alegorias e o simbolismo que a realidade biográfica. De forma geral, os relatos de Jacopo procuravam apresentar o “biografado”, lendariamente, a partir do próprio nome, ao qual era emprestada uma etimologia original e relacionada com a mensagem que se queria ressaltar.

A segunda edição da “Legenda áurea, vulgo Historia Lombardica dicta”[36] acessada apresenta 243 capítulos[37] ou relatos, dos quais o relativo a S. João Evangelista é o nono (*De sancto Johanne apostolo et evangelista*) (Ver Anexo 1, final deste capítulo), e o pertinente a S. João Batista (*De nativitate sancti Johannes baptistae*) é o 86º e também o 127º, *De decollatione sancti Johannes baptistae*. A dificuldade fica por conta do texto em latim. Uma edição francesa[38]

---

[35] J. D. Varazze, Legenda Áurea, o livro dos Santos, Trad. H. Franco Jr., Cia. das Letras, 2003.
[36] J. Voragine, Legenda Áurea, vulgo história lombardica dicta, 2ª.edição, Lipsiae, 1850.
[37] A edição brasileira consta de 175 capítulos, pois procurou apresentar o “texto comprovadamente de Jacopo de Varazze”.
[38] J. de Voragine, La Légende Dorée, Édouard Rouveyre Ed. 1902.

de 1902, facilitou o estudo e, inusitadamente, a edição em português aparecida recentemente[39] demonstrou com clareza a profundidade, a beleza e a criatividade no campo da catequese e da fé.

Podemos entender que a hagiografia da Igreja serviu de fonte para a identificação e qualificação dos "Santos Padroeiros" e, por seu turno, a vida dos Santos Padroeiros veio a engrandecer a hagiografia da Igreja, novamente em um movimento circular.

A partir destes relatos, quer históricos, quer lendários, procurava-se, além de disseminar o exemplo dos Santos, também estimular doações e contribuições para as obras da Igreja: catedrais, mosteiros, cúrias, seminários foram construídos com a fé de todos os crentes.

[39] J. D. Varazze, Legenda Áurea, o livro dos Santos, Trad. H. Franco Jr., Cia. das Letras, 2003.

Anexo 1 – Exemplo de Hagiológio Hagiológio de São João Batista[40,41]

NATIVIDADE

"Neste dia 24 de junho, os cristãos do Oriente e do Ocidente celebram o nascimento de São João Batista. Também coincide, nas duas tradições, a data em que se celebra o seu martírio em 29 de agosto. No Oriente bizantino, porém, as comemorações do grande Profeta e Precursor são sem dúvida mais numerosas. Com relação ao nascimento, os calendários bizantinos assinalam, no dia 23 de setembro, a data da concepção do 'glorioso Profeta, Precursor João, o que batizou Jesus no Jordão'. Antigamente também os martirológios latinos registravam essa comemoração em 24 de setembro; porém a partir do século XV foi abolida. Na tradição oriental é comum iconografar São João Batista na forma de um Anjo. Com efeito 'era mais que um homem', como diz o evangelho, e a palavra 'mensageiro' em grego *aggeloV* coincide com nossa tradução. Sendo um dos Santos mais venerados no Oriente bizantino, é compreensível que muitas sejam as formas de representá-lo em ícones:

[40] http://ecclesia.com.br/synaxarion/?p=2142 acessado em maio/2012.

[41] Este também é texto da Igreja Ortodoxa Oriental, cotejar com o conteúdo da Legenda Áurea no anexo 1 do capítulo sobre Martirologia.

encontramo-lo representado sozinho, ou em episódios da sua vida, especialmente o da sua decapitação. João é filho de Zacarias que, por causa de sua pouca fé, tornou-se mudo, e de Isabel, aquela que era estéril. O nascimento de João Batista anuncia a chegada dos tempos messiânicos, nos quais a esterilidade se tornará fecundidade e o mutismo, exuberância profética."

3. Martirológio dos Santos da Igreja Católica

O martirológio é um calendário organizado a partir das histórias da vida de fiéis que foram martirizados em nome da Igreja e do Cristianismo. Aparentemente existem múltiplas listas, uma das mais antigas procede do século IV, talvez até antes, e apresenta os mártires romanos. Um dos documentos mais antigos é o "*Cronógrafo Romano*", datado de 354[42]. Nestas antigas relações vamos encontrar referências a alguns Santos da Igreja Cristã primitiva, como: "*domus Caeciliae, Eusebii, Anastasiae, Pudentis, Chrysogoni*".

Por outro lado, o martirológio mais famoso é o, erroneamente, atribuído a S. Jerônimo – o tradutor dos livros bíblicos para o latim –, cujo título é *Hieronymian*, e teria sido produzido no final do século V; outras listas são relacionadas aos mártires africanos, aos mártires italianos e aos da Igreja Oriental.

Os cristãos primitivos – os catecúmenos – desenvolveram o hábito, que se tornou tradição, de registrar o desaparecimento dos Irmãos de fé. As listas eram lidas cronologicamente, isto é, a cada ano lembravam dos falecidos daquele dia.

Em épocas de perseguição, não é difícil entender que, na

---

[42] Alguns outros textos citados são: o de Carmona, pertencente à diocese de Sevilha, cujo texto é datado do século VI ou VIII; um manuscrito siríaco de 411, hoje no Museo Britânico, tem um calendário escrito em Edesa; O Breviarium Syriacum, Martirologia de Cartago, Martirologia Heronimiano, de 431; ainda a obra de S. Beda, composto ao redor de 735.

maioria dos casos estas mortes eram violentas e dolorosas, um verdadeiro martírio. Também é de fácil compreensão que as listas aumentavam rapidamente visto que não se mediam esforços para combater a nova religião. As listas cresceram em número e em textos, pois, gradualmente, ao nome lembrado se adicionavam "dados biográficos", que os críticos atuais não consideram verdadeiros e, até mesmo, propõem sua exclusão destes compêndios, contudo, esta prática fazia parte da cultura daquela época, visto que, "*hijos de su época, los autores de todos estos martirologios históricos y de los que no hemos enumerado por ser menos importantes, no se tomaron muchas precauciones en discernir lo verdadero de lo falso, lo histórico de lo legendario, para confeccionar los elogios contenidos en sus obras*".[43]

Além dos fiéis supliciados, também ganharam espaço nestas listas os bispos da Igreja, principalmente após o término das perseguições. Eram distinguidos com o título de "Confessores" e eram, automaticamente, incluídos como Santos da Igreja, diferentemente dos processos hoje observados. Além de mártires e confessores, também fazem parte deste elenco os "virgenes".

Ao que parece o Martilógio Romano inicia seu texto com a menção ao "Natal", que, segundo a fonte consultada[44], nos lembra que esta palavra "*no es un término de creación cristiana. Al cristiano antiguo "natale" le evocaba la idea del verdadero nacimiento, en la gloria, pues si bien el bautismo es ya considerado como un (re) nacer a una nueva existencia en Cristo (cf. Jn 3,3-8), la muerte del cristiano es el perfeccionamiento del bautismo, la llegada a la plenitud de la iniciación cristiana y a una vida verdaderamente nueva*".

Aprendemos também que entre os cristãos primitivos o suplício e o martírio eram vividos com honra e resignação, pois tais

[43] A. Oliver & All. Introducción al Martirologio, Centre de Pastoral Litúrgica, 2005.
[44] A. Oliver & All. Introducción al Martirologio, Centre de Pastoral Litúrgica, 2005.

experiências aproximavam os fiéis do Cristo martirizado. Vejamos um exemplo das anotações constantes destas relíquias grafadas: "*Empieza así: 'VIII kal. Ian. Natus Christus in Betleem Iudeae. Mense Ianuario: XIII Feb. Fabiani in Callisti et Sebastiani in Catacumbas...' Advirtamos de paso que en este testimonio tan arcaico los nombres de los mártires, Fabián y Sebastián, no llevan todavía el epíteto de Santo o beato ('beatus' era empleado antiguamente como equivalente de Santo).*"[45] Nestes primeiros tempos não havia a marcante distinção que fazemos hoje para com estes abnegados defensores da Igreja.

O primeiro registro impresso dos mártires apareceu em 1583 em Roma, sem qualquer aprovação oficial sob o título de "*Martyrologium romanum ad novam kalendarii rationem et ecclesiasticæ historiæ veritatem restitutum, XIII Gregorii pont. máx. Iussu editum*".[46] Outras edições o sucederam, e já na segunda edição, aparecida naquele mesmo ano, deu-se o imprimatur oficial para a obra. Hoje é possível encontrar uma relação dos mártires, cujo conteúdo é bastante extenso, em sites da web: em italiano[47] e também em espanhol[48]; nestes textos encontramos, por exemplo, a data do martírio de S. João Batista, 29 de agosto; bem como a data de 8 de novembro que comemora: "*SS. Semproniano, Claudio, Nicostrato e compagni Memoria dei SS. Semproniano, Claudio, Nicostrato, Castorio e Simplicio, martiri, che, come si tramanda, scalpellini a Sirmio in Pannonia, poiché si rifiutarono, in nome di Gesù Cristo, di intagliare la statua del dio Esculapio, vennero per questo gettati nel fiume per ordine dell'imperatore Diocleziano, e Dio li coronò così della grazia del martirio; per costoro sorse venerazione a Roma*

---

[45] A. Oliver & All. Introducción al Martirologio, Centre de Pastoral Litúrgica, 2005.

[46] Lembrando que todas as versões destas listas mantêm a tradição desenvolvida por pensadores cristãos exemplificados em Beda, Floro, Adão, além do sintetizador Baronio.

[47] http://www.vatican.va/roman_curia/pontifical_academies/cult-martyrum/martiri/009.html#dicembre acessado em maio/2012.

[48] http://www.4shared.com/office/bh_psYeB/martirologio_romano.html acessado em maio 2012.

sin dai tempi più remoti, nella Basilica Celimontana intitolata ai Quattro Coronati."[49] Trata-se, como é fácil entender, da descrição relativa aos conhecidos Quatro Mártires Coroados – Quatour Coronati –, também mencionados em documentos antigos como padroeiros dos pedreiros medievais.

[49] Texto da fonte espanhola (Martirologio Romano) Conmemoración de los Santos mártires Simproniano, Claudio, Nicóstrato, Cástor y Simplicio, que, según la tradición, eran marmolistas en Sirmio, en Panonia, y por negarse, en fidelidad al nombre de Jesucristo, a esculpir la imagen del dios Esculapio, fueron arrojados al río por orden del emperador Diocleciano y coronados por Dios con la gracia del martirio. Sus restos fueron venerados en Roma en la basílica del monte Celio, bajo el título de los Cuatro Coronados.

Anexo 1 – Exemplo de Martirológio Martirológio de São João Batista[50]

MARTÍRIO

"A festa do martírio de São João Batista remonta ao século V, na França; e ao século VI, em Roma. Está ligada à dedicação da Igreja construída em Sebaste, na Samaria, no suposto túmulo do Precursor de Jesus. O próprio Jesus apresenta-nos João Batista:

> *Ao partirem eles, começou Jesus a falar a respeito de João às multidões: "Que fostes ver no deserto? Um caniço agitado pelo vento? Mas que fostes ver? Um homem vestido de roupas finas? Mas os que vestem roupas finas vivem nos palácios dos reis. Então, que fostes ver? Um profeta? Eu vos afirmo que sim, e mais do que um profeta. É dele que está escrito: "eis que envio o meu mensageiro à tua frente; ele preparará o teu caminho diante de ti. Em verdade vos digo que, entre os nascidos de mulher, não surgiu nenhum maior do que João, o Batista, e, no entanto, o menor no Reino dos céus é maior do que ele ..."* (Mt 11, 2-11).

O martírio de João Batista liga-se à denúncia profética das injustiças cometidas pelos poderosos, inclusive o luxo da corte, cujo desfecho fatal é a morte do inocente e a opressão dos marginalizados."

---

[50] http://ecclesia.com.br/synaxarion/?p=2514 acessado em maio/2012.

4. Santo Padroeiro

Em nossos dias é cada vez mais frequente nos depararmos com notícias dando conta de uma profunda e íntima relação entre a mente do homem, a fé e a religiosidade.

Exemplos são declarações como a de J. Grafman[51]: "Somos predispostos biologicamente a ter crenças, entre elas a religiosa"; ou ainda a afirmação de um periódico científico[52], para o qual: "acreditar em Deus pode ajudar a acabar com a ansiedade e reduzir o estresse". Mas as pesquisas avançam cérebro adentro e somos informados que "pesquisadores americanos estudaram o órgão em ação e conseguiram mapear as regiões cerebrais que entram em atividade quando alguém pensa em Deus, no conteúdo de uma determinada doutrina religiosa ou nas cerimônias ligadas à sua fé".[53] As áreas mais estudadas e envolvidas nestas pesquisas foram "o Lobo Frontal, o córtex cerebral, os Lobos temporais e o sistema límbico".[54]

Não é de hoje que estudiosos tentam relacionar a mente, o cérebro, a própria biologia, enfim, com a religiosidade. Uma das primeiras menções possivelmente tenha sido a de Darwin[55, 56];

---

51 http://jefferson.freetzi.com/Mat-esp-Rev-Epoca-Fe-saud.html acessado em maio/2012.
52 Psychological Science.
53 http://g1.globo.com/Noticias/0,,MUL1035585-9982,00-CIENTISTAS+IDENTIFICAM+AREAS + DO+CEREBRO+LIGADAS+A+FE+RELIGIOSA.html acessado em maio/2012.
54 http://www.pelafe.com.br/pesquisa-americana-diz-que-orar-traz-beneficios-ao-cerebro-e-a-saude/ acessado em maio/2012.
55 Ch. Darwin, A Origem do Homem, Hemus, 1974.
56 Ch. Darwin, A descendência do Homem e a Selecção Sexual, Liv. Ed. Marisa, 1933.

mais recentemente outros pesquisadores procuram mostrar dados novos[57, 58], algumas publicações foram polêmicas[59], outras foram questionadoras e contestadoras[60, 61], enquanto outras procuraram dados neurocientíficos na argumentação do tema[62] e, até mesmo, dados da física[63].

Esta viagem para o interior do homem – em direção ao Templo Interior, por um lado, e aos lobos cerebrais por outro – à procura de Deus, pareceu-me, completou um ciclo que havia partido da primitiva Religião Doméstica[64]. Esta Religião, da qual não restaram traços, visto ter existido antes do estabelecimento das cidades e das instituições, ficava adstrita a cada família, que cultivava os seus ancestrais mortos, pela manutenção do fogo sagrado no próprio lar e, igualmente, um cuidado religioso com o campo Santo, onde as sucessivas gerações eram sepultadas. O primogênito de cada família era, ou viria a ser, o encarregado e responsável pelo culto, isto é, tornava-se o sacerdote daquele culto doméstico familiar. Os cultuados eram os ancestrais, dos quais se esperava a devida proteção frente às intercorrências da vida.

Portanto, muito antes dos deuses da Teogonia grega, muito antes de Janus – que exemplifica a Religião Social, isto é, de uma coletividade, onde os mesmos deuses são venerados por mais de uma família, ou seja, por toda uma urbe –, já havia uma busca sistemática e estruturada pela proteção de cuidadores que mereciam referência, reverência e veneração.

Com o desenvolvimento social, a criação de núcleos de assentamentos, os povoados e as urbes, cresceu, paralelamente, a

---

57 D. Hamer, O Gene de Deus, Mercuryo, 2005.
58 F. Collins, A Linguagem de Deus, Ed. Gente, 2006.
59 S. Harris, Carta a uma Nação Cristã, Cia. das Letras, 2007.
60 D. C. Dennett, Quebrando o Encanto, Ed. Globo, 2006.
61 R. Dawkins, Deus, um Delírio, Cia. das Letras, 2007.
62 R. Marino Jr, A Religião do Cérebro, Ed. Gente, 2005.
63 P. Davies, A Mente de Deus, Ediouro, 1994.
64 F. de Coulanges, A Cidade Antiga, Ediouro, 2004.

necessidade de proteção. Agora, não mais havia o deus familiar, mas reverenciava-se o deus coletivo; mais, reverenciavam-se os deuses da comunidade, cada um dotado de um poder de proteção próprio. Desta forma, a estrutura politeísta supria a ânsia de proteção nos diferentes aspectos da vida coletiva.

Não é muito difícil entender esta "especialização" protetiva. Na Grécia, e logo após em Roma, encontramos um panteão diversificado de deuses e divindades com atributos e capacidades múltiplas. Neste caleidoscópio divino vamos encontrar diferentes gerações e especializações: de Caos a Zeus passam-se quatro gerações. E nesta última encontramos os conhecidos deuses da terra, dos oceanos, do céu e do inferno[65].

Este modo de ser e viver do homem, – com uma grande capacidade ou tendência em venerar protetores[66, 67] – com ou sem um mecanismo genético incluído, induziu a Igreja Cristã, em seu período de afirmação e conquista de fiéis, a elaborar uma galeria de personagens substitutos dos deuses pagãos. Ficou muito evidente o imenso vácuo produzido ao desconsiderar-se o politeísmo com seus múltiplos deuses, relacionados com os múltiplos aspectos da vida humana e das múltiplas necessidades dos homens e crentes. Assim[68, 69], ao que parece, através de um processo gradual, Iniciado ainda no período catacúmbico, foram substituídos diversos deuses pagãos por referências "oficiais" da Igreja. Estes representantes são os Santos como os conhecemos hoje e, entre eles, a especialização protetiva é reconhecida na figura dos Santos Padroeiros.

---

65 A. S. Franchini & C. Seganfredo. As 100 melhores histórias da Mitologia, no conto "Atenas e Aracne", encontramos que a deusa guerreira "considerada a protetora das obreiras e dos artesãos". http://www.miniweb.com.br/literatura/Artigos/100_melhores_mitologia.pdf acessado em maio/2012.

66 S. Freud, O Futuro de uma Ilusão, Edição Eletrônica Brasileira das Obras Psicológicas de Freud, Imago.

67 S. Freud, Moisés e o Monoteísmo, Edição Eletrônica Brasileira das Obras Psicológicas de Freud, Imago.

68 http://www.gotquestions.org/portugues/origem-Igreja-Catolica.html acessado em abril/2012.

69 http://pt.wikibooks.org/wiki/Santo acessado em abril/2012.

O que se entende por "Santo Padroeiro"? Qual a sua origem? Que relação podemos tecer entre eles e a Maçonaria?

Se por um lado a Igreja desenvolveu a galeria dos Santos, por outro lado, foram os fiéis, os próprios crentes, os criadores dos anelos entre suas necessidades e estes Santos oficializados da Igreja. Foram os homens, os fiéis, quem instituíram os Santos Padroeiros ou Patronos. Dito de outra forma: "*Um Santo pode ser designado como um Santo Padroeiro de causas específicas ou profissões, ou invocado contra doenças específicas ou catástrofes, mas isso é somente pensamento popular, não sendo uma doutrina oficial da Igreja*".[70] Aliás, ao procurarmos uma relação de Santos Padroeiros não encontramos nenhuma referência oficial mantida pelas das Igrejas Cristãs, todas as fontes encontradas foram profanas e populares.

Este processo, de certa forma, está embasado nos textos hagiográficos[71] e martirológicos. A hagiografia católica procurou coligir todos os relatos históricos e lendas relativas aos primeiros cristãos, enfatizando alguma característica excepcional que servisse de exemplo e estímulo aos crentes; lendas, milagres, martírios, biografias[72] eram trocadas entre as diferentes comunidades e acabaram se consolidando em uma forma característica de contar a história da Igreja Cristã.

Os martirológios, isto é, coletâneas onde se narram os martírios dos devotos cristãos, têm suas primeiras referências ainda entre os cristãos primitivos, com documentos mais consistentes a partir do século IV, oficializados pelo papa Gregório XIII, em 1584, no Martirológio Romano[73, 74].

---

70 http://pt.wikipedia.org/wiki/Santo acessado em maio/2012

71 http://www.portal.ecclesia.pt/catolicopedia/artigo.asp?id_entrada=894 acessado em abril/2012.

72 http://pt.wikipedia.org/wiki/Hagiografia acessado em abril/2012.

73 http://www.portal.ecclesia.pt/catolicopedia/artigo.asp?id_entrada=1192 acessado em abril/2012.

74 Martirologio Romano em http://www.4shared.com/office/bh_psYeB/martirologio_romano.html.

Destas coleções se nutriu a hagiografia cristã, seus personagens compõem hoje a relação dos Santos Católicos oficiais, obviamente, após um rito especial de investigação e creditação dos fatos milagrosos e eventos excepcionais[75].

Estudando uma relação de Santos[76, 77] – cujo número total pode ser maior que 10.000, entre Santos e beatos – encontramos 489 nomes, dos quais, 416 (85%) reconhecidos pela Igreja Católica[78]. É nesta base de dados que vamos encontrar os principais Santos conhecidos popularmente; são estes Santos – a partir de suas vidas, martírios e lendas – que tornar-se-ão os protetores ou Padroeiros de algum país, estado, cidade, profissão, pessoa... Aliás, é bom que se diga, esta tradição de associar lugares ou profissões a Santos Católicos experimentou um explosivo desenvolvimento na Idade Média – período do nascimento e desenvolvimento da Maçonaria Operativa. Foi também na Idade Média que se cristalizou a tradição de adicionar-se ao nome das pessoas o nome de algum Santo da Igreja, com a clara intenção de que este protegesse a pessoa agraciada com a mesma denominação.

Mas qual é a tradição protetora dos principais Santos Patronos ou Padroeiros que conhecemos hoje? Que relação foi estabelecida entre os Santos oficiais da Igreja Cristã e as necessidades dos fiéis?

A relação dos Santos Padroeiros é encontrada em vários sites[79, 80, 81]. Neste trabalho estamos considerando aqueles Santos considerados como protetores de algumas das atividades desenvolvidas

---

[75] http://pt.wikibooks.org/wiki/Santos_cat%C3%B3licos/Introdu%C3%A7%C3%A3o acessado em abril/2012

[76] http://pt.wikipedia.org/wiki/Anexo:Lista_de_santos acessado em abril/2012.

[77] http://www.eskimo.com/~lhowell/bcp1662/ acessado em abril/2012.

[78] A diferença refere-se ao fato de haverem listas de Santos próprias e diferentes reconhecidas pelas Igrejas: Anglicana, Ortodoxa Copta, Ortodoxa e Católica. Isto é, não há uma concordância total entre os Santos reconhecidos por estas diferentes Igrejas.

[79] http://www.santospadroeiros.com.br/ acessado em maio/2012.

[80] http://www.koinonialivros.com.br/religioso/santododia/santos_sua_protecao.html acessado em maio/2012.

[81] http://www.cademeusanto.com.br/ acessado em maio/2012.

pelos construtores em geral e os pedreiros em particular – seja no âmbito Operativo ou Especulativo – e, por outro viés, procuramos comparar o que diz a tradição hagiográfica e a popular sobre estes mesmos Santos.

Vejamos então, quais Santos guardam alguma relação com as atividades desenvolvidas pelas raízes históricas e operativas da Maçonaria atual[82].

Vamos listar as atividades que, em nosso entendimento, mais referências e associações guardam com a Maçonaria, comentando os seus Santos Padroeiros para, finalmente, fazer um paralelo com a tradição guardada e anunciada em nossos Rituais.

Uma vez aprendido que "*Maçon*" (francês) ou "*Mason*" (inglês) são as palavras que deram origem ao "Maçom" (português) e que denominam os profissionais da construção de alvenaria, aqueles que constroem com pedras e tijolos, fomos buscar os Santos Padroeiros dos Pedreiros e dos Talhadores de Pedras.

O Irm∴ Nicola Aslan[83] assegura nosso pensamento conceitual do artífice construtor ao escrever que "os vocábulos que deram origem a esta denominação significam apenas pedreiro". Mais adiante completa dizendo que "o Talhador de Pedra medieval, o Freemason, é realmente o antepassado dos Maçons modernos".

Esta assertiva é complementada por Castellani[84] que dicionariza "Mação", termo mais usado em Portugal, derivado do "francês: *Maçon*"; e também a grafia "Maçom", do francês: *Maçon* = pedreiro.

A título histórico e complementar, podemos lembrar que: "foi no final do século XII, na França, que Alexandre Neckan utilizou como tradução para *latomus* e *cementarius* o vocábulo *Maçom*".[85]

---

[82] http://www.koinonialivros.com.br/religioso/santododia/santos_sua_protecao. Acessado em abril/2012.

[83] N. Aslan, Grande Dicionário Enciclopédico de Maçonaria e Simbologia, Vol. III, A TROLHA, 2000.

[84] J. Castellani, Dicionário Etimológico Maçônico, M, N, O, 2ª. Ed. A TROLHA, 2002.

[85] L. V. Cichoski, Fundamentos Operativos nos Graus Básicos, A TROLHA, 2012.

Portanto, não havia "Maçom" antes do século XII. Na Inglaterra "na metade do século XIV (1350) apareceu um outro termo *free-mason* (franc-maçon) e o *roughmason* (pedreiro simples)"[86].

A) Nossa pesquisa sobre o Santo Padroeiro dos Pedreiros apontou dois nomes de reconhecimento popular:

a) São Tomé[87, 88], cuja festa é comemorada no dia 3 de julho.

São Tomé ou Tomás foi um dos 12 apóstolos de Cristo. Ficou marcado pela incredulidade frente à ressurreição de Cristo.

Também está registrado entre os mártires cristãos:

> *Fiesta de Santo Tomás, apóstol, que cuando los otros discípulos le anunciaron que Jesús había resucitado, no lo creyó, pero cuando Jesús le mostró su costado traspasado por la lanza, exclamó: "Señor mío y Dios mío". Es tradición que evangelizó los pueblos de la India, transmitiéndoles la fe que él había recibido (s. I)*[89].

A Bíblia Sagrada, no Evangelho de João, assim narra o episódio marcador da vida de S. Tomé, Jo, 20:24-29

> *24Ora, Tomé, um dos doze, chamado Dídimo, não estava com eles quando veio Jesus. 25 Diziam-lhe, pois, os outros discípulos: Vimos o Senhor. Ele, porém, lhes respondeu: Se eu não vir o sinal dos cravos nas mãos, e não meter a mão no seu lado, de maneira nenhuma crerei. 26 Oito dias depois estavam os discípulos outra vez ali reunidos, e Tomé com eles. Chegou Jesus, estando as portas fechadas, pôs-se no meio deles e disse: Paz seja convosco. 27 Depois disse a Tomé: Chega aqui o teu dedo, e vê as minhas mãos; chega a tua mão, e mete-a no meu lado; e não mais sejas incrédulo, mas crente.28 Respondeu-lhe Tomé: Senhor meu, e Deus meu! 29 Disse-lhe Jesus: Porque me viste, creste? Bem-aventurados os que não viram e creram.* [90]

---

86 L. V. Cichoski, Fundamentos Operativos nos Graus Básicos, A TROLHA, 2012.
87 http://www.acidigital.com/santos/santo.php?n=19 acessado em 2012.
88 http://www.cancaonova.com/portal/canais/liturgia/santo/index.php?dia=3&mes=7 acessado em maio/2012.
89 Martirologio Romano em http://www.4shared.com/office/bh_psYeB/martirologio_romano.html.
90 Bíblia Sagrada, Edição Eletrônica.

Não há referência sobre a época e lugar do nascimento de S. Tomé, mas especula-se que tenha morrido, martirizado, por volta do ano 72, na Índia. Na Legenda Áurea[91] narram-se vários episódios lendários da vida de S. Tomé nesse país oriental, onde desenvolveu atividades de construtor.

Paralelamente fez pregação do cristianismo, tendo ensinado ao povo indiano os doze Graus das virtudes:

1) acreditar em Deus Uno e Trino;
2) ser batizado;
3) abstinência sexual;
4) ser pródigo;
5) evitar a gula;
6) viver em penitência;
7) dedicar-se a obrar bem;
8) ser hospitaleiro;
9) promover a vontade de Deus;
10) evitar o proibido por Deus;
11) ser caridoso; e,
12) zelar por todas estas virtudes.

Seu martírio está ligado a disputas religiosas com os orientais, no âmbito das quais foi transpassado por um pontífice insatisfeito com os feitos miraculosos do Santo.

Seu nome guarda especulação, pois em aramaico significa "gêmeo", não se sabendo com quem devemos associar esta generalidade. Encontramos menção de ter sido pedreiro de profissão.[92] Esta tradição lendária que liga S. Tomé com a construção tanto como projetista-construtor bem como artesão é o anelo para torná-lo o Santo Padroeiro dos construtores, embora não faça parte da tradição maçônica.

---

[91] J. D. Varazze, Legenda Áurea, o livro dos Santos, Trad. H. Franco Jr., Cia. das Letras, 2003.
[92] http://pt.wikipedia.org/wiki/S%C3%A3o_Tom%C3%A9 acessado em maio/2012.

b) Santo Esteves ou Estevão (Estefan, Stephen, Esteve)[93, 94, 95, 96], cuja festa é comemorada no dia 26 de dezembro.

Também não há referências sobre seu nascimento, com indicação de morte, martirizada, entre os anos 34 e 40 da nossa era. É descrito como **protomártir**, isto é, o primeiro mártir do cristianismo. Assim, está exposto no Martirológio Romano:

> *Fiesta de san Esteban, protomártir, varón lleno de fe y de Espíritu Santo, que fue el primero de los siete diáconos que los apóstoles eligieron como cooperadores de su ministerio, y también fue el primero de los discípulos del Señor que en Jerusalén derramó su sangre, dando testimonio de Cristo Jesús al afirmar que lo veía sentado en la gloria a la derecha del Padre, siendo lapidado*[97] *mientras oraba por los perseguidores (s. I).* [98]

Sua crença aparece descrita na Bíblia, quando é escolhido como um dos sete primeiros diáconos da Igreja, At, 6;5 "[5]*O parecer agradou a todos, e elegeram a Estevão, homem cheio de fé e do Espírito Santo, Filipe, Prócoro, Nicanor, Timão, Pármenas, e Nicolau, prosélito de Antioquia*".[99]

Algumas considerações curiosas sobre estes dados. Não temos referência de S. João como Padroeiro dos pedreiros na visão popular destas denominações. Por outro lado, por coincidência ou similitude, do mesmo modo que aprendemos, maçonicamente, serem dois os Santos Padroeiros de nome João, também são dois os Padroeiros dos pedreiros na relação consultada. Tanto quanto na tradição maçônica, os dois Santos são personagens bíblicos. Tanto quanto na tradição maçônica, um é comemorado no primeiro

---

93 http://www.cademeusanto.com.br/sao_estevao.htm acessado em maio/2012.
94 http://pt.wikipedia.org/wiki/Santo_Est%C3%AAv%C3%A3o acessado em maio/2012.
95 http://www.cancaonova.com/portal/canais/liturgia/santo/index.php?dia=26&mes=12 acessado em maio/2012.
96 http://ec.aciprensa.com/e/esteban.htm acessado em maio/2012.
97 Lapidado – morto a pedradas.
98 Martirológio Romano em http://www.4shared.com/office/bh_psYeB/martirologio_romano.html.
99 Bíblia Sagrada, Edição Eletrônica.

semestre (Batista/junho; Tomé/julho) e o outro no segundo semestre (dezembro, Estevão 26 e o Evangelista 27).

Levando adiante a nossa pesquisa, na tentativa de encontrar os Santos Padroeiros tradicionalmente citados nos textos maçônicos relacionados com alguma atividade correlata da Maçonaria, vamos considerar algumas atividades correlatas com a do pedreiro tradicional.

B) Começamos com os (a)**Lapidadores de Pedra**[100].

Descobrimos que o Santo Padroeiro dos Lapidadores não é um Santo, mas uma Santa, trata-se de *Santa Luzia*[101, 102, 103], cuja data comemorativa é 13 de dezembro.

Esta Santa é mais frequentemente associada com a proteção dos olhos e da visão, visto que o sentido do seu nome é "Luz". Sua história lendária dá-se no final dos anos 200 e início dos 300, conforme o Martirológio Romano que assim a assinala na sua data: "*Memoria de santa Lucía, virgen y mártir, la cual, mientras vivió, conservó encendida la lámpara esperando al Esposo, y llevada al martirio en Siracusa, en Sicilia, mereció entrar con él a las bodas y poseer la luz indefectible (303/304)*"[104]. Era a época de Diocleciano.

As fontes consultadas não são unânimes na atribuição do patronato desta Santa aos Talhadores de Pedra.

C) Pensamos então que os **Artesãos e Escultores** pudessem ter alguma relação com os pedreiros das catedrais, sendo possível haver alguma referência aos Santos Padroeiros tradicionais da Maçonaria.

Constatamos que o Santo Padroeiro destes trabalhadores é *São Lucas*[105], com data comemorativa em 18 de outubro.

---

[100] http://www.santospadroeiros.com.br/ acessado em maio/2012.
[101] http://www.blogdealtaneira.com.br/2011/12/santo-do-dia-santa-luzia.html acessado em maio/2012.
[102] http://www.velhosamigos.com.br/DatasEspeciais/diasantaluzia.html acessado em maio/2012.
[103] http://www.cancaonova.com/portal/canais/liturgia/santo/index.php?dia=13&mes=12 acessado em maio/2012.
[104] Martirológio Romano em http://www.4shared.com/office/bh_psYeB/martirologio_romano.html.
[105] http://www.santospadroeiros.com.br/ acessado em maio 2012.

A vida de São Lucas, a quem se atribui a autoria do Terceiro Evangelho e dos Atos dos Apóstolos – o mais histórico dos livros do Novo Testamento –, está atrelada à de S. Paulo, de quem foi companheiro de viagens. Sabemos que era médico pela menção feita por S. Paulo em Col. 4, 14 "Saúda-vos, Lucas, o médico amado, e Demas."[106]

Assim sendo, foi escolhido como patrono dos médicos, cuja data comemora-se em 18 de outubro, a mesma do martírio do Padroeiro, S. Lucas, conforme o exposto no Martirológio Romano:

> *Fiesta de san Lucas, evangelista, que, según la tradición, nació en Antioquía de familia pagana y fue médico de profesión. Convertido a la fe de Cristo, fue compañero carísimo del apóstol san Pablo, y en su libro del Evangelio expuso por orden, cual escriba de la mansedumbre de Cristo, todo lo que hizo y enseñó Jesús. Asimismo, en el libro de los Hechos de los Apóstoles, narró los comienzos de la vida de la Iglesia hasta la primera venida de Pablo en la ciudad de Roma* (s. I) [107].

Conta-se que em visitas que fez a Virgem Maria acabou por pintar seu retrato, de onde procede o motivo para ser, também, o patrono dos pintores e artistas, por extensão o dos artesãos e escultores.

A Legenda Áurea apresenta o simbolismo do Homem, do Boi, do Leão e da Águia como relacionados com S. Lucas, embora – como se vai ver mais à frente – estes Símbolos sejam associados aos quatro evangelistas, cabendo a Lucas o Boi. Cada um destes Símbolos está associado à vida do Santo, e o que chamou nossa atenção foram as qualidades desenvolvidas pelo mesmo. Diz o frade Jacobo[108] que ele desenvolveu, principalmente, as qualidades para

---

[106] Bíblia Sagrada, Edição Eletrônica.

[107] Martirológio Romano em http://www.4shared.com/office/bh_psYeB/martirologio_romano.html.

[108] J. D. Varazze, Legenda Áurea, o livro dos Santos, Trad. H. Franco Jr., Cia. das Letras, 2003.

com Deus, para com o próximo e para consigo mesmo; interesses que nos lembram do Questionário da Iniciação.

S. Lucas morreu em 84 d.C. na Beocia, Grécia. É Santo cultuado por todas as Igrejas: Católica, Ortodoxa, Anglicana, Luterana e Protestante.

Procuramos e encontramos a existência do Santo Padroeiro dos **Trabalhadores de Pedreiras**[109], que é São Roque, com dada comemorativa em 16 de agosto.[110, 111]

São Roque é Santo francês, nasceu em Montpellier, no ano de 1295, falecendo na mesma cidade em 1317; contudo a certeza quanto às datas não é total. Nascido em família de posses, como outros Santos, desfez-se das riquezas em doação aos pobres, reservando uma porção ao tio que lhe criará durante a orfandade infantil. Envolveu-se em eventos durante o período da Peste Negra na Europa, salvando muitos contaminados e se contaminando também. Deste episódio conta-se a lenda, segundo a qual, ao perceber-se contaminado, isolou-se em mata fechada, tendo sido alimentado, diariamente, por um cão que lhe trazia pão como alimento e de água que, milagrosamente, brotara no lugar de seu retiro. Foi canonizado pelo Papa Gregório XIV, a partir da invocação feita pela população de Constança em 1414 por ocasião de uma epidemia que grassava naquela cidade e que foi prontamente controlada. Por fim, presume-se que tenha morrido aos 33 anos após muitos sofrimentos e prisões.

Seu protetorado estende-se aos inválidos, cirurgiões, aos trabalhadores das pedreiras, também é considerado o protetor das epidemias e do gado contra as doenças contagiosas.

D) Lembramos, então, embora não estivessem presentes declaradamente nos trabalhos Operativos, dos **Arquitetos e dos**

---

[109] http://www.santospadroeiros.com.br/ acessado em maio/2012.
[110] http://www.santospadroeiros.com.br/ acessado em maio/2012.
[111] http://pt.wikipedia.org/wiki/Roque_de_Montpellier acessado em maio/2012.

Engenheiros. Ao pesquisar os Santos Padroeiros destas atividades encontramos:

Arquitetos[112], com dois Santos Padroeiros[113]: *S. Tomé*, que já comentamos como Padroeiro dos Pedreiros; e, também, *Santa Bárbara*[114, 115], festejada em 4 dezembro. Esta Santa, que teria vivido no final do século III e início do século IV da nossa era, tem história de vida semelhante à de muitos personagens femininos da antiguidade e da Idade Média. Teria sido mantida trancada em uma torre até que seu pai encontrasse um pretendente adequado. Nesse meio tempo acabou sendo convertida ao cristianismo e recusou-se a casar quando o pai lhe trouxe o pretendente. Foi julgada, açoitada, flagelada. Uma lenda[116] narra a proteção que recebeu dos céus ao ter seu corpo envolto por nuvens no momento em que desfilaria nua pelas ruas da cidade. Acabou sendo decapitada[117] pelo próprio pai no alto de um rochedo, sendo seu pai atingido por um raio ao retornar para sua casa. Daí advém a razão para sua indicação como protetora contra as tormentas, raios e trovões.

Engenheiros[118], cujo Santo Padroeiro apontado é *São Fernando*[119], com data comemorativa em 30 de maio. Foi um nobre

---

[112] Faço aqui uma citação sobre a função do Arquiteto já exposta em outro trabalho: O embrião da função do "arquiteto", como a conhecemos hoje, deu-se a partir das grandes construções da Idade Média, quando "multiplicaram-se as construções das grandes catedrais, constituindo uma época de mudanças nos costumes dos ofícios e correspondendo à súbita ascensão do arquiteto". Podemos dizer que o termo aparece a partir dos séculos XI e XII, no qual poderia indicar o responsável pela construção, também o responsável pelo ensino aos Aprendizes, sendo assim um sinônimo de "mestre de obra". Não significava, necessariamente, o projetista ou desenhista das plantas da obra. Ainda no século XVII o termo era muito mais empregado para designar o administrador da construção e muito menos para referir-se ao seu idealizador.

[113] http://www.portaldascuriosidades.com/forum/index.php?topic=19001.0 acessado em maio/2012.

[114] http://pt.wikipedia.org/wiki/B%C3%A1rbara_de_Nicom%C3%A9dia acessado em maio/2012.

[115] http://ec.aciprensa.com/s/sanbarbara.htm acessado em maio/2012.

[116] N. B. Megale, O Livro de Ouro dos Santos, Ediouro, 2003.

[117] Diz o Martirológio Romano na data de 4 de dezembro: "Conmemoración de santa Bárbara, de la cual se dice que fue virgen y mártir en Nocomedia (s. III/IV)."

[118] http://www.portaldascuriosidades.com/forum/index.php?topic=19001.0 acessado em maio/2012.

[119] http://www.cancaonova.com/portal/canais/liturgia/santo/index.php?dia=30&mes=5 acessado em maio/2012.

e depois rei espanhol, nascido em 1201 e falecido em 30 de maio de 1252. Teria sido muito devoto da Virgem Maria, que o salvara de doença na infância. Juntamente com a mãe conseguiu reunir os reinos de Leão e Castela. Casou-se duas vezes, gerando uma numerosa família. Faleceu aos 50 anos. Foi o primeiro espanhol canonizado, isto em 1671[120].

Tanto os pedreiros como os arquitetos e engenheiros estão associados à construção de prédios; teriam os (e)**construtores**[121] um Santo Padroeiro? Em nossa busca encontramos que *São Vicente Ferrer*[122, 123, 124] é o patrono dos construtores. O valenciano Vicente Ferrer foi um contundente pregador da necessidade da preparação para o retorno do Cristo, missão que assumiu durante uma visão. Nasceu em 1350 e faleceu em 1419. Canonizado em 1455, teve sua festa oficializada no dia 5 de abril, em 1458, pelo Papa Pio II.

E) Como, no Colégio Romano de Numa Pompílio, a função dos pedreiros fazia parte do colégio da guilda dos **Carpinteiros**[125], procuramos pelo Santo Padroeiro destes e encontramos o conhecido *São José*, cuja festa é celebrada em 19 de março. São José é reconhecido, também, como Santo Padroeiro dos pais, das famílias e de toda a Igreja. Personagem bíblico, pai adotivo de Cristo[126]. Biograficamente pouco se sabe sobre o seu nascimento – exceto ser da linhagem davídica – e mesmo sobre sua morte, que se supõe haver ocorrido antes do trigésimo aniversário de Cristo.

F) Na Maçonaria Especulativa ingressamos por uma Cerimônia, a Iniciação, e recebemos o título de **Aprendizes**[127]. Teriam

---

[120] http://pt.wikipedia.org/wiki/Fernando_III_de_Le%C3%A3o_e_Castela acessado em maio/2012.
[121] http://www.portaldascuriosidades.com/forum/index.php?topic=19001.0 acessado em maio/2012.
[122] http://grandessantos.blogspot.com.br/2007/11/so-vicente-ferrer-o-do-apocalipse.html acessado em maio/2012.
[123] http://www.cademeusanto.com.br/sao_vicente_ferrer.htm acessado em maio/2012.
[124] http://www.cancaonova.com/portal/canais/liturgia/santo/index.php?dia=5&mes=4 acessado em maio/2012.
[125] http://www.portaldascuriosidades.com/forum/index.php?topic=19001.0 acessado em maio/2012.
[126] http://pt.wikipedia.org/wiki/S%C3%A3o_Jos%C3%A9 acessado em maio/2012.
[127] http://www.santospadroeiros.com.br/ acessado em maio/2012.

os Aprendizes o seu Santo Protetor? Sim, os Aprendizes têm *São João Bosco* como Santo Padroeiro. Em toda esta busca dos Santos Padroeiros por funções associadas às dos pedreiros, S. João Bosco é o primeiro Santo de nome "João" que encontramos. Sua festa é em 31 de janeiro, é Santo recente, visto ter nascido em 1815 em Piemonte, na Itália, e falecido em 1888. Conhecido como Dom Bosco, aclamado pelo Papa João Paulo II como o "Pai e Mestre da Juventude". Faremos outros comentários a seu respeito ao estudarmos outros Santos com o nome de João.

Por fim pensamos na Maçonaria Especulativa que atribui a todos os seus participantes a busca pela Verdade, assim sendo, lembramos que o homem descreve esta busca no estudo da Filosofia. Qual seria o Santo Padroeiro dos G) **Filósofos**[128, 129]? Nesta procura encontramos não um Santo Padroeiro, mas três: São Justino[130] (1° de janeiro), Santa Catarina de Alexandria[131] (25/novembro) e Santo Agostinho de Hipona[132] (28/agosto).

a) *São Justino*, (100/165)[133], o Martirológio Romano[134] o apresenta como o terceiro mártir reverenciado no primeiro dia do ano: "3. En la Campania y en los Abruzos, en Italia, conmemoración de san Justino, que fue obispo ilustre por su celo y defensa de los cristianos (s. IV)". Pensador sírio, ensinou em Éfeso e em Roma. Escreveu sobre o batismo, sobre o culto semanal cristão, sobre a eucaristia e sobre a Virgem Maria.

b) *Santa Catarina*[135], mártir, nascida em 287 e martirizada

---

128 http://www.santospadroeiros.com.br/ acessado em maio/2012.

129 http://www.koinonialivros.com.br/religioso/santododia/santos_sua_protecao.html acessado em maio/2012.

130 http://noticias.cancaonova.com/noticia.php?id=2242 acessado em maio/2012.

131 http://www.cancaonova.com/portal/canais/liturgia/santo/index.php?dia=25&mes=11 acessado em maio/2012.

132 http://pt.wikipedia.org/wiki/Agostinho_de_Hipona acessado em abril/2012.

133 http://pt.wikipedia.org/wiki/Justino acessado em maio/2012.

134 Martirológio Romano em http://www.4shared.com/office/bh_psYeB/martirologio_romano.html

135 http://www.ecclesia.com.br/biblioteca/hagiografia/s_catarina_alexandria.html acessado em maio/2012.

em 308, portanto, aos 18 anos. Nascida pagã, teria se convertido a partir de uma visão na qual se encontrou com Cristo e a Virgem Maria nos céus, onde desposou, misticamente, o Salvador. Tentou converter o Imperador Máximino Trácio ou Maxêncio, tendo sido encarcerada e sentenciada a debater com os 50 mais proeminentes sábios de sua época para reconhecer a falsidade de sua crença. Destes debates, conta a lenda, Santa Catarina é que converteu os sábios ao cristianismo. Assim podemos entender seu protetorado aos Filósofos. Seu martírio era previsto para ser executado por "quatro rodas guarnecidas de serras de ferro e de pregos muito pontiagudos, a fim de que essa máquina moesse Catarina em pedaços e o exemplo de sua morte tão cruel amedrontasse o resto dos cristãos". [136] Conta a lenda que a intervenção divina não permitiu que se consumasse dessa maneira – Catarina seria decapitada –, e assim compreendemos que esta Santa também é invocada como protetora dos "*artesãos que trabalham com uma roda (ceramistas, fiação, etc.), arquivistas, moribundos, educadores, jovens, juristas, advogados, bibliotecários, bibliotecas, Balliol College em Oxford, trituradores, enfermeiros, filósofos, pregadores, acadêmicos, estudantes, escribas, secretários, taquigrafia, estudantes, professores, teólogos, Universidade de Paris, jovens solteiros*".[137]

c) *Santo Agostinho de Hipona*[138, 139] (354/430), comemorado em 28 de agosto no Ocidente e 15 de junho na Igreja Ortodoxa. Primeiro dos quatro grandes doutores da Igreja[140]. Após vida dissoluta, converteu-se, tornando-se um pregador e propagador do Cristianismo. Escreveu "Confissões", a "Trindade" e a "Cidade de Deus". Além dos filósofos, é protetor e padroeiro dos impressores e cervejeiros.

---

[136] J. D. Varazze, Legenda Áurea, o livro dos Santos, Trad. H. Franco Jr., Cia. das Letras, 2003.
[137] http://pt.wikipedia.org/wiki/Catarina_de_Alexandria acessado em maio/2012.
[138] http://www.mundodosfilosofos.com.br/agostinho.htm acessado em maio/2012.
[139] N. B. Megale, O Livro de Ouro dos Santos, Ediouro, 2003.
[140] A relação completa dos Doutores da Igreja pode ser encontrada em http://pt.wikipedia.org/wiki/Doutor_da_Igreja acessado em maio/2012.

Após considerarmos este elenco de Santos Padroeiros referendando desde os pedreiros e talhadores de pedra até os filósofos, de pronto salta aos olhos o paradoxo que envolve o tema dos mencionados e apregoados padroeiros da Maçonaria, pois, por um lado, nenhum dos dois "joaninos" considerados pela tradição maçônica guarda consignação ou ligação com a atividade, quer dos Operativos, quer dos Especulativos. Por outro lado, todas as possíveis atividades que pudemos relacionar com a Maçonaria, além das atividades básicas de pedreiros e lapidadores, não fazem referência aos Santos cultuados pela Instituição!

Mas, afinal, os dois Santos tidos e reconhecidos como os "Padroeiros"[141] da Maçonaria são, então, padroeiros do quê?

Nas relações consultadas encontramos que:

a) *São João, o Batista*[142], é padroeiro dos:

1. Antiquários,
2. Batismo.

b) *São João, o Evangelista*[143, 144], é padroeiro dos:

1. Papeleiros,
2. Químicos,
3. Teólogos.

Os dados levantados demonstram que as relações feitas pelos fiéis, ao longo do tempo, não ligam o nome dos dois principais "Joões" – tanto o Batista como o Evangelista – com alguma atividade ligada ao mundo "Operativo" da Maçonaria Medieval, visto que os patronatos ligados aos referidos Santos são distintas. Por outro lado, identificaram-se diversos Santos reconhecidamente padroeiros de atividades ligadas às artes e ofícios da construção diferentes dos cultivados no seio da Maçonaria.

---

141 Relações com a nomeação dos Santos Padroeiros podem ser encontradas em: http://www.cademeusanto.com.br/pesquisa.htm acessado em abril/2012.
142 http://www.cademeusanto.com.br/pesquisa.htm acessado em abril/2012.
143 http://www.cademeusanto.com.br/pesquisa.htm acessado em maio/2012.
144 http://www.koinonialivros.com.br/religioso/santododia/santos_sua_protecao.html acessado em maio/2012.

5. Os Santos de Nome 'João'

Em todo Ritual Maçônico encontramos a expressão: "À G.·. D.·. G.·. A.·. D.·. U.·. e em honra a São João, nosso Padroeiro...".[145, 146] Mas, se cotejarmos os dados do Ritual citado com as listas hagiográficas – como mencionado acima – vamos encontrar concordância? A resposta é não; e ainda mais, os Santos com o nome de "João" multiplicaram-se, sejam eles reconhecidos oficialmente, portanto mencionados nos calendários do Vaticano como Santos, sejam, e estes não são poucos, atribuições populares – e, por vezes, maçônicas –, a personagens não reconhecidos pela Igreja Cristã[147, 148].

Pesquisando os Santos com o nome "João" encontramos listas com diferentes composições que podem ser encontradas nos endereços eletrônicos assinalados.[149] Os dados aí encontrados podem ser divididos em três partes, colocando na primeira parte os Santos cujo período de vida fosse anterior às Instituições Operativas, isto é, Santos que viveram antes do desenvolvimento do movimento de associação dos pedreiros e que poderiam ter sido escolhidos como Santos Padroeiros. Na segunda parte, reconhecemos Santos contemporâneos ao desenvolvimento das associações de ofício medievais e, por fim, os Santos com história a partir do Renascimento.

---

145 G.·. O.·. S.·. C.·. Ritual de Aprendiz, Rito Escocês Antigo e Aceito, 2009.
146 G.·. O.·. S.·. C.·. Ritual de Iniciação, Rito Escocês Antigo e Aceito, 2011.
147 http://www.cademeusanto.com.br/pesquisa.htm acessado em abril/2012.
148 http://www.santospadroeiros.com.br/ acessado em abril/2012.
149 http://es.wikipedia.org/wiki/San_Juan acessado em maio/2012.

Consultamos diferentes fontes para elencar os Santos Cristãos com o prenome João. Diversas composições foram encontradas, umas com maior e outras com menor número de Santos. Algumas listas são exclusivas de Santos Católicos, outras têm maioria de Santos Anglicanos ou Ortodoxos.

Um exemplo de lista de trabalho é a da Wikipédia[150]. Nesta lista encontramos 22 Santos com o prenome de "João". Destes, 17 são reconhecidos pela Igreja Católica. Deste conjunto, cinco viveram na antiguidade, dois deles são os nossos conhecidos personagens bíblicos: S. João Batista e São João Evangelista. Todos os demais viveram no período renascentista ou posteriormente, não havendo nenhum com história de vida na Idade Média. Resenharemos abaixo os principais dados biográficos encontrados. Leitura mais detalhada pode ser encontrada nas referências aqui assinaladas.

Vamos nos ater aos conhecidos Santos bíblicos de nome "João".

A. SÃO JOÃO, O BATISTA (2 A.C. A 27 D.C.)

Este é o Santo de nome João mais antigo na história do cristianismo. Todos os demais homônimos, pelo prenome, lhe são posteriores.

Etimologia: Do hebraico: Iehohanan, Iohanan: "Javé *(ieho)* é cheio de graça *(hanan)*". Ou "Javé é misericordioso". Outros: "Javé deu, presenteou". Grego *Ioánnes*; latim *Jo(h)annes*; italiano *Giovanni*; espanhol *Juan*; francês *Jean*; inglês *John*; alemão *Johann*; húngaro *János*; russo *Iwan*, checo *Jan*[151].

P. Naudon nos dá uma interpretação etimológica e simbólica do nome João, com o seguinte teor:

O fogo do qual João é a manifestação e o anunciador, se

[150] http://pt.wikipedia.org/wiki/Anexo:Lista_de_santos acessado em abril/2012.
[151] http://mb-soft.com/believe/ttnm/john4.htm acessado em maio/2012.

> *reencontrará etimologicamente. João, ou sobretudo,* ***Ioannès****, seria formado de duas palavras caldaico-hebraicas: Io e* ***Oannès****. Io significa pombo.* ***Oannès*** *era o nome do Deus que, na Caldeia, traz a iniciação aos homens, lhes transmite a luz. Ioannès seria, pois, a expressão fonética da "pomba de fogo", o pombo do Espírito Santo*[152].[153]

Continua o autor citando Oswald With:

> *João proviria do hebreu* ***Jehoh'annan****, que se traduz por "aquele que Jeho favorece" e Jeho é o nome do Sol. Jehoh'annan, Johannès, Jehan ou Jean tornam-se assim sinônimos de homem esclarecido ou iluminado. Estas duas etimologias não se contradizem em nada*[154].[155]

S. João Batista nasceu na Judeia, em lugar (Aim Karim) próximo a Jerusalém, ao redor do segundo ano antes de Cristo. Filho de Zacarias, que era um sacerdote, e de Isabel (ou Elizabete), prima de Maria; daí que guarda parentesco – primo (**ver anexo 1 – genealogia de Cristo e João Batista e João Evangelista – no final deste capítulo**) – com o Cristo, da mesma forma como veremos em relação ao outro João, o Evangelista.

Sua concepção está associada à lenda da infertilidade de seus pais que, já passados da idade, recebem o aviso divino, por intermédio do anjo Gabriel, prenunciando a gestação daquele que deveria ser chamado por João (Lc 1,4-22). A esta revelação segue-se a mudez de Zacarias – motivada por sua descrença na proclamação do anjo – que, lendariamente, somente se desfaz com o nascimento

---

[152] Texto Original: *"Ce feu dont saint Jean est la manifestation et l'annonciateur, se retrouverait étymologiquement. Jean, ou plutôt Ioannès, serait formé de deux mots chaldéo-hébraïques: Io et Oannès. Io signifie pigeon. Oannès était le nom du Dieu qui, en Chaldée, apporta l'initiation aux hommes, leur transmit la lumière. Ionannès serait donc l'expression phonétique du 'pigeon du feu', de la colombe de l'Esprit Saint."*

[153] P. Naudon, Les Loges de Saint-Jean, 3ème. Edition, Dervy-Livres, 1980.

[154] Texto Original: *"Jean viendrait de l'hébreu Jehoh'annan, qui se traduit par 'celui que Jeho favorise', et Jeho est le nom du Soleil. Jehoh'anna, Johannès, Jehan ou Jean tdevient ainsi synonyme d'homme éclairé ou illuminé. Ces deux étymologies ne se contredisent d'ailleurs pas."*

[155] P. Naudon, Les Loges de Saint-Jean, 3ème. Edition, Dervy-Livres, 1980.

de seu filho e a escolha do nome como João (Lc 1,59-64). A lenda ainda alude aos nove privilégios de S. João, o Batista:

> *ele foi anunciado pelo mesmo anjo que anunciou o Salvador; ele estremeceu no ventre da mãe; foi a mãe do Senhor que o recebeu quando veio ao mundo; ele destravou a língua do pai; foi o primeiro a conferir um batismo; ele apontou Cristo; ele batizou o próprio Cristo; ele foi louvado mais do que todos por Cristo; ele anunciou aos que estão no Limbo a vinda próxima do Cristo.*[156]

Nasceu 6 meses antes do filho de Maria, em 24 de junho. Teve educação familiar até os 6 anos, tradicional da época, até porque seu pai era um sacerdote. Posteriormente, concluiu sua educação nos moldes nazaristas[157, 158] em Engedi, hoje Qumram. Aos 18 ou 19 anos, perde o pai e fica responsável por sua mãe. Em algum momento posterior muda-se, com sua mãe, para Hebron onde inicia sua instrução como pastor. Sua mãe falece por volta de 22 d.C. quando ele tinha, então, 24 anos; momento em que doando todas as suas posses[159] dedica-se integralmente à pregação, cujo principal tema era a "vinda do Messias", além do arrependimento e do desenvolvimento de uma moral rigorosa[160]; combateu a hipocrisia e a imoralidade[161].

Sua determinação e zelo para com sua missão foi tal que em algumas ocasiões foi confundido com o próprio Cristo, ao que ele esclarecia dizendo a verdade, conforme o testemunho de João, 3,28[162]: "Vós mesmos me sois testemunhas de que eu disse: Não sou o Cristo, mas sou enviado adiante dele".

---

156 J. De Varazze, Legenda Áurea, Tradução de Hilário Franco Junior, Cia. das Letras, 2003.
157 http://pt.wikipedia.org/wiki/Nazarista acessado em maio/2012.
158 Os nazaristas constituíam uma forma de consagração na qual o indivíduo a partir dos 14 anos era "separado" e abdicava do uso da bebida alcoólica, de cortar os cabelos e tocar nos mortos.
159 Este ato de doação das posses materiais é visto em um grande número de biografias de Santos ao longo de todos os tempos, mais frequente, contudo, na antiguidade, no período primitivo do cristianismo.
160 http://www.renato.burity.com.br/t-biografiadesaojoaobatista.htm acessado em maio/2012.
161 http://www.reocities.com/doceara1/SJoaoBat.htm acessado em maio 2012.
162 Bíblia Sagrada, 37ª, edição, Tradução Monges Maredsous, Ed.Ave Maria, 1982.

Esta pregação, de certa forma, estava integrada com o sentimento do povo judeu que, a partir de Daniel (cap.9;22-27[163]), aguardava a vinda do Messias, do Salvador, pois uma nova era devia começar com sua chegada. Todos aguardavam por dias melhores que os vividos sob o jugo romano.

Lembrar que diferentemente de S. João, o Evangelista, o Batista não foi um dos doze apóstolos de Cristo; mas é lembrado como o último Profeta. Seu papel é o de anunciador e preparador dos trabalhos do Mestre. Sua história estaria relatada, já, no Antigo Testamento[164], por *Malaquias*[165] e *Isaías*[166]. Portanto, S. João, o Batista, serve de elo ligante entre os dois Livros de Testemunho. Também faz parte dos relatos evangélicos. Flávio Josefo[167] cita o martírio de J. Batista.

Neste seu trabalho de pregação, João Batista valia-se da palavra e do batismo. O batismo, é bom que se diga, já era uma prática judaica, contudo, a inovação de S. João foi a de estender este rito aos gentios, isto é, aos não judeus. Sua prática teve o ponto culminante com o batismo de Jesus, conforme a tocante descrição de João, o Evangelista (Jo, 3,26-36):

---

163 "[22] *Ele me instruiu, e falou comigo, dizendo: Daniel, vim agora para fazer-te sábio e entendido.* [23] *No princípio das tuas súplicas, saiu a ordem, e eu vim, para to declarar, pois és muito amado; considera, pois, a palavra e entende a visão.* [24] *Setenta semanas estão decretadas sobre o teu povo, e sobre a tua santa cidade, para fazer cessar a transgressão, para dar fim aos pecados, e para expiar a iniquidade, e trazer a justiça eterna, e selar a visão e a profecia, e para ungir o santíssimo.* [25] *Sabe e entende: desde a saída da ordem para restaurar e para edificar Jerusalém até o ungido, o príncipe, haverá sete semanas, e sessenta e duas semanas; com praças e tranqueiras se reedificará, mas em tempos angustiosos.* [26] *E depois de sessenta e duas semanas será cortado o ungido, e nada lhe subsistirá; e o povo do príncipe que há de vir destruirá a cidade e o santuário, e o seu fim será com uma inundação; e até o fim haverá guerra; estão determinadas assolações.* [27] *E ele fará um pacto firme com muitos por uma semana; e na metade da semana fará cessar o sacrifício e a oblação; e sobre a asa das abominações virá o assolador; e até a destruição determinada, a qual será derramada sobre o assolador.*"

164 http://www.culturabrasil.org/sjoaobatista.htm acessado em maio/2012.

165 Mal 1,3 "[1] *Eis que eu envio o meu* ***mensageiro****, e ele há de preparar o caminho diante de mim; e de repente virá ao seu templo o Senhor, a quem vós buscais, e o anjo do pacto, a quem vós desejais; eis que ele vem, diz o Senhor dos exércitos.*"

166 Is, 40;5-6: "[5] *A glória do Senhor se revelará; e toda a carne juntamente a verá; pois a boca do Senhor o disse.*[6] *Uma voz diz:* ***Clama****. Respondi eu: Que hei de clamar? Toda a carne é erva, e toda a sua beleza como a flor do campo.*"

26 Respondeu-lhes João: Eu batizo em água; no meio de vós está
um a quem vós não conheceis. 27 Aquele que vem depois de mim,
de quem eu não sou digno de desatar a correia das alparcas.
28 Estas coisas aconteceram em Betânia, além do Jordão, onde
João estava batizando. 29 No dia seguinte João viu a Jesus,
que vinha para ele, e disse: Eis o Cordeiro de Deus, que tira o
pecado do mundo. 30 Este é aquele de quem eu disse: Depois de
mim vem um varão que passou adiante de mim, porque antes
de mim ele já existia. 31 Eu não o conhecia; mas, para que ele
fosse manifestado a Israel, é que vim batizando em água. 32 E
João deu testemunho, dizendo: Vi o Espírito descer do céu como
pomba, e repousar sobre ele. 33 Eu não o conhecia; mas o que me
enviou a batizar em água, esse me disse: Aquele sobre quem vires
descer o Espírito, e sobre ele permanecer, esse é o que batiza no
Espírito Santo. 34 Eu mesmo vi e já vos dei testemunho de que
este é o Filho de Deus. 35 No dia seguinte João estava outra vez
ali, com dois dos seus discípulos 36 e, olhando para Jesus, que
passava, disse: Eis o Cordeiro de Deus!

Ao longo de suas prédicas acusou Herodes por suas ligações com Herodíades[168] que era esposa de Filipe, rei da Itureia; acusações estas que contribuíram para o seu martírio.

Por suas palavras e andanças reuniu um grupo de 30 discípulos, entre os quais estava João, o Evangelista e seu irmão Tiago, o

---

167 F. Josefo, História dos Hebreus, capítulo 18, parágrafo 781. "*Vários judeus julgaram a derrota do exército de Herodes um castigo de Deus, por causa de João, cognominado Batista. Era um homem de grande piedade que exortava os judeus a abraçar a virtude, a praticar a justiça e a receber o batismo, mas unindo a pureza do corpo à da alma. Como uma grande multidão o seguia para ouvir a sua doutrina, Herodes, temendo que ele, pela influência que exercia sobre eles, viesse a suscitar alguma rebelião, porque o povo estava sempre pronto a fazer o que João ordenasse, julgou que devia prevenir o mal, para depois não ter motivo de se arrepender por haver esperado muito para remediá-lo. Por esse motivo, mandou prendê-lo numa fortaleza em Maquera, de que acabamos de falar, e os judeus atribuíram a derrota de seu exército a um castigo de Deus, devido a esse ato tão injusto.*"

168 Herodíade era filha de Berenice e de Aristóbulo IV (filho de Herodes). Teve como primeiro marido *Herodes Filipe*, filho de *Herodes* com *Mariana*, filha do sumo-sacerdote Simão. Herodíade e Herodes Filipe tiveram uma filha, *Salomé*. Contudo, Herodíade separou-se deste marido para casar com outro meio-tio, *Herodes Antipas*; este para poder casar com Herodíade, teve que se divorciar da sua primeira esposa, *Fasaelia*, filha do rei nabateu *Aretas IV*. A união foi condenada por *João Baptista* e gerou animosidade entre o povo, que acusou o casal de *incesto*. (http://pt.wikipedia.org/wiki/Herodias)

Maior, que o ajudavam nos batizados dos gentios. Foi neste período que se deu o batismo de Cristo, também nas águas do rio Jordão.

Em 26 d.C., foi preso na cidade de Pereia a mando de Herodes Antipas I, foi mantido preso em Maquerontes, pela acusação de liderar revolucionários. Todos sabemos das tratativas de Salomé, filha de Herodias (irmão de Herodes Agripa), que pediu como prêmio pelo seu aniversário a cabeça de João Batista em uma bandeja.

ICONOGRAFIA

A iconografia[169] de S. João Batista apresenta-o, mais comumente, acompanhado de um cordeiro, portanto um bastão em um ambiente próximo a um rio, que, obviamente, representa o Rio Jordão; também são comuns as representações do batismo de Jesus. Algumas representações retratam o Santo como um infante, outras o trazem adulto.

Os elementos simbólicos presentes nas representações de S. João Batista nos permitem algumas considerações.

a) *cordeiro*: segundo o dicionário de símbolos[170], o cordeiro liga-se à pureza, à inocência e à mansidão. Donde depreendemos a representação das ideias e intenções do Santo – pureza e justeza de pensamentos, até podemos dizer: reto e puro – bem como representa o Cordeiro de Deus, anunciado ao longo da pregação do profeta ou "a voz que clama no deserto". Neste mesmo diapasão simbolizante, o cordeiro branco, que alcançou a denominação de "cordeiro-de-São-João", levanta a interpretação da vitória ou o triunfo da renovação da vida sobre a morte. Tal a mensagem e o resgate promovido pelo Cristo anunciado pelo Batista. Lembrando que a presença deste elemento ovino entre os judeus da época de S.

---

[169] Iconografia é o estudo das representações imagéticas de Deus, dos Santos e outros objetos sagrados na arte; ou com outras palavras, é a descrição e a interpretação das imagens sacras. Segundo *http://es.wikipedia.org/wiki/Iconograf%C3%ADa*, existem três grandes campos de estudo iconográfico que são: a mitologia clássica, a mitologia cristã e os temas relativos à representação civil.

[170] J. -E. Cirlot, Dicionário de Símbolos, Centauro, 2005.

João Batista tinha uma aceitação e entendimento fácil, visto tratar-se de uma sociedade de pastores e nômades. Estas considerações nos auxiliam no entendimento da tradição observada em nossas Lojas de Mesa de servir, preferentemente, este alimento.

b) *bastão ou cajado*: a simbologia do bastão é polissêmica: uma arma mágica, o apoio do pastor ou do peregrino em suas andanças, o eixo do mundo[171]. Associa-se também à ideia de liderança e prevalência do seu portador; com a consequente extensão que alberga o poder e o julgamento.

c) *água*: também aqui há uma sobreposição semântica, pois a água está associada à purificação – o grande objetivo de S. João com a prática sistemática do *batismo*[172] ou imersão –, elemento de regenerescência e ainda, fonte de vida. O ícone *rio* faz menção a fertilidade e a renovação, significados emprestados da simbolização da água.

d) *fogo*: João está associado ao fogo purificador – ver prova do fogo. Este fogo purificador é encontrado em todas as civilizações: no zoroastrismo e mitrianismo sumério; no disco solar dos monoteístas egípcios; nos mistérios eleusinos da Grécia, principalmente no mito de Hércules e na celebração romana do Sol *invictus*. Os símbolos acessórios do fogo são: o leão, o ouro; enquanto o dragão e a serpente representam o conhecimento divino.

Portanto podemos "ler" nas representações de S. João Batista o homem puro e correto, detentor de uma prevalência moral e, portanto, corretamente indicado para anunciar a vinda do Salvador, aquele que promoveria a regeneração e a renovação.

P. Naudon descreve João Batista como "incorruptível, modelo puro de devotamento e de abnegação, ele tinha uma feroz independência de pensamento[173]".[174]

---

[171] J. Chevalier & A. Gheerbrant, Dicionário de Símbolos, 2ª edição, J. O. Editora, 1989.

[172] Ver comentários relativos à "obra de S. João Batista" a seguir.

[173] Texto Original: "Incorruptible, pur modele du dévouement et de l'abnégation, il était d'une ferouche indépendence de pensée."

[174] P. Naudon, Les Loges de Saint-Jean, 3ème. Edition, Dervy-Livres, 1980.

Fonte[175]

Fonte[176]

Podemos raciocinar simbólica e maçonicamente ao relacionar S. João Batista através do batismo, com a prova da água, no sentido da purificação e da purgação que permite ao crente ingressar nas fileiras do cristianismo e o Profano nas fileiras maçônicas.

Porém, o mesmo pode se aplicar ao fogo, visto que, associado a S. João Batista, compõe parte de sua história a fogueira acesa por Isabel em aviso a Maria e, também, as palavras do profeta batizante reproduzidas por diferentes evangelistas.

A respeito do simbolismo do fogo, D. Ligou[177] nos lembra do seu caráter purificador da vida; mais ainda, comenta a importante referência ao "princípio do fogo" cultivado por diferentes povos como: o sol dos egípcios, o primeiro nascido dos filhos de Deus; no princípio solar do madeísmo iraniano; na Índia, Indra, o criador do mundo e do sol; o culto vestal romano dedicado ao Princípio do Fogo; entre os gregos, Apolo era reverenciado como o deus do Sol

---

[175] http://dechileabrasil.blogspot.com.br/2011/06/sao-joao-batist.html acessado em maio 2012.
[176] http://dijamacedomonteiro.blogspot.com.br/2011/06/sao-joao.html acessado em maio 2012.
[177] D. Ligou, Dictionnaire de la Franc-Maçonnerie, PUF, 2ª. Edition, 2006.

que percorria o firmamento com seu carro de fogo diariamente, mas também Hércules estava ligado a este elemento, exemplificado no relacionamento de seus doze trabalhos com as doze casas zodiacais. Ainda na Grécia, os trabalhos eleusinos eram consagrados à crença do Fogo como deus animador e criador do Universo. Destes exemplos fica-nos a compreensão da importância do fogo nas cerimônias de Iniciação ao longo dos tempos e a relação de João, o Batista com este elemento a partir de suas próprias palavras:

> *Respondeu João a todos, dizendo: Eu, na verdade, vos batizo em água, mas vem aquele que é mais poderoso do que eu, de quem não sou digno de desatar a correia das alparcas; ele vos batizará no Espírito Santo e em fogo.* (Lu, 3, 16).

Suas datas comemorativas são: no calendário hagiográfico, 24 de junho[178]; no calendário martirológico, 29 de agosto[179].

OBRA

Se tivermos que apontar a obra de S. João Batista, não vamos escapar de comentar o Batismo, visto ter sido este o marco visível da atuação do último profeta.

O nome "batismo" utilizado na Palestina deriva de palavra grega cujo significado é "submergir" ou "imergir". Passou a ter um sentido definido e técnico: o ato de batizar.

Os banhos sacros[180] estão presentes em rituais de outros povos como na Índia, na Babilônia e no Egito, por força dos rios

---

[178] São João Batista é o único Santo a ser comemorado em sua data de nascimento – 24 de junho –, o costume e a tradição – tanto hagiológica como martirológica – é a comemoração na data da morte do Santo ou do mártir.

[179] "*Memoria del martirio de san Juan Bautista, al que Herodes Antipas retuvo encarcelado en la fortaleza de Maqueronte y a quien, en el día de su cumpleaños, mandó decapitar a petición de la hija de Herodías. De esta suerte, el Precursor del Señor, como lámpara encendida y resplandeciente, tanto en la muerte como en la vida dio testimonio de la verdad (s. I).*" Martirológio Romano em http://www.4shared.com/office/bh_psYeB/martirologio_romano.html.

[180] A. V. DenBorn, Dicionário Enciclopédico da Bíblia, 5ª. edição, Ed. Vozes, 1992.

adjuntos a estas civilizações: Ganges, Eufrates e Nilo. Lembrar que outras culturas valiam-se do banho de sangue: mitrianismo. O sentido da purificação sempre está presente nestes Rituais.

A purificação pela água era prática comum entre os hebreus desde os primeiros tempos. As indicações contidas no Levítico[181, 182] e em Números[183] – livros que dão informações sobre os costumes a serem seguidos – faziam parte da lei mosaica. Observar que no princípio esta prática era muito mais sanitária que esotérica. É com o tempo que se dá a integração desta prática como religião. Com o tempo passou a ser o Rito que marcava o ingresso dos pagãos (prosélitos) como aceitos ao convívio do povo hebreu, adquirindo, então, um significado moral e religioso.

O batismo de S. João, estudado sob muitos vieses, já foi comparado ao Ritual essênio, contudo este "não tinha caráter de iniciação"[184]; da mesma forma diferenciava-se do batismo dos prosélitos que pode ter servido de base para a prática do Batista. O batismo de João deve ser entendido conforme Marcos, 1,4: "assim apareceu João, o Batista, no deserto, pregando o *batismo de arrependimento para remissão dos pecados*".[185]

Para os exegetas bíblicos o batismo de S. João difere do batismo cristão, do batismo pregado por Cristo[186]. Dizem que S.

---

[181] Lev,14,8 "*Aquele que se há de purificar lavará as suas vestes, rapará todo o seu pelo e se lavará em água; assim será limpo. Depois entrará no arraial, mas ficará fora da sua tenda por sete dias.*"

[182] Falando dos cuidados higiênicos relativos à menstruação e à sexualidade, Lev. 15,5 "*E, qualquer que tocar na cama dele lavará as suas vestes, e se banhará em água, e será imundo até a tarde.*"

[183] A lei também previa cuidados para todo aquele que tivesse contato com um cadáver: Num, 19,19 "*Também o limpo, ao terceiro dia e ao sétimo dia, a espargirá sobre o imundo, e ao sétimo dia o purificará; e o que era imundo lavará as suas vestes, e se banhará em água, e à tarde será limpo.*"

[184] A. V. DenBorn, Dicionário Enciclopédico da Bíblia, 5ª. edição, Ed. Vozes, 1992.

[185] Bíblia Sagrada, versão eletrônica.

[186] Ernest Renan, na obra, Vida de Jesus (Martin Claret, 2006) apresenta uma relação de Jesus Cristo com a prática do batismo, no mínimo, surpreendente, comentando que esta prática não teria merecido de Cristo uma importância maior, resumindo-se ao encontro tido com João Batista e à consequente consagração nas águas do Jordão, não merecendo menção e prática por parte de Jesus ao longo de sua pregação.

João confirma esta diferença ao reconhecer que o seu batismo é pela água, mas o de Cristo é o do Espírito Santo, feito pelo fogo[187]; enquanto o batismo recomendado por Jesus após a ressurreição, como condição, ao lado da fé, para a Salvação, devia ser feito em nome do Pai, do Filho e do Espírito Santo[188].

Em suma, o batismo cristão é um Rito de Iniciação. É um Rito de Passagem. Deixa-se o mundo do pecado (lembrando que o batismo apaga o Pecado Original) e passa-se para as fileiras do cristianismo. Até porque a fórmula prevê que se batize em nome de Deus Pai, Deus Filho e Deus Espírito Santo.

Podemos ver uma estreita ligação entre S. João Batista e S. João Evangelista – os primos de Jesus, sendo o segundo, inicialmente, discípulo do primeiro – que me arrisco a tecer um paralelo e considerar que S. João Batista tanto quanto Sócrates bateram-se pela moral e os bons costumes, sem nada deixar como obra, a não ser o registro feito por seus discípulos diretos, ou seja, Platão que nos apresentou ao legado socrático, igualmente, é S. João Evangelista quem registra no quarto evangelho o histórico e a mensagem do Batista, que nada teria deixado grafado pessoalmente.

Assim, nossas pesquisas revelam que S. João, o Batista, não consta como relacionado com as atividades dos pedreiros e construtores, não aparecendo nas listas dos Santos Padroeiros, senão, como o patrono dos antiquários, da Jordânia e de Quebec. Possivelmente tenha chegado a este posto, pois "Onze séculos depois, na Idade Média, o Santo se tornou popular quando os cavaleiros hospitalários e templários – guerreiros cristãos que defendiam Jerusalém dos muçulmanos – o adotaram como patrono."[189]

---

[187] Jo, 1,33 *"Eu não o conhecia; mas o que me enviou a batizar em água, esse me disse: Aquele sobre quem vires descer o Espírito, e sobre ele permanecer, esse é o que batiza no Espírito Santo."*

[188] Mt, 28,19 *"Portanto ide, fazei discípulos de todas as nações, batizando-os em nome do Pai, e do Filho, e do Espírito Santo"*.

[189] http://papodegordo.mtv.uol.com.br/2009/06/24/historia-sao-joao/ acessado em maio/2012.

Confirmando e concluindo, sobre o trabalho de João Batista, o outro João, o Evangelista registrou[190]:

Jo 3,28 "Vós mesmos me sois testemunhas de que eu disse: 'Não sou o Cristo, mas sou enviado diante dele'."

Jo, 1,27 "Daquele que vem depois de mim, de quem eu não sou digno de desatar a correia da alparcas."

Jo, 1,29 "No dia seguinte João viu a Jesus, que vinha para ele e disse: 'Eis o Cordeiro de Deus, que tira o pecado do mundo'."

B. SÃO JOÃO, APÓSTOLO, O EVANGELISTA (10 D.C./103 D.C.; OU 8 D.C./99 D.C. OU 6 D.C./103 D.C.)

A data dedicada ao Santo é 27 de dezembro, na qual, originalmente, comemorava-se, conjuntamente, a festa do irmão mais velho, S. Tiago, Maior[191]. Mais tarde, em Roma, deu-se a exclusividade para S. João, Evangelista; contudo, por muito tempo a comemoração continuava conjunta no Calendário de Cartago, no Hieronymian Martirológio, e nos livros litúrgicos Galicanos.

O certo é que São João Evangelista não consta das listas dos Santos Padroeiros como o Protetor dos pedreiros, talhadores de pedras, engenheiros ou arquitetos, mas, como já se disse, é lembrado como o Padroeiro dos Teólogos e dos Químicos.

São João Evangelista é conhecido como o "discípulo amado" de Cristo, aos cuidados de quem o Filho de Deus entregou sua própria mãe quando estava no Calvário[192] (João 19:26). É o próprio evangelista quem escreve (Jo 19, 26-27) "Ora, Jesus, vendo ali sua mãe, e ao lado dela o discípulo a quem ele amava, disse a sua mãe:

[190] Bíblia Sagrada, edição eletrônica

[191] *Maior* era o qualificativo dado pelas associações religiosas aos homônimos mais antigos na vida religiosa; e, complementarmente, *Menor* era a designação que cabia aos mais recentes ingressos.

[192] http://www.sca.org.br/biografias/SaoJoaoSCA.pdf acessado em maio/2012.

Mulher, eis aí o teu filho. Então disse ao discípulo: Eis aí tua mãe. E desde aquela hora o discípulo a recebeu em sua casa."[193]

Neste ponto vale comentar que a abertura das Sessões em João (no R.·. E.·. A.·. A.·., 1,1-5[194] e Adonhiramita, 1, 6-9[195]) representa de maneira elegante e sugestiva o caminhar do Aprendiz das trevas para a luz.[196]

Os dados biográficos dos personagens bíblicos são fragmentários e esparsos, não tendo sido possível acessar uma "biografia" deste Santo[197, 198, 199, 200, 201, 202]. Os dados mais encontradiços dão conta de ter nascido em Bethsaide e ter sido gerado por Zebedeu, um pescador da Galileia, e Salomé (que era irmã de Maria, Mãe de Jesus, o que torna também este João, primo de Cristo), (Mt. 27:56; e Mr. 15:40). Há uma referência diferente, apontando Salomé (ou Maria Solomé) como "sobrinha de S. José", que destoa dos dados estudados, à qual chamamos a atenção para a devida consideração e maior pesquisa o que foge de minhas condições[203] Era o Evangelista irmão caçula de Tiago, Maior[204] (Mt. 4:21; 10:2; Mr. 1: 19; 3:17; 10:35).

Foi discípulo de João, o Batista, por quem teria sido batizado, antes de ser convidado para fazer parte dos apóstolos de Cristo.

---

193 Bíblia Sagrada, versão eletrônica.

194 "*[1]No princípio era o Verbo, e o Verbo estava com Deus, e o Verbo era Deus. [2]Ele estava no princípio com Deus.[3] Todas as coisas foram feitas por intermédio dele, e sem ele nada do que foi feito se fez. [4] Nele estava a vida, e a vida era a luz dos homens;[5] a luz resplandece nas trevas, e as trevas não prevaleceram contra ela.*"

195 "*[6] Houve um homem enviado de Deus, cujo nome era João.[7] Este veio como testemunha, a fim de dar testemunho da luz, para que todos cressem por meio dele.[8] Ele não era a luz, mas veio para dar testemunho da luz.[9] Pois a verdadeira luz, que alumia a todo homem, estava chegando ao mundo.*"

196 J. Castellani, Consultório Maçônico, IV, A TROLHA, 1994.

197 http://www.dec.ufcg.edu.br/biografias/Sao0Joao.html acessado em maio/2012.

198 http://www.derradeirasgracas.com/3.%20Os%20Santos%20do%20Dia/Santos%20do%20M%C3%AAs%20de%20Dezembro/2712%20S%C3%A3o%20Jo%C3%A3o%20Ap%C3%B3stolo%20e%20Evangelista%20%20.htm acessado em maio/2012.

199 http://www.girafamania.com.br/tudo/religiao_catolica_apostolos.html acessado em maio/2012.

200 http://www.e-biografias.net/joao_evangelista/ acessado em maio/2012.

201 http://solenidades.blogspot.com.br/2006/12/s-joo-apstolo-e-evangelista.html acessado em maio/2012.

202 http://www.a12.com/noticias/noticia.asp?ntc=igreja_celebra_sao_joao_apostolo_e_evangelista.html acessado em maio/2012.

203 N. B. Megale, O Livro de Ouro dos Santos, Ediouro, 2003.

204 http://pt.wikipedia.org/wiki/S%C3%A3o_Jo%C3%A3o_Evangelista acessado em abril/2012.

Foi convidado para seguir a J. Cristo, juntamente com seu irmão Tiago, Maior, quando já estavam com o Salvador os também irmãos Pedro e André (Jo 1:35-42). Estes quatro teriam formado o grupo mais próximo de Cristo ao longo do período de evangelização e pregação terrena do Salvador e da catequização dos apóstolos.

Teria estado à esquerda e seu irmão Tiago à direita de Cristo, no jantar da Santa Ceia (Jo 13:23), como podemos observar na representação de Leonardo da Vinci[205].

Dada sua determinação e trabalho competente e dedicado (Mr. 9:38, Lc 9:49, 54), Tiago Maior e seu irmão João foram chamados de "filhos do Trovão" (Mr 3:17) ou "Boanerges".[206] Também uma das "colunas da Igreja" (Gal 2,9).

Pescador como seu pai fora, João era de personalidade mais contemplativa, o que não o impediu de participar de todos os momentos marcantes da vida de Jesus Cristo, inclusive sendo o único apóstolo na crucificação. Foi, juntamente com Pedro, o primeiro a receber a notícia da Ressurreição dada por Maria.

Desempenhou papel de destaque no período inicial do cristianismo – (Atos 1:13, 8:14)[207]. Foi um pregador incansável, tendo

---

[205] http://pt.wikipedia.org/wiki/A_%C3%9Altima_Ceia_(Leonardo_da_Vinci) acessado em maio/2012.

[206] http://www.lepanto.com.br/catolicismo/vida-de-santos/sao-joao-evangelista/ acessado em maio/2012.

[207] Observar que na relação dos apóstolos de Atos 1:13, é o segundo a ser nominado (Pedro e ***João***, Tiago e André, Felipe e Tomé, Bartolomeu e Mateus; Tiago, filho de Alfeu, Simão o Zelote, e Judas, filho de Tiago.); na relação de Marcos (3,17-19) é o terceiro ([16] Designou, pois, os doze, a saber: Simão, a quem pôs o nome de Pedro;[17] Tiago, filho de Zebedeu, e ***João***, Irmão de Tiago, aos quais pôs o nome de Boanerges, que significa: Filhos do trovão; [18] André, Filipe, Bartolomeu, Mateus, Tomé, Tiago, filho de Alfeu, Tadeu, Simão, o cananeu,[19] e Judas Iscariotes, aquele que o traiu); em Mateus (10:2-4) é o quarto ([2] Ora, os nomes dos doze apóstolos são estes: primeiro, Simão, chamado Pedro, e André, seu irmão; Tiago, filho de Zebedeu, e ***João***, seu Irmão;[3] Felipe e Bartolomeu; Tomé e Mateus, o publicano; Tiago, filho de Alfeu, e Tadeu;[4] Simão Cananeu, e Judas Iscariotes, aquele que o traiu) e, por fim, é também o quarto e ser citado por Lucas (6:13-16), ([13] Depois do amanhecer, chamou seus discípulos, e escolheu doze dentre eles, aos quais deu também o nome de apóstolos:[14] Simão, ao qual também chamou Pedro, e André, seu irmão; Tiago e ***João***; Filipe e Bartolomeu;[15] Mateus e Tomé; Tiago, filho de Alfeu, e Simão, chamado Zelote;[16] Judas, filho de Tiago; e Judas Iscariotes, que veio a ser o traidor). Na relação dos apóstolos é sempre citado após Tiago, seu irmão mais velho.

trabalhado em Jerusalém (aos 37 anos), em Antioquia, na Samaria e em Éfeso (então com 67 anos), onde, aliás teria escrito o texto evangélico e acabaria sendo sepultado; enquanto que o Apocalipse foi produzido durante sua prisão em Patmos (93 a 97d.C.), tendo sido o último dos apóstolos a morrer[208], em idade longeva, próxima dos 100 anos para uns e como mais de 100 anos para outros, já no reinado de Trajano.

Santo Irineu de Lyon fala muito em seus escritos do Apóstolo João e sua residência na Ásia e testemunha, expressamente, que ele, João, era filho de Zebedeu, e que escreveu seu Evangelho em Éfeso. Aliás, por suas atuações em Jerusalém, no início do cristianismo, foi considerado, juntamente com Pedro e Tiago, menor, os homens mais proeminentes da antiga Igreja Matriz, reconhecidos como seus "principais pilares" (Gál 2:9).

Os escritores cristãos dos séculos II e III dão testemunho de uma tradição, universalmente reconhecida, e para eles sem nenhuma contestação, que o Apóstolo João viveu na Ásia Menor até as últimas décadas do primeiro século, na cidade de Éfeso de onde dirigia as Igrejas da província.

É Tertuliano o propagador do martírio de S. João, atirado a um caldeirão de óleo fervente de onde saiu sem nenhum ferimento, diante da Porta Latina de Roma, evento relacionado com o reinado de Domiciano (81 a 96), narrado no capítulo 65 da Legenda Áurea[209].

Ao longo de sua extensa e intensa pregação fez discípulos, tendo ensinado aos primeiros Padres da Igreja, entre eles Policarpo e Papias, conforme o depoimento de Irineu; também ordenou bispos na Ásia Menor e em Éfeso. [210]

---

[208] http://www.portal.ecclesia.pt/ecclesiaout/liturgia/liturgia_site/santos/santos_ver.asp?cod_santo=218 acessado em maio 2012.

[209] J. de Varazze, Legenda Áurea, Trad. Hilário Franco Júnior, Cia de Letras, 2003.

[210] http://ecclesia.com.br/synaxarion/?tag=sao-joao-apostolo acessado em maio/2012.

ICONOGRAFIA

Simbolicamente, é representado por uma *águia* que representaria a altura atingida por seu pensamento e entendimento em seus textos. Já o simbolismo do *cálice* parece haver aparecido após o século XIII. É com uma **Águia** que se representa o Evangelho de S. João (Mateus é representado por um *anjo*; Marcos é representado por um *leão alado* e Lucas por um *touro alado*).

São João Evangelista normalmente é representado como um escritor, aquele que escreveu textos fundamentais do Novo Testamento – lembrando: o Quarto Evangelho, Três Epístolas e o Apocalipse. Em sua maioria as figuras representam o autor compondo sua obra. Lembrando que muitos outros Santos, alguns até com o prenome de João, também seguram livros, nestes casos, mais comumente o livro está fechado – ver S. João Crisóstomo.

Fonte[211]

O significado destes Símbolos:

a) *Águia:* é um elemento solar, uma espécie de ligante entre o divino e o espiritual, pois entende-se como a ave que mais alto voa, que mais próximo de Deus é capaz de chegar; neste viés representa o caminho de mão dupla das preces para o alto e da bênção de Deus para os solicitantes[212]. Nos escudos heráldicos é um elemento

---

[211] http://sedevigilantes.blogspot.com.br/2011/04/qual-ligacao-entre-os-quatro.html acessado em maio 2012.

[212] Dicionário de Símbolos Esotéricos, Ed. Três Comunicações Ltda. Suplemento Rev. Planeta, 1995.

muito usado pela nobreza. É o contraponto aéreo do terrestre leão. Podemos entender que o emblema da águia ligado a São João Evangelista representa o chamado divino para a obra de evangelização através das obras do apóstolo amado.

b) *Livro*: símbolo da ciência e da sabedoria. No caso de S. João Evangelista, falamos da ciência e da sabedoria divinas. Chevalier nos ensina que "um livro *fechado* significa a matéria virgem. Se está *aberto*, a matéria está fecundada. *Fechado*, o livro conserva seu segredo. *Aberto*, o conteúdo é tomado por quem o investiga. O coração é assim comparado a um livro: *aberto*, oferece seus pensamentos e seus sentimentos; *fechado* ele os esconde."[213]

c) *Cálice com Serpentes:* o simbolismo dado às serpentes é o da luz, a luz do conhecimento, o "logos" introduzido por São João no seu Evangelho, como o intermediário entre Deus e o homem. Também é visto no conteúdo do cálice o líquido obtido das chagas de Cristo – o Graal – com o poder da cura e do conhecimento – aí, novamente, a luz.

Fonte[214]

Fonte[215]

[213] J. Chevalier & A. Gheerbrant, Dicionário de Símbolos, 2ª. edição, J. O. Editora, 1989.

[214] http://eumithos.blogspot.com.br/2011/04/sao-joao-evangelistaa-igreja-do-futuro.html acessado em maio 2012.

[215] http://santossanctorum.blogspot.com.br/2012/01/sao-joao-evangelista-e-apostolo-27-de.html acessado em maio 2012.

OBRAS

Tradicionalmente, são considerados como obras de S. João o quarto Evangelho ou o não sinótico[216] – três cartas/epístolas (o primeiro destes textos é, portanto, uma epístola e os dois últimos, são cartas), e, por fim, o muito comentado e interpretado Apocalipse.

*a) **Evangelho*** – Asimov, comentando o texto do Evangelho de S. João, nos diz que "*algunos se empeñan em aceptarlos todos como correctos, y, por tanto, deben explicar contradicciones evidentes. Por ejemplo, puede argumentarse que los evangelios sinópticos tratan fundamentalmente de las predicaciones de Jesús al pueblo llano de Galilea ignorando la labor mesiánico en Jerusalén, salvo por la última y decisiva semana de su vida. Podría sugerirse, pues, que el cuarto evangelio completa la descripción al centrar en Jerusalén la obra de Jesús, a la que atribuye una duración de tres años en vez de una semana. Los sermones de Jesús tienden a ser largos y polémicos (y no sencillos y cargados de parábolas), como convendrían a discusiones con doctos sacerdotes y teólogos*".[217] Ou seja, enquanto os evangelhos sinóticos priorizam a atuação do personagem narrado, o quarto evangelho focaliza a mensagem, o pensamento e o ensinamento.

Os estudos técnicos dão conta de que este foi um texto tardio, entre 90 e 100 d.C., portanto o quarto Evangelho foi o último a ser escrito; correspondendo ao fato de seu autor – S. João, Evangelista[218] – ser o mais jovem dos apóstolos de Cristo e o último deles a falecer.

João, apesar de não nominar-se ao longo do 4º Evangelho, usou uma vez a expressão "os filhos de Zebedeu" (Jo 21,4) e no final deste capítulo nos esclarece sobre o autor dizendo: (Jo 21,24)

---

[216] São considerados sinóticos os Evangelhos de Mateus, Marcos e Lucas, os três primeiros. São assim denominados por apresentarem uma estrutura e sequência muito semelhantes; diferentemente, da forma dada ao quarto Evangelho, o de S. João. (v. J. W. Rogerson, Livro de Ouro da Bíblia, Ediouro, 2008).

[217] I. Asimov, Guia de la Bíblia, Nuevo Testamento, Ed. Laia, 1985.

[218] http://pt.wikipedia.org/wiki/Autoria_dos_trabalhos_de_Jo%C3%A3o acessado em maio/2012.

"Este é o discípulo que dá testemunho destas coisas e as escreveu; e sabemos que o seu testemunho é verdadeiro."

O Evangelho de S. João, marcado por um simbolismo próprio, tem uma especial importância nos estudos maçônicos, já a partir de seu início: "No princípio era o Verbo... O Verbo era a Luz...". Dificilmente, vamos encontrar na Bíblia passagem mais representativa do trabalho do Maçom, mas especialmente do Aprendiz, que ensaia e tenta migrar da escuridão da vida profana para um acenar de "Luz" da vida institucional, tão bem representado no simbolismo da "Luz". Aliás, o tema da "Luz" está disseminado neste texto[219]:

> *Capítulo 1, 4-9: [4]Nele é que estava a Vida, de tudo o que veio a existir. E a Vida era a **Luz** dos homens. [5]A **Luz** brilhou nas trevas, mas as trevas não a receberam. [6]Apareceu um homem, enviado por Deus, que se chamava João. [7]Este vinha como testemunha, para dar testemunho da **Luz** e todos crerem por meio dele. [8]Ele não era a **Luz**, mas vinha para dar testemunho da **Luz**. [9]O Verbo era a **Luz** verdadeira, que, ao vir ao mundo, a todo o homem ilumina.*
>
> *Capítulo 3, 19-21 [19]E a condenação está nisto: a **Luz** veio ao mundo, e os homens preferiram as trevas à **Luz**, porque as suas obras eram más. [20]De fato, quem pratica o mal odeia a **Luz** e não se aproxima da **Luz** para que as suas ações não sejam desmascaradas. [21]Mas quem pratica a verdade aproxima-se da **Luz**, de modo a tornar-se claro que os seus atos são feitos segundo Deus.*
>
> *Capítulo 8, 12 [12]Jesus falou-lhes novamente: Eu sou a **luz** do mundo. Quem me segue não andará nas trevas, mas terá a **luz** da vida.*
>
> *Capítulo 9, 5 [5]Enquanto estou no mundo, sou a **luz** do mundo.*
>
> *Capítulo 11,9-10 [9]Jesus respondeu: 'Não tem doze horas o dia?*

---

[219] Bíblia Sagrada, 37ª, edição, Tradução Monges Maredsous, Ed.Ave Maria, 1982.

Se alguém anda de dia, não tropeça, porque tem a ***luz*** *deste mundo. [10]Mas, se andar de noite, tropeça, porque não tem a* ***luz*** *com ele'.*

Capítulo 12, 35-36; 46 [35]Jesus respondeu-lhes: 'Por um pouco de tempo ainda, a ***Luz*** *está no meio de vós. Caminhai enquanto tendes a* ***Luz****, de modo que as trevas não vos apanhem, pois quem caminha nas trevas não sabe para onde vai. [36]Enquanto tendes a* ***Luz****, crede na* ***Luz****, para vos tornardes filhos da* ***Luz****.' ... [46]Eu vim ao mundo como* ***luz****, para que todo o que crê em mim não fique nas trevas.*

a.1) O Prólogo do Evangelho de São João, uma visão gnóstica.

Este texto é um exemplo claro das características literárias joaninas, especialmente a importância dada ao tema da "Luz". Para maiores detalhamentos recomendamos sua leitura em O Prumo.[220]

b) as epístolas/cartas[221] – O primeiro texto – "*Primeira Carta de João*" – é, mais propriamente, um exemplo de epístola[222, 223]. Provavelmente escrita em Éfeso entre os anos 85 e 90. Atribuída a S. João, o Evangelista por alguns dos primeiros autores cristãos como Clemente I[224], 4º Papa da Igreja Católica, 88 a 97[225]; Inácio de Antioquia[226], discípulo do apóstolo Pedro, foi seu sucessor como bispo na Igreja de Antioquia, 68 a 100 ou 107. O objetivo desta epístola[227, 228] é o encorajamento para a manutenção da "fé verda-

---

220 L. V. Cichoski, Prólogo do Evangelho de São João, O Prumo, 216, jul/ago 2014.

221 CARTAS são entendidas quando o texto tem um endereçamento determinado, mais localizado a um grupo de fiéis mais restrito e nominado, por um motivo bem determinado.

222 EPÍSTOLAS referem-se a um texto mais amplo, cujo objetivo é alcançar a comunidade total dos fiéis considerados, com uma composição mais idealizada. É um tratado em forma de carta.

223 http://www.comshalom.org/formacao/exibir.php?form_id=1222 acessado em maio/2012.

224 http://pt.wikipedia.org/wiki/Clemente_de_Roma acessado em maio/2012.

225 Clemente I, que sucedeu a Anacleto, expressa em sua obra – "Epístola de Clemente ao Coríntios ou Clemente I" – a ideia de S. João Evangelista ainda estar vivo e atuante no período do seu papado. Também é a ele atribuído o uso da expressão "AMÉM" na liturgia da Igreja; é do seu papado a estruturação da hierarquia da Igreja com a supremacia de Roma.

226 http://pt.wikipedia.org/wiki/In%C3%A1cio_de_Antioquia acessado em maio/2012.

227 http://mb-soft.com/believe/tts/johnepis.htm acessado em maio 2012.

228 http://gentedefe.com/redildosenhor/category/sem-categoria/primeira-carta-de-sao-joao/ acessado em maio 2012.

deira", aquela que será recompensada com a "vida eterna". O texto tenta diferenciar os verdadeiros pregadores dos falsos profetas (I Jo 4;1). Novamente neste texto somos apresentados ao simbolismo da "Luz" como a maneira de se manter fiel e associado ("em comunhão") a Deus; reforça a tese de Cristo como Deus encarnado, um dos motivos de debate e resistência e motivo da obra. Esta obra também foi investigada e comentada por Santo Agostinho, em "*In Iohannis evangelium tractatus*".

A Segunda Carta[229] é um texto dirigido a uma Senhora Electa ("Dama Eleita"), interpretada como uma metáfora que procurava referir-se à Igreja como um todo, pois o objetivo maior do texto é o cuidado para com os hereges. S. João volta a conclamar os cristãos para manterem-se fiéis no amor de Deus, preservando a Verdade[230], base da verdadeira fé, ou seja, a certeza dos ensinamentos dados pelos ministros da Igreja.[231]

A Terceira Carta de S. João[232] é dirigida a uma pessoa em particular, Gaio ou Gaius, presbítero de uma das Igrejas da Ásia Menor. A Carta, escrita por volta do ano 90, em Éfeso, fala sobre os que amam a Igreja – exemplificado por Demétrio –, e os que, desconhecendo o verdadeiro amor, concorrem para a destruição da Igreja – exemplificado por Diótrefes[233].

c) ***o Apocalipse***[234] – obviamente nossa intenção não é a de explicar ou interpretar os textos de S. João, muito menos o Apocalipse. Procuramos apenas fazer uma citação superfical das obras atribuídas ao Santo, como parte de uma apresentação "biográfica" deste personagem da história da Maçonaria em suas crenças e lendas.

---

[229] http://pt.wikipedia.org/wiki/Segunda_Ep%C3%ADstola_de_Jo%C3%A3o acessado em maio/2012.
[230] Esta seria a palavra-chave desta carta.
[231] http://www.comshalom.org/formacao/exibir.php?form_id=1222 acessado em maio/2012.
[232] http://pt.wikipedia.org/wiki/Terceira_Ep%C3%ADstola_de_Jo%C3%A3o acessado em maio/2012.
[233] http://mb-soft.com/believe/tts/johnepis.htm acessado em maio/2012.
[234] http://pt.wikipedia.org/wiki/Apocalipse acessado em maio/2012.

O sentido da palavra "apocalipse" é o de uma revelação, sendo, portanto, o relato de uma visão ou mensagem mística. Portanto, a palavra "apocalipse" não deve ser entendida como sinônimo de "fim do mundo", mas, sim, como uma mensagem reveladora de procedência divina. É com este sentido que, neste último livro da Bíblia canônica, o escritor – que se denomina por João de Patmos – esclarece que a autoria é de Jesus e dos anjos.

I. Asimov inicia seus comentários sobre este livro bíblico dizendo que "*en época de Domiciano se escribió un apocalipsis especialmente complejo y rico en simbolismos. Su autor era cristiano y al fin se aceptó en el canon pese a ciertos recelos iníciales. En la actualidad se presenta como el último libro del Nuevo Testamento y es el único enteramente apocalíptico de la Biblia. Como 'apocalipsis' significa 'desvelamiento' o 'revelación' de temas que de otro modo permanecerían ocultos para siempre, sin ayuda, la razón del hombre no podría penetrar en ellos), este último libro puede llamarse 'El apocalipsis' o 'La revelación': así lo titula la versión King James*"[235].

Dado o fato de ser um texto fortemente carregado pelo simbolismo, presta-se a múltiplas exegeses. Existem entre outras abordagens a teológica, a simbólica, a profética.

Este último livro atribuído a S. João Evangelista deve ter sido escrito por volta de 95 ou 96 da nossa era, no reinado de Domiciano. Esta atribuição embasa-se no próprio texto, onde podemos ler: Apo 1,1;9

> [1] *Revelação de Jesus Cristo, que Deus lhe deu para mostrar aos seus servos as coisas que brevemente devem acontecer; e, enviando-as pelo seu anjo, as notificou a seu servo* ***João;*** [9] *Eu,* ***João,*** *irmão vosso e companheiro convosco na aflição, no reino, e na perseverança em Jesus, estava na ilha chamada* ***Patmos*** *por causa da palavra de Deus e do testemunho de Jesus.*

[235] I. Asimov, Guia de la Bíblia, Nuevo Testamento, Ed.Laia, 1985.

Outras confirmações da autoria de João são: a mais antiga é a de Justino, no seu Diálogo com Trifão[236], mas também, Santo Irineu (130-202) e de S. Jerônimo (347-420), visto que São Pápias de Hierápolis (70-155) levantou a questão de um outro João, o presbítero, e Euzébio(255-310) [237] foi ambíguo, pois em alguns textos parece reconhecer o Evangelista como autor e em outros lembra das palavras de S. Papias. Tudo isso faz parte das discussões entre diferentes correntes que atribuem a autoria deste texto a outros autores de nome João, como é o caso de João, o presbítero[238], citado por Papias; ou mesmo um segundo João de Patmos, diferente do apóstolo Evangelista. Claro que tais questões, ardentemente debatidas ao longo do tempo, tornam o assunto da autoria confuso e nebuloso. Contudo, a tradição católica reconhece a autoria de S. João, o Evangelista.

As principais dúvidas sobre esta autoria nascem da radical diferença entre os textos anteriores – o Quarto Evangelho e as Cartas/Epístolas – e o Apocalipse. A estrutura da obra, o simbolismo, as palavras empregadas são diferentes nestas obras. No simbolismo, por exemplo, não temos as referência à "luz" no Apocalipse, mas temos outras conotações para "cordeiro".

Como se apresenta este famoso e discutido texto? Segundo Van den Born, a obra pode ser dividida em "quatro partes desiguais: a introdução (1,1-20), as cartas às Igrejas (2-3), as visões proféticas (4,1-22,25) e o final (22,6-21)".[239]

A Introdução traz o título – "revelação" – e uma esperança ao escondido e amedrontado povo cristão a respeito de um "tempo que está próximo" (Ap 1,3). Ao que parece, os cristãos esperavam

[236] A.Van Den Born,Dicionário Enciclopédico da Bíblia, 5ª. edição, Ed. Vozes, 1992.

[237] Alguns autores modernos criticam a posição de Euzébio dizendo que "o testemunho de Eusébio, neste assunto, não é digno de crença". Mais ainda, completam dizendo que esta discussão toda "não tem nenhuma base histórica."

[238] http://pt.wikipedia.org/wiki/Jo%C3%A3o,_o_Presb%C3%ADtero acessado em maio/2012.

[239] A. V. Den Born, Dicionário Enciclopédico da Bíblia, 5ª edição, Ed. Vozes, 1992.

e ansiavam por novos tempos, pelo cumprimento das promessas de uma vida melhor, longe da bárbara perseguição que sofriam, perseguição esta que somente teria fim no século IV, com o reconhecimento e legalização do cristianismo por Constantino[240].

As cartas endereçadas às sete Igrejas são nominais, encontram-se nos capítulos 2, que cita Éfeso (2,1-7), Esmirna (2,8-11), Pérgamo (2,12-17), Tiatira (2,18-29); e 3, que cita Sardes (3,1-6), Filadélfia (3,7-13) e Laodiceia (3,14-22). O emprego do número sete é assim relacionado às sete Igrejas no final da Introdução (Ap.1,20) "Quer saber o mistério das sete estrelas que você viu na minha mão direita? E dos sete candelabros de ouro? As sete estrelas são os Anjos das sete Igrejas; e os sete candelabros são as sete Igrejas."[241]

O número sete continua na terceira parte que apresenta os textos proféticos. Nele encontramos o "livro dos sete selos". A tarefa será concluída pelo "Cordeiro", um dos símbolos utilizados por João, que assim o descreve: "O Cordeiro tinha sete chifres e sete olhos, que são os sete Espíritos de Deus enviados por toda a terra." (Ap. 5,6). Após várias visões é apresentada a nova Jerusalém ou Jerusalém Celeste (Ap 21, 9-27).

O final traz uma moção, uma oração de esperança ao sofrido povo (Ap 22, 17-21):

> [16] *Eu, Jesus, enviei o meu anjo para vos testificar estas coisas a favor das Igrejas. Eu sou a raiz e a geração de Davi, a resplandecente estrela da manhã.* [17] *E o Espírito e a noiva dizem: Vem. E quem ouve, diga: Vem. E quem tem sede, venha; e quem quiser, receba de graça a água da vida.* [18] *Eu testifico a todo aquele que ouvir as palavras da profecia deste livro: Se alguém lhes acrescentar alguma coisa, Deus lhe acrescentará as pragas que estão escritas neste livro;* [19] *e se alguém tirar qualquer coisa das palavras do livro desta profecia, Deus lhe tirará a sua parte*

240 http://pt.wikipedia.org/wiki/Persegui%C3%A7%C3%A3o_aos_crist%C3%A3os acessado em maio/2012.
241 Bíblia Sagrada, Edição Pastoral, Paulus, 1990.

da árvore da vida, e da cidade santa, que estão descritas neste livro. 20 Aquele que testifica estas coisas diz: Certamente cedo venho. Amém; vem, Senhor Jesus. 21 A graça do Senhor Jesus seja com todos.[242]

Em suma, como exposto na apresentação do livro bíblico, explica-se que o objetivo inicial era o de acalmar os fiéis e crentes que aguardavam o "retorno breve" do Salvador, que permitiria a sua saída para uma prática aberta. Havia, naquele momento – ano 95 ou 96 da nossa era –, uma insatisfação pela demora neste retorno. Assim, o livro procura pregar a fé e a esperança neste dia que há de vir; do mesmo modo, lembra a necessidade de manterem-se os fiéis afastados da heresia, do paganismo e dos cismas. Complementando, de acordo com E. Arens:

> *A apocalíptica não tinha como finalidade vaticinar ou anunciar, com todo o luxo de detalhes, o final do mundo e os resplendores da 'nova Jerusalém', de modo que possamos antecipar como e quando acontecerá esse fim. Seu propósito era antes assegurar aos fiéis sofredores que, no final, seriam eles que triunfariam, e as forças do mal seriam destruídas, pois Deus é absolutamente fiel: o que ri por último ri melhor.*[243]

Para tanto, S. João valeu-se do gênero apocalíptico[244], comum entre os judeus desde o antigo testamento onde encontramos passagens apocalípticas em Daniel e Esdras, por exemplo[245]. O gênero vale-se, primordialmente, do simbolismo presente em revelações e visões que encobrem uma mensagem oculta. Diz a introdução

---

[242] Bíblia Sagrada, Edição Eletrônica.

[243] E. Arens, A Bíblia sem Mitos, uma Introdução Crítica, 3ª edição, Paulus, 2007.

[244] Os dois principais livros com características apocalípticas são Daniel "composto em tempos de perseguições sob Antíoco IV (167-164 a.C.) e o Apocalipse de João, quando os cristãos eram vítimas de multiformes hostilidades em tempos do imperador Domicioano (década de 90)".

[245] O gênero apocalíptico foi introduzido, desenvolvido e cultivado entre os séculos II a.C. e II d.C.; portanto a obra de João estava em sintonia com o povo que o receberia. Na própria Bíblia existem outros textos com as características apocalípticas, como Ez, 2,8-3; 3,38-39); Dn, 1-12; Zc, 12-14; Is, 24-2734-35) entre outros.

bíblica: "não se trata de dar uma descrição antecipada de acontecimentos futuros, mas de apresentar uma mesma realidade sob vários símbolos diferentes. Estas visões supõem outorgadas a um personagem que, desta maneira, recebe comunicação das intenções divinas sobre os destinos do mundo. Tudo isso é feito numa linguagem intencionalmente figurada e misteriosa, para provocar uma atenção mais viva do leitor".[246]

A edição pastoral da Bíblia Sagrada[247] ressalta dois dos motivos que teriam levado S. João a escrever o Apocalipse:

a) sincretismo religioso, isto é, a necessidade do povo cristão manter-se adstrito ao verdadeiro espírito da mensagem de Cristo, evitando a contaminação pelas doutrinas antigas e pelos desvios no entendimento ortodoxo (heresias);
b) a religião oficial romana, criação do imperador Vespasiano (69-79 d.C.), dava aos imperadores mortos a qualificação divina – como eram os antigos faraós. Conclui o texto de apresentação: "O livro de João é alimento para a fé e fortalecimento para a esperança do povo oprimido. Para esse povo, a salvação não consiste simplesmente em melhorar a situação, mas em transformá-la radicalmente, fazendo nascer um novo mundo de justiça, fraternidade e partilha, isto é, o julgamento definitivo do mundo presente e a vinda do Reino de Deus. João mostra, porém, que este julgamento e Reino se realizam através do seguimento e testemunho de Jesus"; não por nada, o apocalipse se encerra com "Aquele que atesta essas coisas diz: 'Sim! Venho muito em breve'. Amém! Vem, Senhor Jesus."

---

246 Bíblia Sagrada, 37ª, edição, Tradução Monges Maredsous, Ed. Ave Maria, 1982.
247 Bíblia Sagrada, Edição Pastoral, Paulus, 1990.

ANEXO 1 – Genealogia e Parentesco dos Santos de Nome João e Jesus Cristo

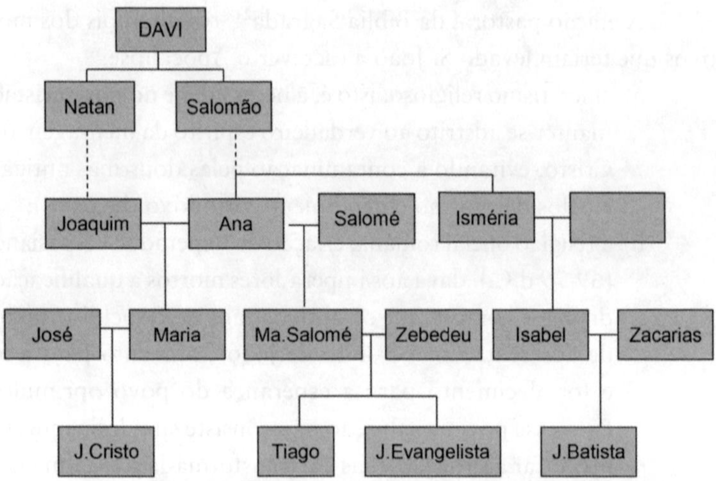

A genealogia apresentada foi construída a partir de dados bíblicos[248], da Legenda Áurea[249] e outras fontes[250]:

José e Maria são os pais de J. Cristo, conforme Mt. 1;16 "a Jacó nasceu José, marido de Maria, da qual nasceu JESUS, que se chama Cristo".

Zebedeu e Maria Salomé, pais de Tiago Maior e João, o Evangelista, conforme Mt. 10;2 "Ora, os nomes dos doze apóstolos são estes: primeiro, Simão, chamado Pedro, e André, seu irmão; Tiago, filho de Zebedeu, e João, seu irmão."

---

248 http://www.bibliacatolica.com.br/ acessado em junho 2012.
249 J. de Varazze, Legenda Áurea, Trad. Hilário Franco Júnior, Cia. das Letras, 2003.
250 http://www.paginaoriente.com/biblia/genealogia.htm acessado em julho 2012.

Para compreender que Salomé ou Maria Salomé é a esposa de Zebedeu e a mãe de Tiago Maior e João, o Evangelista, precisamos considerar o texto de três Evangelhos na descrição das mulheres presentes na crucificação de J. Cristo:

a) Mt 27;55-56 *"Havia ali também algumas mulheres que de longe olhavam; tinham seguido Jesus desde a Galiléia para o servir. Entre elas se achavam Maria Madalena e Maria, mãe de Tiago*[251] e de José, e a mãe dos filhos de Zebedeu."

b) Mr 15,40 *"Achavam-se ali também umas mulheres, observando de longe, entre as quais Maria Madalena, Maria, mãe de Tiago, o Menor, e de José, e Salomé."* (Mar 15, 40)

c) Jo 19;25 *"Junto à cruz de Jesus estavam de pé sua mãe,* ***a irmã de sua mãe***[252, 253]*, Maria, mulher de Cléofas*[254]*, e Maria Madalena."*

Sobre Zacarias e Isabel, encontramos no Evangelho de Lucas que:

---

251 Este Tiago é apontado como o Menor, e o outro Tiago, filho de Zebedeu e irmão João, o Evangelista como Tiago Maior.

252 A "irmã de sua mãe", portanto, a irmã de Nossa Senhora Mãe de Jesus, que não é a mãe de Tiago Menor e José; que também não é Maria Madalena, é referida como a "a mãe dos filhos de Zebedeu" em Mt 27,55-57), portanto, é casada e compõe a família de Zebedeu, são os pais de Tiago Maior e João (o Evangelista); é a denominada Salomé por Mr 15,40.

253 Na Legenda Áurea lemos: "Joaquim tomou uma mulher de nome Ana, que tinha uma irmã chamada Isméria. Esta Isméria gerou Isabel e Eliúde, e Isabel gerou João Batista. [...] Conta-se que Ana teve três maridos, a saber, Joaquim, Cléofas e Salomé. Do primeiro destes maridos, quer dizer, Joaquim, teve uma filha, Maria, mãe e progenitora do Senhor, que deu em casamento a José e que gerou e pariu o Senhor Cristo. Falecido Joaquim, Ana aceitou Cléofas, irmão de José, e dele gerou outra filha, chamada pelo mesmo nome de Maria e que se uniu em casamento a Alfeu. Esta Maria gerou de seu marido Alfeu quatro filhos, a saber, Tiago, o Menor, José, o Justo, conhecido por Barsabás, Simão e Judas. Falecido seu segundo marido, Ana aceitou um terceiro, Salomé, do qual gerou outra filha, chamada mais uma vez de Maria e deu-a em casamento a Zebedeu. Esta Maria gerou dois filhos de seu marido Zebedeu, a saber, Tiago, o Maior, e João Evangelista. Daí os versos a este respeito:

Tem-se o costume de dizer que Ana concebeu três Marias,
Geradas de seus maridos, Joaquim, Cléofas e Salomé.
Elas foram entregues a José, Alfeceu e Zebedeu, seus maridos.
A primeira pariu Cristo, a segunda Tiago, o Menor,
José, o Justo, Simão e Judas.
A terceira Tiago, o Maior, e o alado João."

254 Maria, mulher de Cléofas (em Jo 19,25) é a mãe de Tiago Menor e José (em Mt27,55-56 e Mc15,40)

a) Luc 1;5 *"Houve nos dias do Rei Herodes, rei da Judeia, um sacerdote chamado Zacarias, da turma de Abias; e sua mulher era descendente de Arão, e chamava-se Isabel."*
b) Luc 1;13 *"Mas o anjo lhe disse: Não temais, Zacarias; porque a tua oração foi ouvida, e Isabel, tua mulher, te dará à luz um filho, e lhe porás o nome de João".*

A relação de parentesco entre Maria, mãe de Jesus, e Isabel (ou Elizabeth) é controversa na tradução do termo "parenta" ou "prima"[255]. Na maior parte das Bíblias consultadas encontramos:

Luc 1,36

> *"Eis que também Isabel, tua parenta concebeu um filho em sua velhice; e é este o sexto mês para aquela que era chamada estéril";*

Em algumas Bíblias, como a edição King James, encontramos:

Luc 1,36 *"And, behold, thy **cousin** Elisabeth, she hath also conceived a son in her old age: and this is the sixth month with her, who was called barren."* (E também sua ***prima*** Elisabete, ela também concebeu um filho quando idosa, e este é o sexto mês daquela que era chamada estéril).

Joaquim (São Joaquim) e Ana (Santa Ana) são dados como os genitores de Maria no proto-evangelho de Tiago[256]. Eles mantêm descendência davídica, sendo que Joaquim foi gerado a partir do ramo de Natan(ou Natã), enquanto que a Virgem Maria descenderia do ramo de Salomão.

---

[255] No dicionário Enciclopédico da Bíblia, A.Van den Born, no verbete "Isabel", lemos: "(Deus é plenitude, perfeição?), da descendência de Aarão; no evangelho da infância ela é a esposa do sacerdote Zacarias, e mãe de João Batista (Lc 1), parenta (não explicitamente "prima") de Maria. Na Vulgata Elisabeth.

[256] O Livro de Tiago, depois Proto-evangelho de Tiago parece ter sido escrito por volta de 150 d.C. tendo sido publicado formalmente pela primeira vez no século XIV.

ANEXO 2 – Símbolos Associados a São João Batista e São João Evangelista

Além dos símbolos comentados a partir da iconografia de cada um dos Santos aqui estudados, encontramos interpretações diferentes com a atribuição de outros símbolos marcadores quer da vida, quer da obra dos nossos personagens.

De modo particular o fundamentado trabalho de P. Naudon[257] abre sua terceira parte – Le Symbolisme de la Connaissance – com "Conhecimentos Exotéricos, Gama e Letra G", com a seguinte explanação: "São João, ou melhor, os dois Santos João, exprimem o simbolismo do Conhecimento, da Potência Iluminada. Cada um dos atributos que lhes conferem os textos sacros e a iconografia cristã marca plenamente o simbolismo primordial: fogo primevo; águia, tosão de ouro; carneiro; cordeiro místico; cores das vestimentas; suástica, letra gamma[258]".

Destes Símbolos a Águia, o Carneiro e o Cordeiro Místico já foram abordados nos comentários a Iconografia dos Santos Batista e Evangelista. Tecemos algumas considerações sobre o simbolismo restante:

1) **Princípio do Fogo** – é entendido aqui como a constatação cultural, mitológica e, até, ritualística do fogo na criação de diferentes culturas. Na argumentação de Paul Naudon encontramos a seguinte observação: "Considerar, como salientamos, que não se trata de um simples mito ou de um culto solar animista. São João não representa o sol material. São João, tanto como o astro, não são

---

[257] P.Naudon, Les Loges de Saint-Jean, 3ème. Ed. Darvy-Livres, 1980.

[258] Texto Original: "Saint Jean, ou plutôt les deux saints Jean, expriment le symbolisme de la Connaissance, de la Puissance Illuminatrice. Chacun des attributs que leur confèrent les textes sacrés et l'iconographie chrétienne marque pleinement le symbolisme primordial: feu-principe, aigle, toison d'or, bélier, agneau mystique, couleur des vêtements, swastika, lettre gamma."

senão representações simbólicas de um princípio único e universal, o Princípio do Fogo, da Luz, fonte do mundo psíquico e inteligível, emanação e manifestação primeira da Causa Primeira[259]."[260] Constata-se a menção a um princípio do fogo presente nas culturas: hindu, sumeriana, egípcia, grega e romana, entre outras.

2) **Tosão de Ouro** – é outro representante do sol, da luz. O autor relaciona o Tosão de Ouro com as vestimentas de João Batista, uma pele de cordeiro. Lembrando que o Tosão de Ouro[261, 262, 263] era a pele do carneiro que foi imolado a Zeus em agradecimento pela conclusão efetiva de uma aventura e, em agradecimento, o deus grego concedeu poderes e riquezas àquele que possuísse este adorno. Portanto, a comparação tecida por Paul Naudon entre o Tosão de Ouro da mitologia grega e as vestes de S. João Batista é a transferência dos poderes concedidos pelo deus pagão às vestes resultado do animal imolado com a posição de S. João Batista, que se vestia com as peles de um cordeiro, martirizado por Herodes. Novamente um raciocínio circular, onde uma lenda da mitologia grega fornece subsídios confirmatórios à atuação do Santo Cristão.

3) **Suástica** – sinonímia: *gammadion*, cruz gamada, suástica (*swastika*) com direção dextrógena e *sauwastika*, quando a direção é para a esquerda; variações: cruz *pattée*, cruz com ganchos, *tétrascèle*. Este símbolo é disseminado pela Europa e Ásia desde o período do bronze e da idade do ferro; significativo é o fato dela não ter sido encontrada no Egito, Fenícia, Assíria e Caldeia; e também "é curioso que na própria Roma ela não é encontrada em nenhum monumento anterior ao terceiro ou talvez ao quarto século da

---

[259] Texto Original: "*Remarquons, en le soulignant, qu'il ne s'agit pas là d'un simple mythe ou d'un culte solaire animiste. Saint Jean ne figure pas le soleil matériel. Saint Jean, tout comme l'astre, ne sont que les représentations symboliques du principe unique et universel, du Feu-Principe, de la Lumière, source du monde physique et intelligible, émanation et manifestation première de la Causa Première.*"

[260] P. Naudon, Les Loges de Saint-Jean, 3ème. Ed. Darvy-Livres, 1980.

[261] Editora Abril, Dicionário de Mitologia Greco-Romana, Abril Cultural, 1973.

[262] C. Pouzadoux, Contos e Lendas da Mitologia Grega, Cia. das Letras, 2001.

[263] T. Bulfinch, O Livro de Ouro da Mitologia, Ediouro, 22ª. edição, 2001.

nossa era. Com relação a esse período, os cristãos das catacumbas não hesitaram em incluí-la entre suas representações da Cruz de Cristo".[264] Assim, segundo G. D'Alviella: "o mundo antigo deve ser dividido em duas zonas, uma delas caracterizada pela presença da *gammadion* e a outra pela do Globo Alado, assim como pela cruz ansata; e essas duas áreas penetram muito pouco uma na outra, em alguns pontos de sua fronteira, no Chipre, em Rodes, na Ásia Menor e na Líbia. A primeira pertence à civilização grega, e a última à cultura egípcio-babilônica".[265]

Como todo símbolo, a origem da suástica é motivo de pesquisas e debates. Uma consideração aceita por muitos é a origem ariana, cujo aparecimento deve ser procurado no vale do Danúbio; para outros, contudo, a origem da disseminação deste símbolo deve estar relacionada com Troia.

Várias foram as interpretações dadas ao símbolo, desde um exemplo de amuleto ou talismã, como um símbolo de outro símbolo – como nas catacumbas quando, às vezes, tomava o lugar da Cruz de Cristo –, mas também como representação fálica, fecundidade, água, ar, tempestades e fogo. A partir da simbolização do fogo, o trabalho de muitos e diferentes autores concluíram que "a *gammadion* foi, em todas as nações, uma representação simbólica do sol ou de um deus solar".

Esta é uma simbolização bastante presente nas diferentes culturas e tem sua significação associada à interpretação de serem os ramos da suástica os raios solares em movimento; a aproximação figurativa da suástica com a *triscèle* e a *tetrascèles*, estas também reconhecidas como representantes do movimento solar; também foi observado que um número significativo de divindades solares foram representantes pela cruz gamada; e, por fim, em outras situações a

[264] Conde G. D'Alviella, A Migração dos Símbolos, Pensamento, 1991.
[265] Conde G. D'Alviella, A Migração dos Símbolos, Pensamento, 1991.

gammadion tem representação alternada com os outros representantes solares quando não o próprio sol ou o disco solar.

A partir destes conhecimentos simbólicos podemos antever uma relação possível entre a suástica e os Santos de nome João.

Pelas simbolizações aqui resenhadas, principalmente, a indicação de movimento, e, portanto, de potência ou poder; também a significação solar e, portanto, uma associação com o princípio de fogo, o autor conclui que: "nós sabemos que estes são atributos de São João". Este é um exemplo do raciocínio circular comentado adiante (ver Paul Naudon, na segunda parte deste estudo).

4) Letra G – A Letra G, o conhecido e caracterizador símbolo do segundo Grau, parece haver evoluído da letra grega gama e esta, por sua vez, derivou do *ghimel* fenício tanto quanto o *ghimel* hebraico; mais ainda, a Letra G enquanto letra latina "é de origem relativamente recente. Ela foi criada por volta da metade do século V de Roma, por uma simples modificação do C[266]", ainda podemos acrescentar que a Letra G "como símbolo alquímico aparece no século XIV[267]". Todas são informações de Paul Naudon.[268]

O autor descaracteriza o aparecimento desde símbolo maçônico sugerido por alguns autores como sendo de 1737[269, 270]; argumentando que é um antigo e conhecido símbolo presente em textos de magia e alquimia do século XIV. Refere sua presença em muitos dos "*chiffre* de 4"[271], onde faz companhia a diferentes representações, entre elas o Tau e o gama. Também comenta seu uso por impressores do século XVI – compondo, por exemplo, a

---

[266] Texto Original: "la lettre G est d'origine relativement récente. Elle ne fut inventée que vers du Ve siècle de Rome par une simple modification du C."

[267] Texto Original: "comme symbole alchimique apparaît au XIVe siècle."

[268] P. Naudon, Les Loges de Saint-Jean, 3ème. Ed. Darvy-Livres, 1980.

[269] J. Boucher, A Simbólica Maçônica, Ed. Pensamento, 1948.

[270] E.Plantagent, Causeries Initiatiques pour le Travail,Compagnons, dervy-livres, 1979.

[271] Os "quatre de chiffre" são símbolos compostos pelo número "4" associado a outros traços complementares que tornam o conjunto bastante complexo. Foram utilizadas com frequência pelas associações de ofício da Idade Média. Os artistas e, principalmente, os talhadores de pedra e os impressores os desenvolveram, aprimoraram e sofisticaram. Entre estes últimos era característica a associação do "4" com um "coração" e outros traços.

marca de Johann Grieninger, de Strasburg. Também a letra G é encontrada em trechos do Fama Fraternitatis, 1616, o texto fundante da Sociedade Rosa-Cruz.

Ao comentar o sentido da letra G, Paul Naudon apresenta algumas significações:

a) "a Letra G com a significação de 'conhecimento supremo'";

b) a Letra G como abreviação

– God (Deus) ou Great Archietect of the Universe (Grande Arquiteto do Universo) presente em Prichard, Maçonaria Dissecada[272].

– Geometria para os companheiros e God (Deus) para os Mestres, conforme Abade Pérau, 1742, A Ordem Maçônica Traída e seus Segredos Revelados[273].

c) a descrição da Letra G no interior de uma estrela flamejante presente no catecismo do Grau do Petit Architect, 1768, com a significação de "Gain" e "Gomez".

d) a Letra G na obra de E. Levi com os significados de Gnose e Geração.

e) a Letra G como abreviatura de palavras francesas como "gay", "gault", "Gal" além do *coq*, que é "gallus" em latim.

A conclusão do autor sobre estes símbolos foi condensada no seguinte parágrafo: "isto tudo nos leva de volta a nossa opinião, a saber, que de todos os tempos os círculos com raios, ou mais esquematicamente, com figuras angulares, até mesmo os círculos simples com um ponto no centro, ou apenas os ângulos, têm se revestido de uma significação esotérica, cósmica e solar, aquela do *conhecimento*, da *luz* e da *divindade* mesmo[274]". [275]

---

[272] S.Prichard, A Maçonaria Dissecada, A TROLHA, 2002.

[273] Abade Pérau, A Ordem Maçônica Traída e seus segredos revelados, Ed. A TROLHA. 2004.

[274] Texto Original: "cela nous ramène à notre opinion, à savoir que de tous temps les cercles avec rayons, ou plus schématiquement avec figures angulaires, voire les simplement pointés au centre, ou les angles seuls, ont revêtu une signification ésotérique cosmique et solaire, celle de la *connaissance*, de la *lumière*, de la *divinité* même."

[275] P.Naudon, Les Loges de Saint-Jean, 3ème. Ed. Darvy-Livres, 1980.

Esta compreensão permitiu ao autor associar estes símbolos com S. João, pois, segundo ele: "nós sabemos que estes são seus atributos"; ou "que este é o imemorial simbolismo de S. João". Complementa dizendo que "ao termo deste estudo podemos afirmar que a invocação tradicional de São João pela franco-maçonaria não assinala nem a perpetuação de um mito panteísta secular, nem a ligação a uma crença religiosa particularista e muito menos herética. Se assim fosse, ela não seria mais que uma manifestação derisória ou apenas uma forma de divisão. Na realidade, seu alcance é maior e sua significação mais profunda, marcando a liberação do homem pela dupla via da Iniciação, o Amor e a Razão, permitindo a aproximação de todos os Irmãos. O ensinamento de São João e a compreensão da filosofia do *Conhecimento* que emerge nos fornecem o único acesso à verdadeira *existência*[276]". [277]

[276] Texto Original: "Au terme de cette étude nous pouvons affirmer que l'invocation traditionalle de saint Jean par la franc-maçonnerie ne marque ni la perpétuation d'une mythe panthéiste séculaire, ni l'attachement à une croyance religieuse particularista et encore moins hérétique. Si cela était, elle ne serait qu'une manifestation dérisoire ou qu'un ferment de division. En realité, sa portée est beacoup plus haute et sa signification profonde, en marquant la libération de l'homme par ladouble voie de l'initiation, l'Amour et la Raison, permet en l'élevant de le rapprocher de tous ses frères. L'enseignement de la *Connaissance* qui s'en dégage nous procurent le seul moyen d'accéder à *l'existence* véritable."

[277] P. Naudon, Les Loges de Saint-Jean, 3ème. Ed. Darvy-Livres, 1980.

6. Outros Santos com o Prenome 'João'

Nos dois últimos capítulos nos detivemos mais amiudadamente no estudo dos, assim considerados, Santos Padroeiros da Maçonaria – S. João, (a)o Batista e (b)o Evangelista. Na sequência vamos elencar outros Santos de nome "João" que guardam lugar importante na hagiologia e martirologia cristã. O objetivo é o da desambiguação com outros Santos com o prenome de João que poderiam ocupar o lugar de Padroeiros da Maçonaria. Para tanto vamos relacionar cronologicamente os Santos de nome João reconhecidos pela Igreja Católica Apostólica Romana.

C) S. JOÃO CRISÓSTOMO (349/407)

Sua data comemorativa é 13 de setembro.

O grego Crisóstomo (João boca de ouro) foi teólogo e escritor, além de arcebispo de Constantinopla. Filho de uma família abastada acabou criado pela mãe após perder o pai. Foi batizado aos 18 anos[278]. A partir de então fez dois retiros eremitas no deserto, que contribuíram para minar sua saúde. Retornando para Antioquia, foi ordenado diácono em 381, pelo bispo Melécio e, aos 39 anos, foi ordenado padre, substituindo o bispo local nas

---

[278] http://www.ecclesia.com.br/sinaxe/s-joao-crisostomo.html. Acessado em maio 2012.

homilias. Escreveu inúmeros textos. Trabalhos teológicos – como o tratado sobre o Sacerdócio, ainda em uso hoje em dia – e sermões (comentários sobre o Antigo e o Novo Testamentos). Em 397, com o passamento do bispo Nectário de Constantinopla, foi chamado pelo Imperador, sendo eleito o novo bispo da Capital do Império Romano do Oriente. Foi o responsável pelo desenvolvimento da Divina Liturgia – texto utilizado pela Igreja Ortodoxa Oriental até hoje. Paralelamente continuou seus trabalhos públicos e sociais na mesma linha e verve desenvolvida em Antioquia, contudo sua contundência atingiu autoridades civis e religiosas de seu tempo, visto que pregava contra a ambição e a avareza reinante no seio da corte e do clero[279]. Por suas denúncias acabou por desgostar a rainha Eudóxia[280], situação que o levou ao desterro em Cucusus (em 402), cidade do Mar Negro onde morreu em 407. Acabou por tornar-se o Padroeiro de Constantinopla, dos Epiléticos, dos pregadores e palestrantes.[281, 282]

D) S. JOÃO CLÍMACO

Data de comemoração – 30 de março.

Encontrei inexatidão nos dados relativos ao nascimento deste personagem cristão. As menções são muito díspares: 525/606[283], 550/630[284] (onde também se diz que viveu até os 86 anos de idade), 580/650[285]. Esta disparidade existe em função das parcas fontes biográficas sobre S. João Clímaco; mesmo a fonte mais antiga, que seria o depoimento de um contemporâneo, de nome Daniel, não

---

279 http://www.cancaonova.com/portal/canais/liturgia/santo/index.php?dia=13&mes=9 acessado em maio/2012.

280 J. de Varazze, Legenda Áurea, Trad. Hilário Franco Junior, Cia. das Letras, 2003.

281 http://pt.wikipedia.org/wiki/Jo%C3%A3o_Cris%C3%B3stomo acessado em abril/2012.

282 R. da Camino, Lendas Maçônicas, Ed. Aurora, 1982.

283 http://pt.wikipedia.org/wiki/Jo%C3%A3o_Cl%C3%ADmaco acessado em maio 2012.

284 R. da Camino, Lendas Maçônicas, Ed. Aurora, 1982.

285 http://www.ecclesia.com.br/biblioteca/hagiografia/s_joao_climaco.html acessado em abril/2012.

esclarece estes dados. Todas as considerações biográficas são tiradas do Menologion, escrito em tempos posteriores, indicando o final do século VI d.C., isto é, 580.

Monge palestino que representa muito bem o costume dos primeiros tempos do cristianismo, isto é, o abandono dos bens materiais familiares e uma opção radical pela conduta eremita[286]. Ficou conhecido pela alcunha de Escada (João Escada), além de João Escolástico[287], João Sinaíta. Sua vida religiosa foi dedicada à oração e à meditação. Neste sentido escreveu o livro a *Escada do Paraíso*, que deu origem a sua alcunha. Nesta obra descreve um caminho, um Ritual, para o desenvolvimento da espiritualidade através do poder da oração. Exemplos de seus pensamentos podem ilustrar, muito bem, nossa exposição:

> *A solidão do corpo é a ciência e a paz da conduta e dos sentidos; a solidão da alma, a ciência dos pensamentos e um espírito inviolável. O amigo da solidão é um espírito de sentinela, valente e inflexível, sem sono, à porta do coração, para derrubar e matar os que se aproximam.*

> *Fechai a porta da cela a vosso corpo, a porta dos lábios às palavras, a porta interior aos sentidos.*

Seu método lembra características dos mantras indianos, conforme podemos deduzir a partir de seu próprio depoimento:

> *A prolixidade na oração frequentemente enche o espírito de imagens e o dissipa, enquanto muitas vezes o efeito de uma única palavra (monologia[288]) é recolhê-lo.*

---

[286] http://www.cancaonova.com/portal/canais/liturgia/santo/index.php?dia=30&mes=3 acessado em maio/2012.

[287] Deve ser distinguido de João Escolástico, Patriarca de Constantinopla, também conhecido como João III, cuja data de nascimento é desconhecida e a data de falecimento é 31 de agosto de 577; é reconhecido Santo pela Igreja Ortodoxa. (http://pt.wikipedia.org/wiki/Jo%C3%A3o_Escol%C3%A1stico)

[288] Monologia – invocação curta de uma só palavra.

Sua escada tem 30 degraus, assemelhando-se ao símbolo maçônico da Escada de Jacó. Tanto quanto esta, que pretende indicar o caminho para o G.·. A.·. D.·. U.·., a escada de S. João Clímaco (Escada – Klímax) também pretendia mostrar o melhor caminho para o desenvolvimento da espiritualidade e para a salvação da alma. Este caminho é dado por capítulos sucessivos (degraus da escada) que descrevem as virtudes que o crente deve desenvolver para alcançar a plenitude espiritual. Suas indicações dão conta que as principais virtudes seriam: a oração, a quietude, a ausência de paixão e, por fim, o amor.

Sua acesse eremítica tem início e desenvolvimento a partir da morte de seu mestre, quando, também, optou pelo vegetarianismo[289]. Desde então mantém-se recluso em sua cela no Mosteiro de Monte Sinai, de onde sai apenas aos domingos para o culto religioso na capela. Já com 70 anos é eleito bispo de Monte Sinai, desenvolvendo atividades na vida em comunidade, empenhando-se na construção de um hospital local, sem, contudo, abandonar seus hábitos de eremita.

E) S. JOÃO ESMOLER OU S. JOÃO DE JERUSALÉM[290] (550/619)

Festa celebrada no dia 23 de janeiro.

De origem nobre, filho de Epiphanius que era governador da ilha de Chipre. Na juventude casou-se tendo tido dois filhos, perdendo, contudo, sua família logo em seguida. Desde então dedicou-se à religião.

De João Esmoler temos relatos de sua dedicação aos necessitados, distribuindo alimentos e agasalhos aos pobres de Alexandria,

---

[289] http://diadossantoscatolicos.blogspot.com.br/2010/03/sao-joao-climaco.html acessado em maio 2012.

[290] Abrines dá-lhe ainda a denominação de "San Juan, el Limosnero"

onde foi Patriarca com a idade de 50 anos. Esta sua característica de vida tornou-se uma lenda, e uma das versões encontradas é como segue:

> *Um dia uma jovem de extraordinária beleza, trazendo na cabeça uma coroa de olivas, foi encontrá-lo. A moça disse: "Sou a Misericórdia, que fez o Filho de Deus descer do Céu. Tome-me como esposa e você se sentirá bem". Ao compreender que a oliva era o símbolo da misericórdia*[291]*, tornou-se tão misericordioso que passou a ser chamado de Eleimon (Esmoler), que significa "aquele que dá muitas esmolas*[292, 293]*.*

Outra versão encontrada conta que,

> *logo que assumiu o cargo de Patriarca João ordenou que se fizesse uma lista dos pobres. A lista tinha 7500 nomes dos pobres da Diocese os quais ele alimentava todos os dias. Uma das primeiras ações de seu episcopado foi a distribuição de 80.000 peças de ouro para hospitais e monastérios. Quando alguns protestaram, ele respondeu que havia tido uma visão. Contou que uma linda mulher apareceu para ele representando a Caridade e lhe disse: "Eu sou a filha mais velha do Senhor Rei. Se você for meu amigo eu o levarei a Ele".*[294, 295]

É considerado o Padroeiro da Ordem de S. João de Jerusalém[296], depois, Cavaleiros de Malta. Suas relíquias foram levadas para Constantinopla e de lá foram transladadas para Tall, em 1632, e hoje são mantidas na Catedral de Presbourg.[297]

---

[291] Talvez esta simbolização sirva para outras reflexões dentro do simbolismo maçônico.
[292] http://explicadinho.blogspot.com.br/2010/01/sao-joao-esmoler.html acessado em maio/2012.
[293] J.de Varazze, Legenda Áurea, a vida dos Santos, Cia. das Letras. 2003.
[294] http://www.cademeusanto.com.br/sao_joaoesmoler.htm acessado em maio/2012.
[295] http://www.paginaoriente.com/santosdaigreja/jan/joaoesmoler2301.htm acessado em maio/2012.
[296] A atual Ordem de Malta, cujo nome oficial é Ordem Soberana e Militar Hospitalária de São João de Jerusalém, de Rhodes e de Malta, foi fundada no século XI, com o mesmo objetivo dos Templários: proteger os peregrinos da Terra Santa. Tiveram sede, inicialmente, na Igreja de Santa Tereza, contudo após a conclusão do Hospital para os peregrinos, desligaram-se desta e constituíram-se em uma congregação com o nome de S. João Batista. Em 1113 foi oficializada pelo Papa com o nome de S. João de Jerusalém, daí a ligação desta instituição com este Santo da Igreja Católica. (http://pt.wikipedia.org/wiki/Ordem_Soberana_e_Militar_de_Malta acessado em maio/2012.)
[297] R. da Camino, Lendas Maçônicas, Ed. Aurora, 1982.

B. Jones nos diz que "é possível, contudo, que ambos estes Santos [S. João Batista e o Evangelista] tenham sido confundidos com o bizantino S. João de Jerusalém, conhecido como S. João Esmoler, isto pode ser alguma sombra na ideia que a organização de caridade de S. João de Jerusalém teve alguma influência nas construções do Ofício[298]".[299]

D. Ligou relata que "quando a Ordem do Templo foi dissolvida, os bens dos Templários foram atribuídos aos Hospitalários de São João de Jerusalém com os privilégios e os direitos acordados aos seus antigos detentores[300]".[301]

Também teria sido o nome de uma Ordem cavalheiresca da Espanha.[302] Os autores citados comentam ainda o fato de alguns pesquisadores darem aos Templários a mesma denominação de Cavaleiros de São João de Jerusalém, criando confusão no entendimento destas designações.

Esta confusão aumenta quando se estabelece no Escocismo Reformado, atribuído ao Barão de Tschoudy, um Grau – Cavaleiro da Palestina – em cuja apresentação *"se dice muy seriamente, que la Francomasonería fue establecida en Europa por 81 caballeros templários de la orden de San Juan de Jerusalén, procedentes de la Palestina y que aqui los honores que los masones escoceses deben y tributan a estos Caballeros".*[303]

Outra utilização do título Esmoler ou Hospitaleiro é indicada em Abrines e refere-se a um comentário relativo à lenda do 30º Grau

---

[298] Texto original: "it is possible, however, that both of these saints have been confused with the Byzantine St. John of Jerusalem, known as St. John the Almoner, there being some shadowy idea that the charitable organization St John of Jerusalem had some influence on the building craft."

[299] B. E. Jones, Freemasons' Guide and Compendium, Georg e G. Harrap & Cia. Ltd. 1955.

[300] Texto Original: "Lorsque l'Ordre du Temple fut dissous, les biens des Templiers furent attribués aux Hispitaliers de Saint-Jean de Jérusalem, avec les privilèges et droits accordés à leurs anciens possesseurs."

[301] D.Ligou, Dictionnaire de la Franc-Maçonnerie, 2ª. Ed. PUF, 2006.

[302] L. F. Abrines & R. A. Arderiu, Diccionario Enciclopédico de la Masonería, T. II, Ed. Kier, 1962.

[303] L. F. Abrines & R. A. Arderiu, Diccionario Enciclopédico de la Masonería, T. II, Ed. Kier, 1962.

Escocês: "Muchos Hermanos en el Arte Real creen que nuestras Logias están dedicadas a San Juan Bautista o al Evangelista; es un error: a quien están dedicadas con realidad, es a *San Juan el Limosnero*, que fue Gran Maestre de los Caballeros *de San Juan de Jerusalén* con el siglo XIII y que ha sido siempre el ornato más bello de la Orden y el patrón más amado y venerado de los Templarios."[304] Observar a impossibilidade de tal descrição, visto que S. João de Jerusalém faleceu em 619, não podendo, portanto, tornar-se Grão-Mestre de uma Ordem do século XIII!

Outras denominações maçônicas utilizando o nome de S. João de *Jerusalém*:

a) Cavaleiro de S. João de Jerusalém – título de um grau místico colecionado pelo Irmão Lamenceau;
b) Cavaleiro de Templo de S. João de Jerusalém – título de um Grau dos antigos capítulos ingleses;
c) Cavaleiro de S. João da Palestina – 48° do Capítulo Metropolitano de Paris;
d) Clerus (Clérigo) o Favorito de S. João – 6° do sistema de Zinnendorf.
e) ***Grande e Soberana Loja de São João de Jerusalém** – esta denominação é a que guarda a maior importância na história da Maçonaria, pois esta estrutura, criada pelo conde de Clermont, é tida como "uma das primeiras manifestações do escocismo". Esta loja, cujos documentos originais não foram encontrados, mas existem algumas cópias com autenticação que sustentam a veracidade histórica, como a encontrada por A. le Bihan, na Biblioteca Nacional francesa, que tem data de 1778 e traz a seguinte informação: "certificada conforme original de 24 de junho de 1745"*[305]*. Aparentemente, o objetivo era desenvolver*

---

[304] L. F. Abrines & R. A. Arderiu, Diccionario Enciclopédico de la Masonería, T. II, Ed. Kier, 1962.

[305] D. Ligou, Dictionnaire de la Franc-Maçonnerie, 2ª. Ed. PUF, 2006.

> *regras a serem seguidas por todos os organismos e lojas a serem criadas na França a partir daquela data – 1745 –, com o intuito de organizar, principalmente, os altos graus. Esta Grande e Soberana Grande Loja, São João de Jerusalém, tornou-se o maior centro de propagação e difusão dos Altos Graus. Politicamente, a postura do Conde de Clermont em 1745, apoiando-se nos Mestres Escoceses, foi diametralmente oposta à mantida por seu antecessor, o Conde de Autin, que, em 1743, legislara contra o reconhecimento dos graus escoceses. Um desdobramento histórico importante, conforme Thory, foi a criação, por membros desta Grande e Soberana Loja de São João de Jerusalém, em 1758, do conhecido Soberano Conselho dos Imperadores do Oriente e do Ocidente, donde acabaria emanando-se, em 27 de agosto de 1761, a carta patente de Étienne Morin, concedendo-lhe os poderes para desenvolver no solo americano – Porto Príncipe – os Sublimes Graus da Alta Perfeição, isto é, do Rito de Perfeição.*

Penso que todo este intrincado grupo de denominações relacionadas ao nome de S. João de Jerusalém ou Esmoler – até o duplo nome do mesmo Santo – nos auxilie no entendimento das variações e criações que se desenvolveram dentro do mundo lendário albergado pela Maçonaria. Quão difícil acaba sendo separar o histórico do lendário; o real do fantasioso! Aliás, a própria apresentação do Santo ficou confusa com dados biográficos e maçônicos associados!

Observar que este Santo viveu em área próxima – Alexandria – daquela onde os hospitalários e os templários acabaram escrevendo a sua história – a Palestina. Observar que tanto São João de Jerusalém (ou Esmoler) quanto estas Ordens Militares Religiosas tinham o mesmo objetivo: auxiliar os necessitados e despossuídos. Observar ainda que diferentemente dos Santos de nome João anteriormente considerados, este teve menos apego à conduta eremita, isto é, teve uma vida social e laboral mais intensa e próxima do povo. Observar que a denominação de Cavaleiros de S. João de Jerusalém, bem como o padroado conferido aos hospitalários, ocorre, pelo menos, 500 anos após a morte do religioso na ilha de Chipre.

F) S. JOÃO DAMASCENO (675/749)

Comemorado em 27 de março.

Monge e teólogo, nascido em Damasco, de onde a alcunha de "Damasceno" (seu nome original era João Mansur[306]). Tal como S. João Esmoler, era oriundo de uma família de posses, e, contudo, a partir de sua ligação com a religião e do estudo e constatação das dificuldades dos ricos apegados a suas posses entrarem no Reino dos Céus, procedeu à mudança significativa na conduta e vida pessoal. Aos 30 anos[307], trocou a vida prodigalizada por uma situação financeira favorável pela renúncia e a pobreza.

Viveu sua vida religiosa no convento de São Sabas, Jerusalém, onde acabou se tornando um dos Doutores da Igreja[308] e cuja obra representativa é a "Exposição da Fé Ortodoxa"[309, 310], inaugurando a corrente da teologia sistemática[311]. Também há uma "Homilia sobre a Natividade de Maria"[312].

Foi outro dos combatentes ao "monofisismo", defendendo

---

306 http://marcioreiser.blogspot.com.br/2010/02/sao-joao-damasceno-e-virgem-das-tres.html acessado em maio/2012.

307 http://www.arautos.org.br/artigo/21197/Sao-Joao-Damasceno--A-teologia-vivificada-pelo-amor.html acessado em maio/2012.

308 Este título lhe foi conferido pelo Papa Leão XIII em 1890, 1141 anos após sua morte.

309 http://pt.wikipedia.org/wiki/Jo%C3%A3o_Damasceno acessado em abril/2012.

310 R. da Camino, Lendas Maçônicas, Ed. Aurora, 1982.

311 A **teologia sistemática**, que engloba ramos como a *teologia doutrinal*, a *teologia dogmática* e a *teologia filosófica*, é o ramo da *teologia cristã* que reúne as informações extraídas da pesquisa teológica, organiza-as em áreas afins, explica as aparentes contradições e, com isso, fornece um grande sistema explicativo (diferentemente da *teologia histórica* ou da *teologia bíblica*). A teologia sistemática está também associada por vezes à *apologética cristã*, que serve para, no confronto teológico entre diferentes religiões e *heresias*, defender a doutrina da confissão cristã em causa.
http://pt.wikipedia.org/wiki/Teologia_sistem%C3%A1tica acessado em maio/2012.

312 http://www.ecclesia.com.br/biblioteca/pais_da_igreja/s_joao_damasceno_homilia_sobre_a_natividade_de_maria.html acessado em maio/2012.

a natureza humana do Cristo; também foi um crítico da iconoclastia[313], isto é, a utilização de imagens para veneração, como expôs na obra "Orações sobre as Imagens Sagradas" (defendia, portanto a iconofilia). É na esteira desta obra que encontramos o relato lendário associado a este Santo. Conta a lenda que, envenenado contra S. João Damasceno, o Califa de Damasco sentenciou que lhe fosse cortada a mão com a qual escrevera sua defesa das Imagens Sagradas. Ato contínuo, S. João Damasceno juntou o membro decepado e orou para ser curado, solicitação que foi atendida diante do incrédulo soberano.

Muitos autores veem na obra deste Santo teólogo árabe-cristão o prenúncio do dogma da Assunção da Mãe de Jesus Cristo em textos como:

> *"Convinha que aquela que no parto manteve ilibada virgindade conservasse o corpo incorrupto mesmo depois da morte. Convinha que aquela que trouxe no seio o Criador encarnado, habitasse entre os divinos tabernáculos. [...] Convinha que a Mãe de Deus possuísse o que era do Filho, e que fosse venerada por todas as criaturas como Mãe e Serva do mesmo Deus".*[314]

Até aqui nos debruçamos sobre as biografias de Santos dos primeiros séculos do cristianismo. Chamamos a atenção para o fato de estes Santos terem vivido em tempos anteriores ao aparecimento das Associações Monásticas ou Leigas. Os próximos Santos com o prenome de João são de uma época bem posterior, pelo menos, 800 anos adiante, já ultrapassado o auge dos construtores medievais e do estilo gótico, período no qual nos aproximamos do Renascimento

---

[313] **Iconoclastia** ou **Iconoclasmo** (do *grego* εικών, *transl. eikon*, "ícone", imagem, e κλαστειν, transl. *klastein*, "quebrar", portanto "quebrador de imagem") foi um movimento político-religioso contra a *veneração* de ícones e imagens religiosas no *Império Bizantino* que começou no início do *século VIII* e perdurou até o *século IX*. Os iconoclastas acreditavam que as imagens sacras seriam ídolos, e a *veneração* e o culto de ícones por consequência, – *idolatria*. http://pt.wikipedia.org/wiki/Iconoclastia acessado em maio/2012.

[314] http://www.arautos.org.br/artigo/21197/Sao-Joao-Damasceno--A-teologia-vivificada-pelo-amor.html acessado em maio/2012 – a citação é de um discurso de Bento XVI de 9/9/2007.

e do estilo romântico. Portanto, todos os Santos considerados na sequência não poderiam ter tido relação com os pedreiros medievais.

Complementamos agora com a relação dos Santos de nome João mais recentes, isto é, de biografia posterior aos Maçons Operativos, que somaram 8 personagens.

G) S. JOÃO DE DEUS (1495/1550)

Comemorado em 8 de março.

Nascido em 8 de março de 1495, na região de Évora, Portugal. Vivenciou experiência mística aos 40 anos, quando abandonou uma vida dissoluta e violenta, mudando-se para a Espanha onde passa a cuidar de pessoas doentes e desamparadas.[315]

O Padroeiro dos Hospitais, doentes e enfermeiros teve uma vida atribulada chegando a passar muitos anos internado como insano. Após esse período, acabou por fundar e desenvolver o Hospital para doenças contagiosas e incuráveis de Granada; também ajudou a organizar e fundar uma Ordem para cuidar dos enfermos que posteriormente recebeu o nome de Ordem Hospitalar de São João de Deus[316]. Por tudo isso foi escolhido como Padroeiro destes estabelecimentos. Beatificado em 1630 pelo Papa Urbano VIII e canonizado em 1690 pelo Papa Alexandre VIII.[317, 318]

Entre as lendas associadas ao seu nome encontramos a história que narra sua luta para salvar os doentes de um hospital em chamas; após haver ajudado a todos saírem da casa, retornou para salvar os utensílios necessários, principalmente roupas e cobertores. Neste ínterim começaram a canhonear o prédio para que o fogo não se alastrasse. Subiu no telhado para pedir um tempo que lhe

---

315 http://www.cademeusanto.com.br/sao_joao_deus.htm acessado em maio/2012.

316 http://www.cancaonova.com/portal/canais/liturgia/santo/index.php?dia=8&mes=3 acessado em maio/2012.

317 http://pt.wikipedia.org/wiki/S%C3%A3o_Jo%C3%A3o_de_Deus acessado em abril/2012.

318 R.da Camino, Lendas Maçônicas, Ed. Aurora, 1982.

permitisse terminar sua tarefa. Neste esforço, cai do telhado em meio às chamas e, pouco depois, sai milagrosamente, para a rua indo ao encontro dos doentes. Por isso, muitas vezes também é considerado o Padroeiro dos bombeiros.

H) S. JOÃO DA CRUZ (1542/1591)

Comemorado em 14 de dezembro.

Nasceu como João Yepes, em Ávila, Espanha, no ano de 1542[319].

O religioso espanhol lutou ao longo de sua vida contra o relaxamento das regras religiosas. Desenvolveu uma aptidão para a poesia, tendo criado o ramo das "poesias místicas". Trabalhou, incessantemente, ao lado de Santa Tereza de Ávila e Frei Antonio de Jesus Herédia pelo retorno da ortodoxia. Escreveu "Noite Escura da Alma"[320], "Subida ao Monte Carmelo". Adotou o nome de João da Cruz para sinalizar a sua busca ao longo de toda sua vida. [321] Padroeiro da Teologia Mística.[322]

Como curiosidade e ilustração do trabalho do biografado acrescentamos uma tradução encontrada da obra: "Noite Escura da Alma"[323]:

Em uma noite escura,
De amor em vivas ânsias inflamada,
Oh, ditosa ventura!
Saí sem ser notada,
Já minha casa estando sossegada.

---

319 http://www.ewtn.com/spanish/saints/Juan_de_la__Cruz.htm acessado em maio/2012.
320 Como uma curiosidade e ilustração do trabalho do biografado, acrescentamos uma tradução encontrada da obra Noite Escura da Alma:
321 http://pt.wikipedia.org/wiki/Jo%C3%A3o_da_Cruz acessado em abril/2012.
322 N. B. Megale, O Livro de Ouro dos Santos, Ediouro, 2003.
323 http://www.amorc.org.br/Imagens_publicacoes/noite%20escura.pdf acessado em maio/2012.

Na escuridão, segura,
Pela secreta escada, disfarçada,
Oh, ditosa ventura!
Na escuridão, velada,
Já minha casa estando sossegada.

Em noite tão ditosa,
E num segredo em que ninguém me via,
Nem eu olhava coisa,
Sem outra luz nem guia
Além da que no coração me ardia.

Essa luz me guiava,
Com mais clareza que a do meio-dia,
Aonde me esperava
Quem eu bem conhecia,
Em sítio onde ninguém aparecia.

Oh, noite que me guiaste!
Oh, noite mais amável que a alvorada!
Oh, noite que juntaste
Amado com amada,
Amada já no Amado transformada!

Em meu peito florido
Que, inteiro para ele só guardava,
Quedou-se adormecido,
E eu, terna, o regalava,
E dos cedros o leque o refrescava.

Da ameia a brisa amena,
Quando eu os seus cabelos afagava,
Com sua mão serena
Em meu colo soprava,
E meus sentidos todos transportava.

Esquecida, quedei-me,
O rosto reclinado sobre o Amado;
Tudo cessou. Deixei-me,
Largando meu cuidado
Por entre as açucenas olvidado.

I) S. JOÃO BERCHMANS (1599/1621)

João Berchmans foi beatificado por Pio IX em 1865 e canonizado por Leão XIII, em 1888. Dedicou a sua vida à educação juvenil, tendo se tornado o padroeiro da "juventude estudantil". Morreu jovem – 22 anos – durante seus estudos como noviço jesuíta. Aprofundou-se no estudo da Escolástica[324], tendo sido chamado de mestre nos detalhes da santidade.[325]

J) S. JOÃO DE BRITO (1647/1693)

O lisboeta João de Brito decidiu-se pela vida religiosa, mais especificamente pelo hábito jesuíta após episódio de recuperação de uma grave doença que ele atribuiu à intervenção de S. Francisco Xavier. Desenvolveu suas atividades religiosas e pastorais na Índia, principalmente, entre os párias, a casta mais desconsiderada daquela sociedade. Foi canonizado em 1947 pelo Papa Pio XII.[326]

K) S. JOÃO BATISTA DE LA SALLE (1651/1719)

João Batista de La Salle foi beatificado em 1900 pelo Papa Leão XIII. Dedicou sua vida ao aprimoramento de professores que pudessem ensinar as crianças, mormente, as pobres. Deste seu objetivo de vida, nasceu a congregação dos Irmãos das Escolas Cristãs. Exatamente por este seu contínuo trabalho ele é considerado o padroeiro dos professores[327].

---

[324] http://pt.wikipedia.org/wiki/S%C3%A3o_Jo%C3%A3o_Berchmans acessado em abril/2012.
[325] R. da Camino, Lendas Maçônicas, Ed. Aurora, 1982.
[326] http://alvalade.no.sapo.pt/sjoaobrito.htm acessado em abril 2012.
[327] http://www.lasalle.edu.br/portal/pagina.php?id=6 acessado em abril/2012.

L) S. JOÃO BOSCO (1815/1888)

O Padroeiro da capital brasileira – D. Bosco – fundou a Sociedade de S. Francisco de Sales – os salesianos – com o objetivo de atingir cidadãos interessados na educação[328, 329, 330].

M) S. JOÃO BATISTA SCALABRINI (1839/1905)

O beato Scalabrini foi bispo católico tendo fundado a Congregação dos Missionários de S. Carlos, com o objetivo de cuidar dos emigrados italianos[331].

N) S. JOÃO BATISTA PIAMARTA (1841/1913)

Foi o fundador da Congregação dos Padres da Sagrada Família de Nazaré, com o objetivo de aprimorar a educação dos jovens, principalmente no sentido profissional. Também concedia grande importância à oração na vida de todo cristão[332].

Sintetizando, no site consultado encontramos 14 Santos "joaninos", 6 dos quais relacionados com a história inicial da Igreja, incluindo os bíblicos Batista e Evangelista. Dos 8 posteriores, João Batista Piamarte somente aparece nesta lista, não havendo menção nas listas estudadas abaixo.

Outras listas consultadas foram:

A) Rizzardo da Camino, na obra Lendas Maçônicas[333], elencou 35 Santos com o nome de "João". Deste total, os primeiros 14

---

328 http://www.cancaonova.com/portal/canais/liturgia/santo/index.php?dia=31&mes=1 acessado em abril/2012.

329 N. B. Megale, O Livro de Ouro dos Santos, Ediouro, 2003.

330 R. da Camino, Lendas Maçônicas, Ed. Aurora, 1982.

331 http://www.sjoao.com.br/santos.php?IdSanto=525 acessado em abril/2012.

332 http://santos-de-cada-dia.blogspot.com.br/2011/05/joao-baptista-piamarta.html acessado em abril/2012.

333 R. Camino, Lendas Maçônicas, Ed. Aurora,1982.

(42,8%) referem-se a Santos *anteriores* ao período Gótico-Operativo da Maçonaria; lembrando que entre estes, com grande frequência vamos encontrar os bispos da Igreja, visto que era costume, então, chamá-los de Santos após sua morte. São 4 (14,4%) os Santos que viveram *durante* o período Operativo, séculos X a XIV. Os 16 (42,8%) restantes viveram após os eventos Operativos, fazendo parte do, assim chamado, período de Transição ou já no período Especulativo.

Dos Santos apontados pelo Irmão Rizzardo, não encontramos dados biográficos de 6 deles, a saber: S. João, sem cognome, de Alexandria; São João Colombini; São João de Chinon; São João IV de Nápoles; São João de Prado; São João, o da Cisterna; São João Calibita e São João Reomé.

B) Outra lista de 30 nomes, esta encontrada na Web[334], apresentando 6 (30% Santos de nome João do período anterior ao momento Operativo da Maçonaria; 5 (16,66%) Santos contemporâneos ao período Gótico-Operativo, e 19 (63,34%) Santos modernos, incluindo o papa João Paulo II.

C) A Santoral Católica[335] referendou 7 (28%) Santos de nome "João" no período anterior ao aparecimento da Maçonaria Operativa; 6(24%) Santos no período Gótico-Operativo, e 12(48%) Santos modernos. Nesta última listagem encontramos 25 nomes de Santos de nome "João". Tratando-se de uma fonte espanhola encontramos alguns Santos com relação particular com aquele país europeu. Não foram citados 4 Santos da primeira lista: S. João de Jerusalém (ou S. João Esmoler), São João Berchmans, S. João Batista Scalabrini e S. João Batista Piamarta.

O estudo destas listas nos mostra a profusão de Santos com o nome "João", que ainda é complicado pelo acréscimo de alguns

---

334 http://www.corazones.org/santos/a_santos_vidas.htm acessado em maio/2012.
335 http://www.ewtn.com/spanish/saints/indice_alfabetico.asp acessado em maio/2012.

Santos com o mesmo nome, mas que não fazem parte da relação oficial da Igreja, conforme apresentado no próximo item.

Esta extensa nomenclatura nos deve induzir cautela no estudo em questão para selecionarmos o Santo adequado. As questões mais prementes são as de reconhecer como importantes os nomes de Batista e do Evangelista, com o atenção relativa a S. João Esmoler, por vezes denominado de São João de Jerusalém, e um São João da Escócia, aparentemente desenvolvido no seio da bibliografia maçônico, são motivos de confusões.

7. Santos com o Nome de João Criados ou Cultivados pela Maçonaria

A história da Maçonaria, principalmente a Especulativa, é uma via de duas mãos. De um lado temos os Santos eleitos e cultuados pela Maçonaria, oriundos das listas oficiais da Igreja. Por outro lado, existem os Santos mencionados nos documentos e na história maçônica, sem que existam como verdadeiros Santos reconhecidos e venerados pelas Igrejas cristãs.

Castellani, por exemplo, faz menção a outro Santo com o prenome *João, o da Escócia*, que, frequentemente, é encontrado na literatura maçônica. A respeito deste personagem o saudoso Irmão alude, com sua habitual verve: "Alguns Rituais dos chamados 'Ritos joaninos' já traziam referência a 'São João d'Escócia, nosso padroeiro', um erro crasso, que tem sido corrigido, modernamente."[336, 337]

É muito curioso que tendo à disposição uma longa lista de Santos e beatos com o nome de João, a Maçonaria criasse um novo Santo, o D'Escócia!

Para alguns autores[338] o Santo denominado por S. João da Escócia seria o mesmo reconhecido pela Igreja com o nome de S.

[336] J. Castellani, Consultório Maçônico, IX, A TROLHA, 2004.
[337] J. Castellani, Consultório Maçônico, II, A TROLHA, 1989.
[338] http://www.formadoresdeopiniao.com.br/index.php?option=com_content&view=article&id=5417:sao-joao-da-escocia-o-patrono-da-maconaria&catid=66:templo&Itemid=85 acessado em maio/2012.

João Esmoler ou S. João de Jerusalém. Neste mesmo raciocínio, B. Jones[339] aceita como sinônimos S. João Esmoler e S. João de Jerusalém, contudo não corrobora com a inclusão do Santo escocês.

Fato é que o nome pegou e muitos são os logradouros com esta denominação: hotel, hospital, bairro, sociedade beneficente cultural, e, obviamente, Lojas Maçônicas.

Entre estas encontramos San Juan de Escócia – como título de uma Grande Loja fundada em Marselha em 1751. Posteriormente veio a chamar-se Loja Mãe de Marselha e, por fim, Loja Mãe Escocesa da França; segundo Abrines[340], houve outra Loja com o mesmo nome – Loja Mãe Escocesa da França, em Paris, na qual praticava-se o Rito Filosófico.

Abrines[341] faz desfilar várias outras criações maçônicas no campo dos Santos "joaninos":

a) *San Juan de Boston* – nome dado a uma Grande Loja em 1733 – que disputava o título de primeira grande loja da América.
b) *San Juan de Edimburgo* – nome adotado pela Grande Loja da Escócia em 1736.
c) *San Juan de la Palestina* – nome dado a uma suposta ordem cavalheiresca da qual teria nascido a própria Maçonaria Templária. Também é título de uma Loja parisiense fundada em março de 1780.
d) *San Juan de los Tres Morteros* (dos três Morteiros) – Título de uma Grande Loja constituída em Cadeña em dezembro de 1759, com carta constitutiva da Grande Loja da Inglaterra.

---

339 B. E. Jones, Freemasons' Guide and Compendium, Georg e G. Harrap & Cia. Ltd. 1955.

340 L. F. Abrines & R. A. Arderiu, Diccionario Enciclopédico de la Masonería, T. II, Ed. Kier, 1962.

341 L. F. Abrines & R. A. Arderiu, Diccionario Enciclopédico de la Masonería, T. II, Ed. Kier, 1962.

Segunda Parte

Os Santos e a Maçonaria

8. Santo Padroeiro da Maçonaria

Havia algum Santo Padroeiro na Maçonaria Operativa? Como se consolidou a escolha dos Santos de nome João como padroeiros da Maçonaria?

Reconhecendo a Maçonaria Operativa como uma das formas de organização do trabalho na Idade Média, espera-se que tenha tido Santos Padroeiros como todos os demais ofícios, conforme descrito em D. Ligou: "cada ofício tinha o seu Santo padroeiro, visto que as confrarias eram de origem religiosa, e tanto quanto os ofícios da Antiguidade eram colocados, cada um deles, sob a proteção de uma divindade[342]". [343]

Vamos iniciar nossa reflexão a partir de um texto, relativamente longo, que nos dá, à primeira vista, a ideia de uma apresentação perfeita, com princípio, meio e fim; aqui também podemos vislumbrar uma caminhada evolutiva e uma menção adotiva clara. Contudo, entremeando esta clara evolução, ao olharmos mais de perto, percebemos algumas incongruências, fruto da época na qual o trabalho foi produzido bem como do menor número de documentos e pesquisas, até então, realizadas.

Sem esquecer que nosso objetivo é o de reconhecer e entender a escolha do Santo Padroeiro da Maçonaria, partindo, como

---

[342] Texto Original: "chaque métier possédait son saint patron, car les confrèries étaient d'origine religieuse; de même que les métiers, dans l'Antiquité, étaient placés chacun sous la protection d'une divinité".

[343] D. Ligou, Dictionnaire de la Franc-Maçonnerie, PUF, 2ª Edition, 2006.

dissemos no título, de uma tradição cultivada para com S. João. Creio que devemos iniciar nossa jornada pelo começo da história para que possamos entender, um pouco melhor, o culto "joanino" que se desenvolveu juntamente com nossa Instituição.

FRAU ABRINES E ROSENDO ARDERIU

Muitos autores foram tecendo contribuições sobre os Santos Padroeiros da Maçonaria; vamos considerar, inicialmente, Frau Abrines/Arderiu[344, 345], embora não muito considerados pela crítica bibliográfica[346], são os autores de um alentado verbete a respeito de SAN JUAN, que passamos a comentar detalhadamente.

Inicialmente, os autores apresentam uma biografia[347] bíblica de S. João Batista, iniciando com a famosa expressão "Patrón de la Francmasonería simbólica o primitiva que lleva su nombre". Os autores reconhecem TRÊS, e não DOIS Santos bíblicos e evangélicos com o nome de JOÃO: "*son tres los personajes de este nombre que registran las Escrituras: el Bautista, el Evangelista y el conocido más comunmente com el sobrenombre de Marcos*". Esta citação nos leva para o âmago de uma grande polêmica. Aparentemente o início da confusão está no depoimento de Hipólito[348] (teólogo cismático[349] do século III d.C. conhecido entre nós como Santo Hipólito, venerado

---

[344] L. F. Abrines & R. A. Arderiu, Diccionario Enciclopédico de la Masonería, T. II, Ed. Kier, 1962.

[345] L. F. Abrines, Diccionario Enciclopedico Abreviado de la Masonería, Cia. General de Ediciones, 1955.

[346] Benimeli, em seu "Bibliografia de la Masonería", é bastante crítico para com esta obra. Ao comentar os Dicionários Maçônicos em língua espanhola, faz, como último comentário, sua resenha da obra de Abrines/Arderiu com as seguintes palavras: "y finalmente el tan conoido como poco científico *Diccionario Enciclopédico de la Masonería*, de LORENZO FRAU Y ROSENDO ARÚS, completado con la versión castellana de la *Historia de la Masonería*, de FINDEL. De este Diccionario existen cuatro ediciones: una en La Habana (1883); otra en Barcelona (1891), y dos en Buenos Aires (1956 y 1962). A pesar de su éxito editorial es quizás de los diccionarios masónicos de más escaso valor histórico".

[347] Sobre a biografia dos Santos abordaremos em tópico próprio em outra parte deste estudo.

[348] http://pt.wikipedia.org/wiki/Hip%C3%B3lito_de_Roma acessado em maio/2012.

[349] http://pt.wikipedia.org/wiki/Antipapa acessado em maio/2012.

tanto pela Igreja Católica como pela Ortodoxa), na obra "Sobre os Setenta Apóstolos"[350]. Nela, existe uma relação de setenta cristãos escolhidos para pregar a mensagem do cristianismo pelo mundo todo. Entre eles mencionam-se três Marcos: o 14º dos citados é Marcos, o Evangelista e bispo de Alexandria; o 56º, Marcos, primo de Barnabé[351], bispo de Apolônia, e o 65º é Marcos, que também é João (isto é, João Marcos[352]), bispo de Bibloupolis.

O Evangelho de S. Marcos é o segundo, apesar de "admitirse que Marcos es el más antiguo de los cuatro evangelios, y desde luego el más breve".[353] Teria sido neste texto de Marcos que S. Mateus e S. Lucas teriam se inspirado na composição dos próprios textos; razão pela qual o conjunto destes três textos é conhecido sob o nome de "Evangelhos Sinóticos"[354, 355].

Este Marcos acaba sendo identificado e aceito com os dois outros personagens citados. O pensamento, que parece ser o corrente na Igreja hoje, está sintetizado na seguinte citação:

> *Nos livros do Novo Testamento, Marcos é lembrado dez vezes, com o nome hebraico de João*[356]*, com o nome romano de Marcos*[357] *ou com o duplo nome de João Marcos*[358]*. Para alguns estudiosos deveríamos distinguir dois ou mesmo três Marcos. Nós, a esta altura, aceitamos a opinião mais comum, isto é, a de um só Marcos, filho daquela Maria em cuja casa reuniam-se os primeiros cristãos de Jerusalém, onde foi se refugiar o próprio*

---

[350] http://www.newadvent.org/fathers/0524.htm acessado em maio/2012.
[351] http://pt.wikipedia.org/wiki/Marcos,_primo_de_Barnab%C3%A9 acessado em maio/2012.
[352] http://pt.wikipedia.org/wiki/Jo%C3%A3o_Marcos acessado em maio/2012.
[353] I. Asimov, Guia de la Biblia, Nuevo Testamento, Ed. Laia, 1985.
[354] J. W. Rogerson, O Livro de Ouro da Bíblia, Ediouro, 2003.
[355] O conjunto dos três textos são chamados sinóticos por apresentarem um paralelismo narrativo singular, isto é, nos três textos muitos eventos da vida de J. Cristo são apresentados na mesma sequência, com uma descrição quase idêntica, atestando uma origem muito próxima e concordante. Diferem, portanto, do Quarto Evangelho, o de S. João Evangelista, que tem uma estrutura própria e singular, não podendo ser pareado com os três primeiros.
[356] At 13,5 "Chegados a Salamina, anunciavam a palavra de Deus nas sinagogas dos judeus, e tinham a **João** como auxiliar."
[357] At 15,39 "E houve entre eles tal desavença que se separaram um do outro, e Barnabé, levando consigo a **Marcos**, navegou para Chipre."
[358] At 15,37 "Ora, Barnabé queria que levassem também **a João, chamado Marcos**."

Pedro, após a libertação prodigiosa do cárcere e onde, provavelmente, realizou-se a Santa Ceia celebrada por Jesus Cristo.[359, 360]

O Dicionário Bíblico[361] nos assevera que estes personagens são a "mesma pessoa; [e que] ninguém o duvida". Como outros personagens bíblicos, o autor do segundo evangelho tinha um nome duplo; era filho de uma Maria, em cuja casa, em Jerusalém, os apóstolos se reuniam; Marcos ou João Marcos era primo de Barnabé e levita[362] como este. Durante o período de pregação da boa nova, esteve em viagem com S. Paulo e, bem próximo de S. Pedro, por quem era denominado "filho" (I Pd, 5,13) "A vossa co-eleita em Babilônia vos saúda, como também meu filho Marcos."

Estes comentários a respeito do terceiro João somente ganharam importância neste estudo a partir da abertura do Primeiro Evangelho que se dá com: Mc, I, 1-4 "*Princípio da Boa Nova de Jesus Cristo, Filho de Deus. Conforme está escrito no profeta Isaías:* Eis que envio o meu anjo diante de ti: ele preparará o teu caminho. Uma voz clama no deserto: Traçai o caminho do Senhor, aplanai as suas veredas. *João Batista apareceu no deserto e pregava um batismo de conversão para a remissão dos pecados.*"[363] Portanto, a partir de Marcos (ou João Marcos, ou Marcos, primo de Barnabé), chegamos a João, o Batista.

Também não podemos deixar de considerar e mencionar que a expressão "Maçonaria de São João" ou "Lojas de São João", ainda de uso cotidiano, presentes em nossos rituais, designam o conjunto dos três primeiros Graus – Aprendiz, Companheiro e Mestre –, entendidos como a base original da Maçonaria. Aqui

---

359 http://sao-marcos.vilabol.uol.com.br/Biografia.html acessado em maio/2012.

360 http://www.sca.org.br/biografias/SaoMarcos.pdf acessado em maio/2012.

361 A. Van Den Born, Dicionário Enciclopédico da Bíblia, 5ª. edição, Ed. Vozes, 1992.

362 Os levitas, uma das tribos de Israel, a partir de Levi, filho de Jacó, ficaram incumbidos do cuidado do Tabernáculo, num primeiro momento e, posteriormente, do Templo de Jerusalém, bem como dos atos religiosos. Não havendo com seu nome nenhum território tribal; a sua geografia restringia-se ao Templo.

363 Bíblia Sagrada (Trad. Monges de Maresous, Bélgica) 37a. Edição, Ed. Ave Maria, 1982.

também é preciso considerar que esta base não é tão primitiva assim, pois ao aceitarmos a presença de um "**Grau**" de Mestre Maçom, estamos nos referindo a um evento primitivo ESPECULATIVO e não OPERATIVO, visto ser da compreensão de todos que o GRAU de Mestre é uma realidade que coincide com a segunda edição das Constituições de Anderson, isto é, 1738. Dito de outra forma, as designações "Maçonaria de São João" e "Lojas de São João" como título dos Graus Operativos seriam estranhas no período medieval, no qual o Mestre era tão somente o responsável pela OFICINA, tendo cada Oficina o seu Mestre (de Obras) que nada devia a qualquer outra Oficina. "Graus superiores" seria algo alucinatório, uma completa heresia, para não dizer perfeita lunação, denominação que também não alcançaria o menor entendimento naqueles tempos. Até porque, quanto mais recuarmos no tempo, principalmente, em Paris, muito menos veremos de S. João e muito mais de S. Brás, presentes nas orações dos pedreiros daquele burgo.

Frau Abrines expõe novamente a conduta da Igreja de substituir os cultos pagãos pelo cristão com a veneração e comemoração de Santos da Igreja:

> *A imitación de los paganos que dedicaban sus templos a las divinidades y a los genios de la mitología*[364]*, así los primeros cristianos adoptaron la costumbre de consagrar a los Santos y a los mártires de su religión los monumentos que dedicaban al culto; y las Comunidades, las Confradías y demás asociaciones afiliadas al cristianismo, imitando este ejemplo, poníase bajo la advocación del Santo que escogían por patrón.*
>
> *Arrastados por las humanitarias y regeneradoras doctrinas de igualdad y fraternidad que predicaba la nueva religión – que tan armónicamente se avenían con las que ellos profesaban –,* ***a mediados del siglo II, los miembros de los Colégios de Artífices***

[364] Vale lembrar que na mitologia greco-romana a padroeira ou protetora dos artesãos era Palas Atenea ou Minerva, que teria inventado o esquadro dos pedreiros e era festejada no *Quinquatrus*.

> *de Roma abrazaron en su inmensa mayoría el Cristianismo. Algunos sientan que, siguiendo la corriente, eligieron desde luego a San Juan por patrón; y esta afirmación, lejos de suscitar ninguna duda, parece tan lógica como natural.*[365]

Este último parágrafo, que marcamos com destaque, cita uma ideia com a qual comungamos, ou seja, existem algumas referências dentre as Instruções, da filosofia e da história da Maçonaria que nos parecem "tão lógicas como natural" que as aceitamos passivamente. Neste parágrafo está escrito que "em meados do século II, os membros dos Colégios de Artífices de Roma abraçaram, em sua imensa maioria, o Cristianismo". Refletindo um pouco sobre o sentido desta assertiva, não podemos deixar de considerar que, no século II da nossa era, o Cristianismo era uma religião em formação e proscrita. Ainda não tinha sido aceita e proclamada por Constantino – que o fez a partir de 312, após sua vitória na Batalha da Ponte Mílvio, a partir do sonho tido com o lema "In hoc signo vinces"[366] – no Império Romano do Oriente[367, 368]. Penso que no Império Romano do Ocidente, o ambiente estava muito mais confuso, pois o Cristianismo seria aceito após os acontecimentos do lado Oriental. Esta aceitação começa a estabelecer-se em direção a uma disseminação ampla a partir do "Batismo de Clóvis"[369], o rei dos Francos, em 496 ou 509[370, 371]. Portanto, penso ser pouco provável que uma organização pública[372], como eram os *Collegia Fabrorum*, mesmo que nesta época fossem bastante diferentes e decadentes em relação aos tempos áureos das conquistas romanas – lembrando

---

[365] L. F. Abrines & R. A. Arderiu, Diccionario Enciclopédico de la Masonería, T. II, Ed.Kier, 1962.

[366] "'Sob este signo vencerás."

[367] H. M. Burns, História da Civilização Ocidental, Vol. I, 3ª. Edição, Ed. Globo, 1974.

[368] J. M. Roberts, O Livro de Ouro da História do Mundo, Ediouro, 2001.

[369] O evento foi registrado por Mestre de Saint Gilles em pintura clássica, acessada em maio /2012. http://pt.wikipedia.org/wiki/Ficheiro:Chlodwigs_taufe.jpg

[370] B. Russel, História do Pensamento Ocidental, Ediouro, 2003.

[371] M. C. da Silva, A Realeza Cristã na Alta Idade Média, Alameda, 2008.

[372] E. Martin Saint-Léon, Histoire de las Corporations des métiers, 3ª. Éd., Libr. Félix Alcan, Paris, 1922.

sua instituição ao redor de 700 a. C.[373] – pudessem escolher uma posição religiosa diferente do politeísmo estatal.

A eleição de São João – e não fica claro neste ponto do texto de Abrines, qual dos Santos teria sido o escolhido, se o Batista ou o Evangelista – também pode ser questionada, visto que os Santos da Igreja, nessa mesma época – século II –, eram, tão somente, de conhecimento interno, pois a Igreja mantinha-se muito mais em uma existência "catecúmena", isto é, muito mais interna que externa. Portanto, podemos deduzir que os construtores deviam estar especializados nas edificações "para baixo", visto que o sentido "para cima" do gótico ainda demoraria ao redor de mil anos para aparecer no continente europeu. Mais ainda, muito presente em diversas cidades do Império Romano, a quantidade de cristãos nesse tempo era inferior aos dos devotos do judaísmo e do paganismo romano, estes últimos, sim, construtores de Templos suntuosos. No dizer de G. Blainey: "durante os dois primeiros séculos de existência, o cristianismo enfrentou um obstáculo: competia com religiões criadas havia muito tempo. Os romanos tendiam a apreciar o antigo. Adoravam os deuses antigos".[374]

Os documentos produzidos pela própria Igreja referentes a este período são parcos e os livros inexistentes; os fiéis analfabetos; os pregadores perseguidos. Em obra recente encontramos a seguinte exposição que ilustra muito bem a situação documental dos cristãos desta época: "Decorridos três séculos da morte de Cristo, ainda não se sabia quais Evangelhos, memórias, epístolas e histórias podiam ser considerados os mais verdadeiros. Embora os quatro Evangelhos se destacassem, outros trabalhos foram acrescentados, um a um, e as fontes de controvérsias eliminadas. Roma e Constantinopla eram então os principais centros da Igreja cristã. Por volta do ano 400

---

[373] Plutarco, Vidas Paralelas, vol. 1, edição on-line http://www.4shared.com/get/7cbv_hJ_/Plutarco_-_Vidas_Paralelas_I.html. acessado em mar/2010.

[374] G. Blainey, Uma Breve História do Cristianismo, Ed. Fundamento, 2012.

[portanto século V], afinal, chegou-se a um acordo quanto ao que seria o Novo Testamento. Mais ou menos na mesma época, São Jerônimo aplicadamente traduzia para o latim os livros do Antigo e do Novo Testamento, mas a Bíblia resultante – a Vulgata – só foi reunida em um único volume no século sexto".[375]

Poderiam os seguidores do cristianismo, no período considerado, século II, em grande número analfabetos, deficientes de documentos, com uma história curta, com inúmeros mártires e quase nenhum registro deles ainda haver desenvolvido uma cultura de Santo Padroeiro ou Patrono?

Além disso, a popularidade dos Santos e Mártires católicos não era de conhecimento comum e amplo. Ainda mais, "a mediados del siglo II", a Igreja havia conhecido 10 Papas (de S. Pedro, a partir do ano 30 d.C a Santo Aniceto, pontificado iniciado em 155); as listas dos Santos, os hagiológios, estavam em seus primórdios, lembrando que Atanásio de Alexandria, o primeiro interessado nestes relatos, somente apareceria em 295. Quanto ao martirológio, este foi ainda mais posterior, pois o Cronógrafo Romano utilizado como exemplo é de 354; (ver capítulos iniciais da Primeira Parte). Portanto, é improvável que a descrição de Abrines reflita uma verdade histórica; o mais provável é que, se alguma escolha para Santo Padroeiro tenha sido feita, esta o foi mais tarde, e o primeiro escolhido teria sido S. João Batista, conforme Mackey que aponta estes fatos para o século XVI[376] (ver outros comentários adiante).

Seguindo a leitura de Abrines/Arderiu lemos que:

> *desde un principio cada Cofradia eligió el Santo que mejor le plugo, adoptádolo por patrón, con independencia de la Fraternidad; lo cual nada ofrece tampoco de particular: por lo que, tanto la una como las otras, estas hipótesis son racionalmente aceptables. Del estúdio detenido de esta cuestión, parece desprenderse,*

[375] G. Blainey, Uma Breve História do Cristianismo, Ed. Fundamento, 2012.
[376] A. G. Mackey, Enciclopedia de la Francmasonería, vol. IV, Grijalbo, 1981.

> *empero, que tanto si fue al principio como posteriormente, los Masones cristianos, por razones especiales, como veremos más adelante, debieron adoptar desde luego a* **San Juan**, *y no a otro, por patrono general de la Fraternidad...*[377]

Novamente precisamos refletir sobre os dados expressos pelos autores em estudo. Um ponto com o qual concordamos é o que reconhece a liberdade com que cada Fraternidade escolhia, e ainda nos dias atuais escolhem os fiéis, o seu Santo Padroeiro. Lembrando que, ao falarmos em Confraria ou Fraternidade, estamos nos referindo a instituições da Idade Média – portanto alguns séculos após o acima mencionado século II d.C. – onde as atividades se faziam em Oficinas que produziam um, e apenas um, artigo e sempre do mesmo modo[378]. A fonte que melhor descreve o cotidiano destas Oficinas e é, ao mesmo tempo, um dos mais antigos documentos sobre o funcionamento da Maçonaria Operativa, é o "Livre des Métiers" de Etienne Boileau[379]. Da leitura deste livro, produzido em 1268, isto é, em pleno século XIII (portanto, 1000 anos após os "meados do século II", comentado nestes parágrafos), percebemos que, realmente, cada diferente ofício tinha um Santo Padroeiro próprio, quando não mais de um; junto ao Santo Padroeiro, cada atividade tinha a sua Igreja ou Capela. Uma Igreja ou até mesmo uma Capela seria algo impensável no século II, conforme podemos deduzir a partir das viagens dos apóstolos e as dificuldades com a fundação, por exemplo, das Sete Igrejas, comentadas no Apocalipse de S. João e as perseguições dos Imperadores romanos do Ocidente. Além do que "os primeiros cristãos, em sua maioria, acreditavam que a segunda vinda de Cristo estava próxima. Quando ele finalmente aparecesse entre os fiéis, "em toda sua glória", não haveria

---

[377] L. F. Abrines & R. A. Arderiu, Diccionario Enciclopédico de la Masonería, T. II, Ed. Kier, 1962.

[378] E. Martin Saint-Léon, Histoire de las Corporations des métiers, 3ª. Éd. Libr. Félix Alcan, Paris, 1922.

[379] G.-B. Depping (org.), Reglements sur les Arts e Métiers de Paris, rédigés au sec. XIII, et connus sur le nom du Livre des Métiers de Etienne Boileau. L'Imprièrie de Crapelet, Paris, 1837.

necessidade de Igrejas. Assim, os líderes não se preocupavam muito em providenciar um local fixo para encontros"[380], eles se davam, amiudadamente, nas próprias casas dos fiéis seguidores do cristianismo, onde ensinava-se a doutrina, batizava-se e todos, pais, filhos e escravos, participavam[381].

Já no século XIII, podemos constatar na obra de E. Boileau, que o Santo Padroeiro dos "talhadores de pedra" e dos "pedreiros" era São Brás, e não S. João; portanto, carece de uma melhor fundamentação a assertiva que os pedreiros[382] teriam escolhido desde "logo S. João".

No "Livre des Métiers"[383], encontramos referência a vários Santos Padroeiros, entre eles podemos citar como exemplos: S. Bento, S. Bartolomeu, S. Clemente, S. Cristóforo, S. Ciro, S. Denis, S. Cirilo, Santo Elói, S. Germano, S. Jaques, S. Justino, S. Lourenço, S. Martin, Santa Ana, Santa Maria, S. Remi, S. Vicente, Santa Catarina, S. Pedro, S. Marcos, S. Lucas e, obviamente, S. João Batista e S. João Evangelista. Destes últimos dois, disparadamente, S. João, o Batista é o mais frequentemente citado. Entre os Ofícios que citam este Santo como o padroeiro da profissão em Paris do século XIII encontramos: os padeiros/bolacheiros, os vendedores ambulantes, os acadêmicos, plantadores de cebola, negociantes de panos, celeiros, luveiros, pescadores; mas não é citado pelos pedreiros e talhadores de pedra.

O texto de Abrines continua com as seguintes afirmações:

> *Referente e este particular* [os autores falavam da liberdade com que as Fraternidades escolhiam seus Santos Padroeiros após assumirem a religião cristã], *nada hemos podido encontrar con*

---

380 G. Blainey. Uma Breve História do Cristianismo, Ed. Fundamento, 2012.

381 O dia escolhido para os serviços religiosos era o domingo, por ter a ressurreição de Cristo acontecido em um domingo. Na antiguidade romana o domingo era dia comum de trabalho, o que dificultava em muito a realização do culto neste dia específico. Presume-se que as cerimônias, mais facilmente, deveriam dar-se no domingo à noite, após os trabalhos normais da jornada de trabalho, portanto, diferentemente de nossa tradição atual.

382 Precisamos tomar cuidado com o termo – maçom – pois esta palavra vai aparecer mais tarde que o século XIII, portanto não existiam "maçons" no século II, descrito por Abrines/Arderiu.

383 R. Lespinasse & F. Bernnardot, Histoire Générale de Paris, Les Métiers et Corporations de la Ville de Paris, XIIIe Siècle, Le Livre des Métiers, D'Etienne Boilau, 1879.

> *anterioridad al siglo VI que confirme, ni tampoco contradiga seriamente ninguna de estas aserciones: lo que si nos demuestra bien claramente la historia al llegar a esta época es, que la Fraternidad de los* ***Masones*** *no podía considerarse ya más que como una débil sombra de lo que fue, y las Cofradías, como restos dispersos de los antiguos Colégios de Artífices instituidos por Numa Pompilio, que después de sufrir grandes vicisitudes y transformaciones, habían llegado a perder su organización y su supremacía, y hasta la fisonomía particular que tanto les había distinguido hasta los tiempos del advenimiento de los emperadores de Roma.* [384]

Os dados que dispomos nos dizem que os pedreiros não mantiveram desde o começo uma independência dentro dos *Collegia Fabrorum*; com isso quero dizer que não havia uma oficina exclusivamente de pedreiros, pois esta profissão havia sido, desde o início, absorvida pelo ofício dos carpinteiros[385]. Outra referência sobre esta composição dos *Collegia* encontramos em L.Vibert, que assim se expressa: "Eles também tinham, frequentemente, mais de um ofício associado. O *Collegia Fabrorum*, infelizmente, para todos os escritores que defendem nossa descendência romana, incluía todos os ofícios mecânicos, exceto o de arquiteto. Não havia um Collegia, exclusivamente, de pedreiros[386]."[387]

A estrutura desenvolvida por Numa Pompílio[388] era composta pelos carpinteiros (*tignarii*), pelos trabalhadores de bronze e cobre (*aerarii*) e pelos tocadores de flauta (*tibicines*); diz o autor consultado e apontado em outro trabalho[389] que "o ofício dos pedreiros

---

[384] L. F. Abrines & R. A. Arderiu, Diccionario Enciclopédico de la Masonería, T. II, Ed. Kier, 1962.

[385] Apenas como um adendo informativo, aprendemos nos ensinamentos religiosos que J. Cristo, filho de S. José, carpinteiro, aprendeu a carpintaria e também ensinamentos do ofício de pedreiro.

[386] Texto Original: "The were also frequently associations of more than one trade. The *Collegia Fabrorum*, unfortunately for those writers who uphold our Roman descent, included all the mechanic trades except the architect. There was no exclusive College of Masons."

[387] L. Vibert, Freemasonry before the Existence of Grand Lodges, Spencer & Co. s/d.

[388] Para alguns historiadores o Collegia Romana não teria sido obra de Numa Pompílio, mas de Servius Tullius, seu sucessor; ver E. Martin Saint-Léon, Histoire de las Corporations des métiers, 3ª. Éd., Libr. Félix Alcan, Paris, 1922.

[389] L. V. Cichoski, As Bases Operativas dos Graus Especulativos, A TROLHA, 2012.

e talhadores de pedra estava incluído na centúria dos *charpentiers*, isto é, dos carpinteiros".

Portanto, temos dificuldade em reconhecer uma "supremacia" desta atividade. Mais uma vez fica questionada a expressão "Fraternidade dos Maçons", visto que a forma constitutiva destes ofícios era muito diferente daquilo que somos capazes de entender como características da Maçonaria. Também, repito uma vez mais, o termo "*Maçom*" deveria ser substituído pelo de "Pedreiro" ou, mais apropriadamente, pelo de *lapidarii et marmorii* que, no período considerado anterior ao século VI eram os usados, não havendo aparecido ainda a palavra francesa *maçon*, ou pedreiro em português. Até estas línguas não existiam, o português ainda demoraria muitos séculos para se desenvolver na península Ibérica.

Penso ser adequado citar aqui a descrição de Plutarco a respeito da constituição do *Collegia Fabrorum*. Será possível entrever nesta descrição as características de uma associação maçônica? Podemos estender aos membros do Colégio Romano o título de "Maçons"? O que diz Plutarco[390, 391]? Na apresentação feita ele comenta que o objetivo do rei foi o de dividir os habitantes de

---

[390] Texto Originalmente lido: "XVII. – Entre los demás establecimientos suyos, es muy celebrada la distribución de la plebe por oficios; porque compuesta en la apariencia la ciudad de dos diversas gentes o pueblos, pero en realidad dividida en ellos, no había forma de que quisiera ser una sola, ni de hacer cesar la diversidad y diferencia, de la que se originaban altercaciones interminables, fomentadas por el espíritu de partido; reflexionando, pues, que para mezclar los cuerpos más mal avenidos y más duros se viene al cabo de ello deshaciéndolos y partiéndolos, determinó hacer de la plebe diferentes secciones, con lo que introduciéndose muchas diferencias se borraría aquella grande fundida en tantas pequeñas. Hízose esta distribución por oficios, de los flautistas, los orfebres, los *maestros de obras*, los tintoreros, los zapateros, los curtidores, los latoneros y los alfareros, y así las demás artes, haciendo luego de cada una un solo cuerpo; y atribuyendo o concediendo a cada clase formar comunidad y tener sus juntas y su modo particular de dar culto a los Dioses, entonces por la primera vez se quitó de la ciudad el decirse y reputarse Sabinos o Romanos, unos ciudadanos de Tacio, y otros de Rómulo; de manera que la nueva división vino a ser armonía y unión de todos para con todos. Elógiase también, entre sus disposiciones políticas, la corrección que hizo de la ley que concede a los padres el derecho de vender los hijos, exceptuando a los casados, si el matrimonio se había hecho con aprobación o mandato del padre: porque le pareció cosa muy dura que cohabitara con un esclavo la mujer que se había casado con un hombre libre, en el concepto de serlo."

[391] Plutarco, Vidas Paralelas, vol. 1, edição on-line http://www.4shared.com/get/7cbv_hJ_/Plutarco_-_Vidas_Paralelas_I.html.

Roma e do reino em diferentes grupos, em diferentes ofícios. Assim fazendo, muito embora todos fossem cidadãos romanos, pertenciam a "colégios" diferentes que procuravam desenvolver-se ao máximo. Esta divisão, esta diferenciação impedia que houvesse uma aglutinação da oposição, favorecendo a execução da política do monarca. Ou seja, Numa Pompilio governou pela cartilha do "dividir para conquistar". Os principais ofícios foram: flautistas, ferreiros, mestre de obras, tintureiros, sapateiros, curtidores, entre outros. Ou seja, havia os construtores – mestres de obras, carpinteiros e pedreiros, para garantir a moradia; havia os sapateiros, curtidores e tintureiros, garantindo o vestir das pessoas; havia os ferreiros, para garantir as armas do exército romano; e havia os flautistas para divertir e distrair o povo. Pão e circo. Alguma novidade?

Pergunto novamente, esta agremiação representa o pensamento e a postura da Maçonaria como a conhecemos? Podemos entrever, mesmo que embrionariamente, uma raiz de nossa instituição na criação de Numa Pompilio? Podemos nos orgulhar de um passado com estas características?

A continuidade do texto de Abrines também é passível de questionamento.

> *Así es, que aunque todas las Cofradías se regían por unas mismas leyes y observaban unas mismas prácticas, conservando intacto el depósito de los principios y reglas tradicionales de la primitiva asociación, sin embargo, ya no se distinguían por una denominación común, ni reconocían un centro de autoridad inspiraor y regulador de sus trabajos.* [392]

A partir das colocações de Plutarco, parece-me muito claro que cada um dos diferentes ofícios tinha privilégios próprios que os tornavam "os melhores" na visão de seus componentes. Assim, se houve, primitivamente (estamos pensando na obra de Numa

---

[392] L. F. Abrines & R. A. Arderiu, Diccionario Enciclopédico de la Masonería,,T. II, Ed. Kier, 1962.

Pompílio), regras tradicionais, estas foram as da divisão, da diferenciação, não as da união e fraternidade entre o povo, ou plebe, como esclarece Plutarco. Aliás, nem tudo que podemos vislumbrar em nosso passado, seja recente ou remoto, é, necessariamente, bom.

Continuam Abrines/Arderiu:

> *A parte de la escisión ocurrida a mediados del siglo III, cuando a consecuencia de la adopción del cristianismo por la generalidad de los Colégios de Roma se separaron de la Fraternidad, gran número de obreros pertencientes a distintas artes y oficios, constituiyéndose en otras tantas asociaciones agremiadas e independientes, que se desparramaron por todas partes adoptando varias denominaciones, vemos que en Italia les distinguían con los antiguos nombres de Colegios de Arquitectos o de Constructores, o simplemente Confraternidades masónicas; en las Galias llamábaseles Hermanos Masones francos, en virtud de los privilegios y exenciones de que disfrutaban, por excepción en aquel país, y también Hermanos, o Confraternidad de San Juan.* [393]

Outro trecho que merece uma detida consideração crítica. Olhemos o século III (201 a 300 da nossa era ou d.C.) e vamos notar que a própria história andou lentamente nesse século. O que caracteriza este século é conhecido como "a crise do terceiro século", crise esta marcada por sucessivos imperadores, que, nem bem eram entronados, acabavam assassinados e substituídos. O povo começava a deixar Roma; e, em uma tentativa de remediar a situação, Marcus Aurelius Antonius promulga o Édito de Caracala, e por ele concede cidadania romana a todos os súditos. A instabilidade administrativa, fracassos militares, além do avanço dos godos e da peste bubônica, contribuíram para um clima hostil no qual "se intensificou a perseguição aos cristãos"[394]. Neste ambiente fica bastante difícil entender que "uma adoção geral do

---

[393] L. F. Abrines & R. A. Arderiu, Diccionario Enciclopédico de la Masonería, T. II, Ed. Kier, 1962.

[394] http://pt.wikipedia.org/wiki/Crise_do_terceiro_s%C3%A9culo acessado maio/2012.

cristianismo pelos membros do Colégio Romano" fosse exequível. Um período do tipo de exceção, com instabilidade institucional e social não seria o melhor momento para mudanças em organizações que dependiam do governo – o pagante – do seu trabalho. Muito menos compreensível é uma situação de privilégios e exceções que possa ter levado a adoção pelos "Irmãos"de uma "Confraternidade de S. João"! Os tempos eram duros e difíceis, o recrudescimento da perseguição aos cristãos não colabora para o entendimento de uma situação de privilégios e regalias. Aliás, na área da construção, segundo I. Asimov, não existia ainda um prosaico carrinho de mão, que seria desenvolvido no século seguinte, lá pelo ano 400, porém na... China, portanto, muito longe e de pouca valia para os pedreiros romanos. Todos ainda estavam às voltas com o arco romano, pois a cúpula, "estrutura semiesférica, localizada no alto de uma construção"[395] foi aperfeiçoada em 537, ou seja, dois séculos depois. Havia um longo caminho a ser percorrido até se chegar ao gótico. Pessoalmente, como já disse, os construtores romanos dos primeiros séculos eram especialistas em construir para baixo – catacumbas – e não para cima.

Nunca é demais lembrar que palavras como Maçons, Irmãos Francomaçons não existiam naquele momento, sendo, no mínimo, temerário valer-se destas expressões para caracterizar a situação destes operários – servis e até escravos; mesmo o feudalismo ainda distava no tempo e no espaço.

São João, o Evangelista, que viveu praticamente até os 100 anos, tinha sua obra espalhada por pergaminhos em algumas das Igrejas da Grécia e da Ásia Ocidental; parece-me difícil que, em pouco mais de cem anos, este testemunho fosse conhecido muito além de Éfeso e Patmos; relembrando que os livros bíblicos foram reunidos em um único volume apenas no século VI. São João, o Batista, está presente nos textos evangélicos que foram coligidos

---

[395] I. Asimov, Cronologia das Ciências e das Descobertas, 2a. edição, Civ. Brasileira, 2001.

até 135 d.C., portanto, seu conteúdo estava em consolidação e disseminação no século III, ou seja, 66 anos antes do início do mencionado IIIº século (ano 201 de nossa era).

Mas sigamos com os apontamentos de Abrines/Arderiu:

> *Víctimas de las persecuciones del cristianismo; desposeídos de sus privilegios y atribuciones por el sombrío recelo de los despóticos emperadores; disueltos los Colegios, diseminados por las provincias los **Arquitectos** y los **Maestros** y **Obreros** más hábiles e inteligentes y vencida Roma, las Cofradías y los **Masones** fueron replegándose poco a poco, hasta llegar a concentrarse casi por completo en los monasterios, en los que encontraron benévola acogida y seguro asilo durante las invasiones y las sangrientas guerras internacionales que acabaron al fin con el poder de Roma.*

Já comentamos a importância do vocabulário para uma compreensão da época e circunstâncias. Neste parágrafo temos as denominações: **Arquitetos, Mestres** e **Operários**. De uma forma geral os textos medievais, principalmente os que relatam a história do continente, nos dizem que a estrutura operativa era de um Grau apenas, e este Grau era o de **Sargent**, Jornaleiro ou Companheiro. Mestre era o operário com conhecimento e fundos para manter uma oficina. Assim, se não levarmos estes dados evolutivos em conta, ao lermos um parágrafo como o anterior, em nossas mentes especulativas, treinadas no entendimento e aceitação de uma Maçonaria em três graus – o de Aprendiz, de Companheiro e de Mestre Maçom –, poderemos compreender e concluir por uma estrutura similar no período considerado nesta descrição, situação que, definitivamente, não existia então. Não esqueçamos que o GRAU de Mestre Maçom começou a despontar por volta de 1725, já aparece na exposição de Samuel Prichard, A Maçonaria Dissecada, de 1730[396], e acaba

[396] S. Prichard, A Maçonaria Dissecada, A TROLHA, 2002.

sendo oficializado, por assim dizer[397], na segunda edição da Constituição de Anderson, 1738; portanto, muito, mas muito tempo após os fatos narrados; pelo menos 1500 anos após, ou seja, do século III ao século XVIII. Já com relação ao termo ARQUITETO, os dados históricos dão conta da existência das denominações latinas (*architecte, architectus, architector*) encontradas nos séculos XI e XII, e um emprego incipiente do termo *architectus*, que praticamente desaparece no século XIII. Portanto, no século III, dificilmente poderíamos ter membros do Colégio Romano com a titulação de Arquitetos.

A "concentração em monastérios" também merece uma reflexão. Quando pensamos nestas casas de formação religiosa, com frequência lembramos de diferentes ordens religiosas – dominicanos, franciscanos, jesuítas... –, contudo, nenhuma destas organizações existia no século III; todos estes institutos religiosos seriam fundados na Idade Média. Por volta do século III viveu-se o período eremita, fortemente marcado por religiosos isolados em matas, grutas ou desertos[398] (ver biografias de alguns Santos na primeira parte). As ordens religiosas viriam a ser realidade em um momento posterior, visto que no século III nenhum dos grandes fundadores das Ordens Religiosas havia nascido ainda. O primeiro nome associado com os monastérios e mosteiros é o de São Bento (480/547)[399], devendo-se ao seu trabalho o desenvolvimento das regras de convivência nestas casas religiosas – Regras de S. Bento –, cuidado iniciado com

---

[397] Por assim dizer, uma vez que nem todas as Lojas funcionaram imediatamente na nova organização em três graus. Foi necessário um período de adaptação e aceitação mais ampla que se efetivou em um tempo maior que o ano de 1738.

[398] "Em 320, porém, um número crescente de cristãos eremitas habitava regiões isoladas da Síria ou vilarejos abandonados perto do rio Nilo." (G. Blainey, Uma Breve História do Cristianismo, Fundamento, 2012)

[399] Como curiosidade, diga-se que S. Bento, oriundo do período dos eremitas, não era afeito às lidas sociais. Mesmo tendo sob sua responsabilidade mais de 100 monges distribuídos em diferentes mosteiros, manteve vida contemplativa no mosteiro de Monte Cassino, em Roma, fundado em 529, até sua morte em 547. Lê-se que uma vez por ano encontrava-se com sua irmã carnal, Escolástica, responsável por uma casa feminina, para discutirem temário ligado aos problemas espirituais. Sem dúvida, uma administração de outros tempos.

Pacômio, em 323. Mais uma vez penso que Confrarias de Maçons, mais ainda, Confrarias de São João, seriam pouco prováveis.

A relação entre o desenvolvimento dos ofícios ou profissões e a Igreja parece ser uma constante. Se levarmos em consideração e aceitarmos como procedente o pensamento de Herbert Spencer, talvez se torne mais clara a natureza desta relação. Vejamos as palavras de H. Spencer:

> *Como se forman las profesiones? De qué tejido social derivan por diferenciación, para plantear la cuestión con lenguaje evolucionista? Recordemos la verdad general, evidenciada por diversos ejemplos con los* **Principios de Sociologia;** *todas las estructuras de la sociedad resultan de especializaciones de una masa relativamente homogénea.*
>
> *Los rasgos del profesionalismo (ó al menos con parte), arrancan de la organización político-eclesiástica primitiva; y tan pronto como esta se divide en política y eclesiástica, esta última entraña en si el germen del profesionalismo y el desenvuelve eventualmente.*[400]

Spencer segue comentando o processo pelo qual o líder político tendo sucesso em suas conquistas e progressos torna-se um marco a ser reverenciado em vida e, muito mais, após sua morte. Para esta segunda parte torna-se necessário o desenvolvimento de lendas, crenças além de um ritual executado por pessoal especializado (relembremos os martirológios e os hagiológios da Igreja primitiva). E continua mais adiante:

> *Con razón que acredita por qué ciertas profesiones, y entre ellas las de legislador y profesor, tienen un origen eclesiástico, es que la clase de los sacerdotes llega necesariamente a estar por cima de las otras clases por su saber y su capacidad intelectual. Su habilidad, su dirección y su conocimiento de las cosas dan*

[400] H. Spencer, Origen de las Profesiones, F. Sempere y Cia. Editores, 1909.

al sacerdote primitivo, que ejerce poder de médico, influencia sobre sus semejantes. Su poder de sacerdote se ve aumentado por hazañas ó resultados vedados a la masa del pueblo, incapaz de producirlas ó comprenderlas, y está, por consiguiente, incitado siempre a adquirir la cultura superior y las facultades del espíritu necesarias por los géneros de actividad que clasificamos entre las actividades profesionales.

Segundo esta concepção, as profissões têm origem no conhecimento dos religiosos, que com tempo livre puderam se dedicar ao estudo de muitas ciências[401]. Levando este ponto de vista para o período Operativo, entendemos que os sacerdotes e monges católicos eram os detentores do conhecimento daquela época, mais ainda por serem um dos poucos grupos com conhecimento, devido a sua condição de alfabetizados. Na obra em apreço, H. Spencer considera como profissões desenvolvidas a partir das ordens religiosas: a do médico e cirurgião; a do bailarino e músico, a do orador, a do poeta e a do ator; o mesmo para o biógrafo, o historiador e o literato; assim considera para o cientista e o filósofo; o juiz e o advogado; o professor; o **arquiteto**, o **escultor** e o pintor.

Assim sendo, relacionando os dados apresentados, penso que as ordens religiosas, detentoras do conhecimento de sua época (estamos pensando na Idade Média), valeram-se da mão de obra disponível, a do povo (quando não pela corveia feudal), para executar as necessárias construções religiosas. Com o tempo, o povo leigo aprendeu o ofício e a história teve continuidade.

Seguindo, novamente, Abrines/Arderiu, nosso texto de apresentação e comentários:

Ocupados exclusivamente en la construcción de los edificios y monumentos religiosos, cuyas obras en su mayoría eran proyectadas y dirigidas por los monjes y superiores de las ordenes

[401] Aliás, há um período na Alta Idade Média onde o labor braçal, manual, era CONDENADO pela Igreja como indigno, visto que o Criador não havia se valido das mãos em sua obra!

monásticas, y sujetos hasta cierto punto a la jurisdicción y disciplina de aquellos a cuyo servicio se encontraban, si se exceptúan ciertas prácticas y las reglas usuales del arte que todavía conservaban por tradición, nada les quedaba ya, a las Cofradías, de su antigua organización. Si en alguna parte mantenían aún su carácter e independencia, formando un núcleo inteligente y regular, era la Bretaña, que se había llegado a constituir como el centro más genuino y autorizado de la fraternidad.[402]

Alguns autores mais recentes, ligados à Loja de Pesquisa Quatour Coronati, estudaram a possível relação existente entre o *Colegium Fabrorum* e a Maçonaria, especialmente a dita Especulativa. É verdade que autores ingleses – Edward Conder, frequentemente citado por Bernard Jones –, defenderam tese semelhante; outros, porém, não aceitaram esta associação, entre eles destaca-se Gould – um dos fundadores da citada Loja Quatour Coronati –, também, em citação de B. Jones: "*Estudiosos do calibre de Gould encontram dificuldades em aceitar esta crença, mas não descartam a possibilidade de uma descendência direta do Collegium romana para as guildas francesas*[403]".[404] Ora, para Gould, *mais* evidências existem de uma ligação das Guildas *francesas*, isto é, continental, com o aparelho romano de construções, e *menos* para uma descendência *inglesa*, isto é exatamente o contrário do expresso no parágrafo citado. Ainda em Jones encontramos uma referência singular: "Não existe registro a colégio de pedreiros, mas é extremamente provável que o *Collegium Fabrorum* assistisse diferentes artes[405]".[406] Não há hegemonia de pedreiros ou talhadores de pedra ou de escultores. Há uma miscelânea de trabalhos e obras a serem desenvolvidas

---

[402] L. F. Abrines & R. A. Arderiu, Diccionario Enciclopédico de la Masonería, T. II, Ed. Kier, 1962.

[403] Texto Original: "Students of the caliber of Gould find difficulty in accepting this belief, but not rule out the possibility of direct descent from the Roman Collegia to the French guilds".

[404] B. E. Jones, Freemasons' Guide and Compendium, Georg e G. Harrap & Cia. Ltd. 1955.

[405] Texto Original: "There is no record of colleges of masons, but it is extremely likely that the Collegium Fabrorum assisted a number of different crafts."

[406] B. E. Jones, Freemasons' Guide and Compendium, Georg eG. Harrap & Cia. Ltd. 1955.

por quem estiver disponível e disposto. É um começo, o começo do desenvolvimento da Europa. Saídos de Roma, os Membros dos Colégios Romanos passaram, inicialmente, pela Gália, Germânia e península Ibérica para, e mais lentamente, dirigirem-se para a ilha dos saxões. Uma referência recente cabe aqui: "Os beneditinos não sentiram necessidade de se estabelecer maciçamente na Irlanda, já que lá os mosteiros prosperavam, ao contrário da maior parte dos mosteiros da Europa, que enfrentavam dificuldades. Em 560, entre os mosteiros ativos, talvez o de Bengor, perto do Mar da Irlanda e da atual cidade de Belfast, fosse o que estava situado mais ao norte. Fundado por Comgall[407], o estilo de vida austero do mosteiros, os longos períodos de jejum e os cantos e orações que ocupavam noite e dia atraíam os monges locais. Aquela se tornou a maior casa religiosa da Irlanda, ou talvez das Ilhas Britânicas."[408] Portanto, se alguma contribuição ou troca possa ter havido entre a Ilha e o Continente, a Irlanda estava mais aparelhada para a contribuição.

Porém, de uma forma muito clara Jones assinala a ausência de evidências de uma continuidade linear e temporal entre o *Collegium Fabrorum* e as Guildas inglesas, considerando como um fator provável o trabalho evangelizador de Santo Agostinho[409]. Suas palavras foram:

> *Uma pergunta difícil é se, após a partida dos romanos, a influência dos seus colégios sobreviveu direto ao longo dos séculos negros até a nova civilização, aquela dos últimos reis Saxões, afirmou-se, um século ou anteriormente à conquista normanda...* [concluindo à frente que], *estudos mais cautelosos olham duvidosamente para longe, o período negro acompanhou a*

[407] São Comgall foi um religioso irlandês, abade, cuja data de nascimento é incerta, possivelmente, entre 510 ou 520 e de morte entre 597 e 602.

[408] G. Blainey, Uma Breve História do Cristianismo, Ed. Fundamento, 2012.

[409] Precisamos diferenciar este Santo Agostinho, também chamado de "de Canterbury", monge beneditino do século VI (morto em 605), que, enviado pelo Papa Gregório Magno, realizou o trabalho de evangelização dos habitantes das ilhas britânicas; do Santo Agostinho de Hipona (354/430), que vimos acima como um dos Santos Padroeiros dos Filósofos.

> *ocupação romana, e, com o passar do tempo se dispôs a aceitar a possibilidade que as Guildas possam ter devido alguma parte da inspiração para a sobrevivência da ideia (collegia) romana, falha em ver evidências de uma linha contínua entre o* Collegia *e a Guilda.*[410], [411]

Portanto, as evidências são mais favoráveis à migração das Guildas e associações de ofício do continente em direção à ilha e não no sentido sugerido pelo texto comentado.

Seguem os autores do Diccionario Enciclopedico de la Masonería:

> *de allí los vemos surgir de nuevo a mediados del siglo X y esparcirse por todo el continente con el nombre de* ***Hermanos de San Juan;*** *y prescindiendo de si lo tomaron antes o después, es lo cierto, que esta es la primera vez que los encontramos designados en la historia con esta denominación general.*[412]

Já comentamos que o desenvolvimento das Guildas deu-se, principalmente, no continente europeu, mais ainda no norte da Europa. Lembremos que as Guildas, diferentemente das Associações de Ofício, eram congregações de diferentes artes ou ofícios sob um mesmo regime administrativo, o que facilitava a negociação de diferentes produtos que eram deslocados do Norte para o Sul europeu, ou do continente para a ilha e vice-versa.[413, 414, 415] O movimento das Guildas foi, como já dissemos, em direção ao Norte, do Continente para a Ilha da Bretanha.

---

[410] Texto Original: "A difficult question is whether, after the Romans departed, the influence of their colleges survived right through those dark centuries until the new civilization, that of the later Saxon kings, asserted itself, a century or more before the Norman Conquest. [...] but more cautious students look doubtfully at the long, blank period following the Roman occupation, and, while disposed to accept the possibility that the guilds may have owed some part of their inspiration to a survival of a Roman idea, fail to see evidence of an unbroken line between Collegia and guild."

[411] B. E. Jones, Freemasons" Guide and Compendium, Georg e G. Harrap & Cia. Ltd. 1955.

[412] L. F. Abrines & R. A. Arderiu, Diccionario Enciclopédico de la Masonería, T. II, Ed. Kier, 1962.

[413] G. A. J. Hodgett, História Social e Econômica da Idade Média, 2ª. Edição, Zahar Ed, 1982.

[414] J. Heers, O Ocidente nos séculos XIV e XV, Edusp/Pioneira, 1981.

[415] J. Le Goff, Para um novo conceito de Idade Média, Ed. Estampa, 1980.

Com relação de se haver instituído a nomenclatura de "Irmãos de S. João", é dado exclusivo deste trabalho. Para Mackey[416], a relação com S. João é evento do século XVI, portanto 600 anos após o período considerado.

Também P. Naudon[417] comenta a denominação "Irmãos de S. João". Ao resenhar a utilização do patronato de S. João entre as organizações alemãs, também no século XVI e não no século X acima apresentado, expõe a lenda criada por Frederico Nassau, criada em 1819, que contava sobre os Mestres Eleitos da Ordem de São João, cuja carta constitutiva seria de 1535, conhecida como "Carta de Cologne". Nesta carta que tratava da relação entre a Maçonaria e os Templários, mais ainda "eles estabeleceram que a sociedade maçônica era contemporânea do cristianismo e que ela tinha inicialmente o nome de *Irmãos de João*; que ninguém refere seu conhecimento antes de 1440, sob uma outra denominação, e que é então que ela toma o título de *Confraternidade dos franco-maçons*...[418]". Portanto, para P. Naudon a famosa e, frequentemente, citada Carta de Colônia[419], tida como sendo de 24 de junho de 1535, foi escrita por Frederico de Nassau em 1819; outra lenda maçônica.

Sigamos,

> *Lejos de ser la elección de este nombre meramente casual* o *arbitraria, como podría presumirse a primera vista, todo induce a suponer, muy al contrario, que fue maduramente meditada y concienzudamente hecha por los Francomasones, desde el*

---

[416] A. G. Mackey, Enciclopédia de la Francmasonería, vol. II, Grijalbo, 1981.

[417] P. Naudon, Les Loges de Saint-Jean, 3ème. Ed. Darvy-Livres, 1980.

[418] Texto Original: "ils établissent que la société maçonnique est contemporaine du christianisme et qu'elle eut au commncement le nom de *Frères de Jean* ; que rien n'indique qu'elle ait été connue, avant 1440, sous une autre dénomination, et que ce n'est qu'alors qu'elle prit le titre de *Confraternité des franc-maçons*..."

[419] Não confundir com os Estatutos ou Carta de Bolonha, documento datado de 1248 – 20 anos da obra de E. Boileau, Le Livre des Metiers – reconhecido por alguns como um dos mais antigos documentos "maçônicos". Sua estrutura apresenta semelhança com as Old Charges estudadas, iniciando com uma invocação a Deus Pai, Filho e Espírito Santo; um comprometimento jurado para com J. Cristo, a Virgem Maria e os anjos. Sem nenhuma menção aos Santos de nome João.

> *momento en que adoptaron el cristianismo, por ver en San Juan, no el personaje místico que nos presentan las Escrituras, sino el mito simbólico de la mayor significación e importancia para ellos.*[420]

Os autores entram, com este parágrafo, no campo simbólico. Com isto entramos em terreno minado, sujeito a muitas dúvidas e considerações. Como vimos anteriormente, os autores consideram que os pedreiros aderiram ao Cristianismo no século III, como comentado anteriormente. Portanto, desde o século III teriam os pedreiros selecionado como Santo Padroeiro um representante simbólico de importância e significação. Como os autores estão agora demonstrando falar de S. João, o Batista, ficamos pensando em qual representação simbólica de maior importância haviam notado e estabelecido entre o ofício de pedreiro e o Santo andarilho e batizador?!

Os autores, após tecerem um paralelo entre similaridades da história de vida de S. João Batista e Jesus Cristo, argumentam que:

> *Además, Juan, viviendo solitario por espacio de más de treinta años en el desierto, sin alimentarse más que de los raquíticos frutos que podía suministrarle la naturaleza inculta y salvaje, siendo así que su misión era la de ilustrar y convertir a los hombres por la predicación, no parece el Santo más apropiado para que los Masones, que también tenían una misión altamente humanitaria y civilizadora que cumplir, tomándole tan a la llana como lo presenta la Escritura, inspirándose en su ejemplo, lo adoptaran por patrón; todo invita, por tanto, a penetrar en los misteriosos dominios de la alegoría, para ver de encontrar en ellos una explicación más racional, o una interpretación más aceptable al buen sentido.*[421]

É de se perguntar que tipo de inspiração as Escrituras – quais

---

[420] L. F. Abrines & R. A. Arderiu, Diccionario Enciclopédico de la Masonería, T. II, Ed. Kier, 1962.
[421] L. F. Abrines & R. A. Arderiu, Diccionario Enciclopédico de la Masonería, T. II, Ed. Kier, 1962.

e em que forma os livros bíblicos seriam disponíveis para grupos de pedreiros oriundos de uma outra fé – poderiam despertar a ponto de estimular o desenvolvimento de alegorias e simbologia? Qual a intuição destes pedreiros, procedentes, como vimos em parágrafo anterior, de grupamentos em dissolução, para com uma missão "altamente humanitária e civilizadora"? Uma proposta vem apresentada no parágrafo que segue:

> *Creen algunos, y de esta creencia han participado la Gran Logia Nacional de Alemana y otros muchos ilustrados cuerpos y hermanos, siguiendo con esto las inspiraciones del Sistema Sueco, o mejor dicho, del Zinnendorf, que las Corporaciones Masónicas de la Edad Media no se ocupaban única y exclusivamente del Arte de construir, sino que cultivaban a la vez, con el mayor misterio una ciencia secreta, cuya base venía a constituir un verdadero sistema religioso, y por tanto, la Francmasonería de* ***San Juan****, no era tampoco una simple filosofía moral, sino que estaba íntima y directamente relacionada con este misterio cuyo conocimiento constituye la escuela preparatoria, o sea el primer grado de la iniciación masónica. No ahondaremos con la cuestión por no sernos permitido aquí, pero bien podemos agregar sin necesidad de hacerlo, que cualquiera sea el origen primitivo que se atribuya a la Institución, es innegable que la Francmasonería de* ***San Juan*** *vino a encarnar una de las Corporaciones de Constructores de la Edad Media, y por tanto, de admitirse, como cada día viene admitiéndose con más insistencia, la agregación que se le atribuye, o sea, la existencia de esa sociedad que desde tiempos más o menos remotos venía subsistiendo en su seno dedicándose al estudio y la propagación de las ciencias, al perfeccionamiento del hombre y al progreso y bienestar de la humanidad, no cabría dudar que la Francomasonería especulativa no desciende directamente de las Corporaciones de los Obreros manufactureros, que en general le asignan como progenitores, sino que vendría a ser una continuación de aquella sociedad que durante más de veinte siglos, según algunos eruditos escritores, se perpetuó secretamente en su seno, despojada hoy de su tosco ropaje; y justificada plenamente quedaría en esta*

teoría, la remota antigüedad que se atribuye a la ciencia secreta y a los Misterios de la Francmasonería. De todos modos, éste es el camino que, después de mayores o menores vacilaciones, han venido a emprender decididamente todos los investigadores que se han propuesto estudiar determinadamente el origen de los símbolos e misterios de la Francmasonería, y por el cual no podemos menos de avanzar para proseguir nuestro trabajo.[422]

Chegamos à proposta mais arrojada para uma origem da Maçonaria Especulativa. Os autores iniciam o parágrafo apresentando uma "crença" de "ilustres corpos e irmãos" Maçons, para se referir ao sistema de Zinnendorf. Bem, então estamos falando do pensamento do século XVIII, visto que a trajetória maçônica de Zinnendorf inicia-se junto ao Sistema da Estrita Observância desenvolvido pelo Barão de Hund (1722/1776). O Barão de Hund teria sido Iniciado na França no Capítulo de Heredon ou Clermont e retornado para a Alemanha onde, a partir de 1754, desenvolveu o Sistema da Estrita Observância, baseado na lenda de uma descendência Templária para a Maçonaria. Foi na Estrita Observância que Zinnendorf (1731/1782) foi iniciado e encontrou os subsídios para um novo Rito. Mesclado ao pensamento místico de Swedenborg (1688-1772) e desenvolve o rito Sueco. [423] Sem entrar no mérito do desenvolvimento imbricado dos sistemas de Altos Graus ao longo do século XVIII, focalizemos o exposto pelos autores em estudo, que, no meu entendimento, prenderam-se em um raciocínio circular. Partindo da "crença" de alguns corpos maçônicos como a Grande Loja Nacional da Alemanha, e com esta indicação somos levados ao sistema do Barão de Hund, e como o sistema do Barão de Hund fundamentava-se na lenda da origem Templária da Maçonaria, vislumbraram um passado remoto, isto é, o Barão de Hund

[422] L. F. Abrines & R. A. Arderiu, Diccionario Enciclopédico de la Masonería, T. II, Ed. Kier, 1962.
[423] R. le Forestier, La Franc-Maçonnerie Templière et Occultiste, vol. 1 e 2, La Table d'Émeraude, 1987.

e seus seguidores, que viveram no século XVIII, consideravam os Templários, do século XII, visto terem sido fundados em 1119[424, 425, 426], como raízes da Maçonaria, mais especificamente, consideravam a Maçonaria do século XVIII como herdeira do movimento Templários do século XII. Mesmo assim, estaríamos nos referindo aos acontecimentos do período medieval, contemporaneamente, ao desenvolvimento do período gótico da arquitetura e ao desenvolvimento das Corporações de Ofício, cuja notícia mais próxima é de E. Boileau, com seu Livro das Profissões de 1268, mas tudo isso é muito, muito depois do século III, visto no parágrafo anterior. Entre o século III, dos pedreiros romanos que aderiram ao cristianismo e o século XII dos Templários defensores dos caminhos de Jerusalém, temos um hiato de nove séculos ou 900 anos! Portanto, vislumbrar ao longo deste tempo o desenvolvimento de uma organização oculta a partir dos pedreiros romanos que cultivaram a "ciência secreta e os Mistérios dos Francomaçons", fonte dos "símbolos e mistérios da Francomaçonaria", é altamente improvável.

Raciocinemos quais são os Símbolos que nos vêm à mente ao pensarmos na Maçonaria que conhecemos hoje? Quais os Símbolos maçônicos que servem de emblema para a Maçonaria? Quais são os instrumentos do Aprendiz Maçom enumerados pelos Rituais? Podemos responder lembrando do Maço, do Cinzel e da Régua, ou ainda de um Esquadro[427] e um Compasso entrelaçados. O que sabemos sobre o aparecimento destes instrumentos de trabalho do pedreiro? A título de exemplo: "Friedrich afirma não ter encontrado, antes de 1450, nenhuma pedra trabalhada com um cinzel de lâmina larga e admite que se produziu, pela metade do século XV,

---

[424] R. Pernoud, Os Templários, Publicações Europa-América, Lisboa, s/d.
[425] L. Dailliez, Les Templiers, ces inconnus, France Loisirs, 1972.
[426] M. Melville, La Vie des Templiers, 2a. Ed. Gallimard, 1974.
[427] O esquadro tem sido atribuído a Teodoro de Samos, engenheiro e arquiteto – se pudermos utilizar estes termos para o seu período de vida – que viveu entre os séculos VII e VI a.C. (v. C. Sagan, Cosmos, Ed. F. Alves/UnB, 1981)

uma transformação destes utensílios[428]"[429]. Mais um exemplo, este referido a partir dos estudos de M. A. Sené, pesquisador da história dos instrumentos de trabalho, no caso, comentando o Esquadro: "O autor afirma que, de uma maneira geral, o Esquadro parece ser anterior ao Compasso – o que é observado, efetivamente, em um grande número de miniaturas do século XII, onde o Esquadro aparece como o apanágio do dirigente dos trabalhos – arquiteto ou chefe do canteiro de obras. Esta anterioridade é muito natural: o Compasso supõe uma articulação, enquanto o Esquadro é rígido[430]".[431] Ainda é pertinente citar o comentário relativo aos "compassos de proporção variável", que de acordo com P. Colombier "podemos duvidar que tenha se espalhado antes do século XVI, pois, em 1578, François Beroald o descreve como um instrumento 'novo e singular'[432]"[433]. Se os próprios instrumentos que servem de símbolos para a Maçonaria foram desenvolvidos a partir do século XII – o Compasso –, e do século XIV – o Cinzel –, como poderiam os participantes de uma sociedade secreta, embutida entre os pedreiros romanos do século III desenvolver trabalhos que se constituiriam nos "símbolos e mistérios da Francomaçonaria"?

Mas voltemos ao tema do parágrafo em estudo, no sistema da Estrita Observância – que foi duramente confrontado e decomposto no Congresso de Wilhemsbad, 1782 –. Havia um grupo central que guardava o "segredo" maior da herança templária, visto que uma

---

[428] Texto Original: "Friedrich affirme n'avoir rencontré, avant 1450 environ, aucune pierre tratée au ciseau à lame large et il admet qu'il se produisit, vers le milieu du XVe siècle, un changement dans l'outillage."

[429] P. Du Colombier, Les Chatiersdes Cathédrales, Ed. A. & J. Picard, Nouvelle édition, 1973.

[430] Texto Original: "L'auteur remarque que, d'une manière générale, l'équerre semble avoir précédé le compas – ce qui s'observe en effect dans un grand nombre de miniatures du XIIe siècle, où l'équerre apparît d'ailleurs comme l'apanage du conducteur des travoux – architecte ou chef de chantier. Aussi bien cette antériorité est assez naturelle: le compas suposse une articulation, tandis que l'équerre est rigide."

[431] P. Du Colombier, Les Chatiersdes Cathédrales, Ed. A. & J. Picard, Nouvelle édition, 1973.

[432] Texto Original: "on peut douter qu'il se soit répandu bien avant le XVIe siècle, car en 1578, François Beroald le décrit comme un instrument "nouveau et singulier".

[433] P. Du Colombier, Les Chatiersdes Cathédrales, Ed. A. & J. Picard, Nouvelle édition, 1973.

das promessas do Barão era a de encontrar e repartir entre os Irmãos da Estrita Observância os tesouros templários. Deste sistema alemão, na França, através de Jean Baptiste de Willermoz(1730/1824), desenvolveu-se a Ordem dos Cavaleiros Benfeitores da Cidade Santa, cultivado pelo Rito Escocês Retificado, que também guardava a influência de Martinez de Pasqualy – de escassos dados biográficos –, mas que criou a Ordem dos Eleitos de Cohen, por volta de 1772. A Ordem tinha uma estrutura como a descrita por Frau Abrines/ Arderiu, isto é, era formada por um núcleo central, oculto e desconhecido, para os demais componentes do sistema. Os trabalhos realizados tinham uma fundamentação mística, os Rituais, que eram praticados individualmente – em hora e local determinados, numerológica e misticamente, por de Pasqualy – guardavam um esoterismo próprio como o uso de túnicas brancas, disposição de velas em número e arranjos especiais, tudo com o objetivo maior de alcançar um encontro com Deus.[434]

Portanto, do sistema alemão, que partiu do Barão de Hund, cultivou-se por muitos anos a Lenda Templária da origem maçônica, associada ao pensamento místico de grande parte de seus componentes, como o exemplificado na vida e obra de Willermoz. Considerando que Willermoz manteve, em Lion, um sistema em dois círculos, um exotérico, para os Iniciados, e outro interno, esotérico, para os administradores do sistema, podemos vislumbrar a origem da argumentação da proposta em estudo, associada com a ideia de uma Maçonaria Simbólica, possuidora de uma visão de futuro, trabalhando para o bem-estar de toda a humanidade. A Maçonaria está agora formada por pedreiros conversos ao Cristianismo, com uma missão secreta e misteriosa de lutar pelo aperfeiçoamento humano. Parece-nos bastante questionável tal proposição, visto estarem aqueles operários preocupados com o trabalho operativo,

---

[434] R.le Forestier, La Franc-Maçonnerie Occultiste ao XVIIIe Siècle e L'Ordre des Élus Coens, La Table D'Émeraude, 1987.

profissional que rareava e com a própria agremiação que se esfacelava – ver acima. Também tinham que se preocupar com a perseguição intensificada aos cristãos primitivos; definitivamente, não seria um momento oportuno para reflexões e projeções futuras, simbolizadas em um personagem – S. João Batista – diferente dos costumeiros deuses presentes no paganismo até então praticado, mais ainda, quando o cotidiano, a comida, o trabalho e a própria vida eram prioridades e exigiam cuidados contínuos e rigorosos.

Agora os autores estudados dirigem seu pensamento do ambiente religioso cristão para o simbolismo mítico e místico.

> *La Francmasonería, según la gráfica definición de un erudito escritor, es la ciencia del simbolismo; y este simbolismo, está probado, guarda la más íntima analogía con la ciencia de los ritos míticos de las antiguas iniciaciones. En todas ellas el candidato simbolizaba el Universo; y el Sol, como principio y agente vivificador y fecundante por excelencia, constituía el principal objeto del culto y de la adoración. Todo el simbolismo masónico se identifica con el ser que los cabalistas distinguieron con el nombre de* ***Algabil*** *(Maestro Constructor), que los Francomasones llaman hoy G∴ A∴ D∴ U∴ (Gran Arquitecto del Universo). La identidad del simbolismo prueba la de origen. Si abrirmos las mitologías paganas, encontraremos en todas ellas un Dios a quien se evocaba en los sacrificios, que fue el primero que erigió templos e instituyó los ritos misteriosos, cuyas fundaciones eran las de guardar las puertas del Cielo (Janua Celi), por lo que se le llamó* ***Janus****, de donde por derivación vino* ***Juan****.*[435]

A palavra-chave no parágrafo é "analogia", pois a analogia está no fundamento do esoterismo, cujo exemplo maior e mais conhecido é sem dúvida a divisa hermética da Tábua de Esmeralda: O que está em cima é como o que está embaixo. Contudo, a analogia tem os seus percalços como argumentou L. Vibert, dizendo: "Um

[435] L. F. Abrines & R. A. Arderiu, Diccionario Enciclopédico de la Masonería, T. II, Ed. Kier, 1962.

argumento utilizado por autores especulativos não científicos antigos e também por modernos está baseado na perigosa analogia ou similaridade. Muito do que foi, equivocadamente, escrito sobre a Maçonaria deve-se a pesquisadores entusiasmados que têm saudado cada ocasião em que eles encontram alguma similaridade como evidência de Maçonaria...[436]" [437]

Pelo lado do simbolismo, inicialmente precisamos concordar que a Maçonaria baseia-se no simbolismo de uma forma marcante. Também precisamos considerar que os símbolos mais utilizados são os relacionados aos instrumentos de trabalho dos pedreiros, estes, sim, a fonte caracterizadora do simbolismo maçônico. A respeito da utilização destes instrumentos como aliados na transmissão de ensinamentos e informações temos poucas referências conhecidas. Para ilustrar, apresento os dados que disponibilizei em outro trabalho[438]: "Na literatura da Idade Média encontram-se referências à utilização simbólica dos instrumentos de trabalho dos pedreiros. Uma destas metáforas, de autoria do Bispo Guillaume Durant, no século XIII[439], tecia uma analogia entre as pedras das Igrejas e os fiéis, mais ainda que as melhores pedras, as polidas, eram utilizadas como as angulares, assim como os verdadeiros e virtuosos cristãos seriam as verdadeiras pedras angulares das suas comunidades; ou ainda, o cimento, composto de areia e água, responsável pela rigidez da construção, serviu de analogia ao sábio bispo, que comparou a areia material, com as boas obras e a água, virtualmente presente na construção, com o Espírito Santo."

Possivelmente os ouvintes do bispo[440] teriam alguma

---

[436] Texto Original: "The argument on which most of the unscientific speculations of all ancient and too many modern writers is based is the dangerous one of analogy or similarity. And much that is unsound that has been written about Masonry is due to enthusiastic inquirers who have hailed every occasion where they have found same similarity as evidence of Masonry..."

[437] L. Vibert, Freemasonry Before the Existence of Grand Lodges, Spencer & Co. s/d.

[438] L. V. Cichoski, As Bases Operativas dos Graus Especulativos, "A TROLHA", 2012.

[439] W. Durant(ou Durandus), Rationale divinorum officiorum, 1285.

[440] William ou Guillaume Durante, 1230/1296, foi bispo de Menden e notabilizou-se pela produção litúrgica e canônica.

dificuldade em sublimar estas e outras passagens que se valessem dos demais instrumentos de trabalho, mais ainda se lhes fosse solicitada uma exegese mantida em segredo. Contudo, tal situação seria possível mais tarde, no século XVII, quando na Inglaterra utilizou-se na literatura do "sens cachê"[441] ou "hidden sense" como recurso usual. Foi necessário um desenvolvimento intelectual e uma experimentação por parte dos pensadores, desde o século XIII até o XVII, exemplificado nas ideias de W. Honnecourt, mestre de obras do século XIII, que falava de uma "grande force de la Maçonneria", referindo-se à capacidade de construir dos pedreiros operativos; da obra de John Bunyan (1628/1688) "Solomon's Temple spiritualized"; passando por John Morris (1657/1711) que falava de um "Grande Arquiteto". Esta evolução, para Mellor, foi necessária para atingirmos o tempo certo onde seria possível uma síntese: "entre a noção de um *segredo*, inicialmente Operativo, e a atual concepção alegórica da arquitetura, ocorrendo uma comparação, seguida por uma *síntese*[442]."[443] Foi desta síntese que partiram os desconhecidos compositores dos primeiros Rituais Especulativos. Para Mellor, que se mostra "inclinado a pensar que os primeiros ritualistas que realizaram a *síntese* não foram nem os sábios da *Royal Society*, muito racionais, nem os Operativos oriundos da classe elevada, muito terra à terra. Foram homens da elite que sacrificaram pela Francomaçonaria o próprio nome, os verdadeiros Iniciados, voluntariamente ocultos atrás do *Debhir*[444], seguramente, bem nascidos e livres. Eles compreenderam a grandeza do Trabalho, que eles enalteceram, muito embora, eles mesmos não precisassem trabalhar[445]".[446]

---

441 Tradução Livre: "significado oculto".

442 Texto Original: "entre la notion de *secret*, opértif à l'origine, et cette conception allégorique de l'architecture se produisit une rencontre, *puis une synthèse*".

443 A.Mellor, La Grande Loge Nationale Française, Histoire de la Franc-Maçonnerie Régulière, obra citada.

444 Lembrando que Debhir é a denominação hebraica para o local mais sagrado do Templo de Salomão, isto é, o mesmo que Santo dos Santos.

445 Texto Original: "nous inclinons à penser que ces premiers ritualistes, qui réalisèrent la *synthèse*, ne furent ni les savants de la *Royal Society*, beacoup trop rationnles, ni des opértifs

Portanto, a partir de estudiosos, como Alec Mellor, podemos concluir que dificilmente haveria ambiente e condições para a elaboração de uma exegese complexa em épocas remotas, mas vindo a realizar-se mais tardiamente, por volta do século XVII, portanto muito tempo depois dos primórdios alegados no século III e mesmo no período de proximidade com as comunidades religiosas, tidas no século X, visto que a simbolização mais antiga e conhecida é do século XIII, como assinalado por Mellor.

Pensamos ser possível que a Igreja tenha se valido de Santos com nomes similares aos nomes pagãos em datas correspondentes. Até onde esta tática tenha sido proposital é consideração que não podemos determinar com exatidão. Contudo a derivação de Janus – o deus do passado e do futuro – para João através das derivações já comentadas na primeira parte – : Iehohanan, Iohanan, Ioánnes, Jo(h)annes, Juan; Jean; Johann, Jan e, o parecidíssimo, János do idioma húngaro.

> *Janus es un mito astronómico, originario de las primeras teogonías conocidas, que, a pesar de las transformaciones que sufrió durante la evolución de las primitivas civilizaciones, ha conservado intacto el fondo de su carácter distintivo. Dulce y bienhechor, sonriente, mensajero de luz y de alegría, siempre ha sido una divinidad simpática y popular entre los mortales.* [447]

Os autores fazem uma descrição do deus Janus, mencionando a sua importância dentro da cultura etrusca, sua absorção pelos romanos através das conquistas do exército e, por fim, comentam

---

parvenus à um rang elève, beaucoup trop terre à terre. Ces hommes d'élite qui ont sacrifié à la Franc-Maçonnerie jusqu'à la gloire du renom furent d'authentiques initiés, volontairement dissimules derrière le *Debhir*, à coup sûr bien nés et libres. Ils avaient compris la grandeur du Travail, l'avaient transposé et place très haut, alors qu'eux-mêmes n'avaient pas besoin de travailler".

[446] A.Mellor, La Grande Loge Nationale Française, Histoire de la Franc-Maçonnerie Régulière, obra citada.

[447] L. F. Abrines & R. A. Arderiu, Diccionario Enciclopédico de la Masonería, T. II, Ed. Kier, 1962.

a simbologia deste deus com as portas celestes, visto ser ele como Janua Celi. Discorrem, longamente, sobre a dupla representação e simbolização das duas faces: dia e noite, guerra e paz, passado e futuro. Lembrar que o deus das portas fazia parte, também, do culto primitivo das religiões domésticas.

Ao lado de Frau Abrines e Arderiu encontramos outros autores que mencionam a metamorfose do pagão *Janus* no cristão *João*. J.E. Daruty escreveu a este respeito dizendo que:

> *No século VI d.C. a corporação toma o título de Confraria de São João e as assembléias o nome de Lojas de São João. Os francos-maçons, seguinte uso antigo do colégio romano, festejavam os solstícios – Juana inferi e Juana Coeli; contudo na metade do século VI, os monges beneditinos, liderados por Austin, padre, arquiteto e primeiro bispo de Canterberry, tendo convertido os anglo-saxões ao cristianismo, os francos-maçons, nesta época, frequentemente, presididos por abades, aos quais, por deferência, davam o título de Veneráveis Mestres, mantido pelo uso nas lojas, se viam forçados a revestir estas festas de forma análoga às exigências do clero. Foi então que eles escolheram São João para patrono da Confraria, pois era o antigo Janus, deus dos romanos e das corporações, cujas festas dos dois Santos eram comemoradas nos solstícios e que eles podiam continuar a honrar Janus. É digno de nota que, mesmo após a reforma, os maçons ingleses continuaram a reconhecer S. João Batista e S. João Evangelista como seus patronos*[448]. [449]

---

[448] Texto Original : "'Au VIe siècle, la corporation prend le titre de *Confraternité de Saint-Jean* et les assemblées le nom de *Loges de Saint-Jean.* Les francs-maçons, suivant l'antique usage des collèges romains, fêtaient les solstices — *Juana inferi* et *Juana coeli* ; — mais, au milieu du VIe siècle, les moines bénédictins, a la tete desquels se trouve Austin, prêtre, architecte et premier archevêque de Cantorbéry, ayant converti les Anglo-Saxons au christianisme, les francs-maçons, alors souvent présidés par des abbés auxquels, par déférence, ils donnaient le titre de *Vénérables Maîtres* resté depuis en usage dans les loges, se voient contraints de revêtir ces fêtes d'une forme plus analogue aux exigences du clergé. C'est alors qu'ils choisissent Saint Jean pour patron de la Confraternité, parce que c'est l'ancien Janus, dieu des Romains et des corporations, que les fêtes des deux saints de ce nom se célèbrent aux époques mêmes des solstices, et qu'ils peuvent ainsi continuer d'honorer J anus, [RB, 11 1.] Il est digne de remarque que, même depuis la réforme, les maçons anglais ont toujours continué de reconnaître St-J'ean Baptiste et St-Jean l'Evangéliste pour leurs patrons."

[449] J.E. Daruty, Recherches sur le Rite Ecoissais Ancien et Accepté, Chez F.Panisset, 1879.

Seguem os autores dizendo que

> *el reinado de Jano fue felicísimo y ha sido cantado y ensalzado por los poetas, como el más grande de los príncipes de la edad de oro, y de los bienhechores de la humanidad. Así es, que Jano, el mensajero de luz, el civilizador, el iniciador por excelencia, fue siempre el abogado y patrón de los iniciados, puesto que a él debíase también la institución de los misterios y de las iniciaciones. Al abrazar el cristianismo, los iniciados Masones tuvieron que escoger un Santo por patrón, en sustitución del dios pagano que hasta aquel momento les había auspiciado; y encontraron a Juan, que, mensajero igualmente de luz, precursor de una nueva civilización e iniciador por excelencia, puesto que fue el que inició al Redentor confiriéndole el Bautismo, hubo de merecer desde luego toda su preferencia. Hay más, desde el origen de los misterios los iniciados celebraron siempre, como patronal, la fiesta de los Solsticios dedicada a Janus; y la de Juan, por rara y misteriosa coincidencia (como que no era más que una metamorfosis del antiguo mito para amoldarlo a la nueva religión) caía precisamente en la misma época y en el mismo día, y hasta tenía la misma significación simbólica.*

Precisamos comentar a concepção de uma iniciação primitiva. É certo que os cristãos primitivos tinham uma cerimônia batismal que até podemos considerar como uma Iniciação, como um rito de passagem, contudo, esta cerimônia não tinha uma data especificada no calendário para sua efetivação, como continua não tendo em nossos dias.

Em relação aos pedreiros operativos, o que aprendemos em nossas pesquisas é que sua chegada ao grupo profissional, como aprendizes de uma profissão, não era marcada por cerimônias de ingresso, esta ficava reservada para o término do aprendizado, quando o pedreiro-aprendiz tornava-se um profissional de seu ofício, isto é, um pedreiro com direito de exercer a profissão sem supervisão. Era nesta ocasião que se realizavam as cerimônias mais marcantes, ou seja, a Iniciação com juramento e relíquia dos Santos e, raramente, sobre o Livro da Lei, visto que em tempos recuados os livros ainda não existiam, sendo muito mais fácil a utilização das relíquias de algum Santo, melhor ainda se fosse do próprio Santo Padroeiro.

Portanto, nos parece, mais uma vez, pouco provável que tenham, "desde a origem dos mistérios, os Iniciados celebrado sempre a festa dos Solstícios", e fossem verdadeiros Iniciados observadores dos fenômenos astronômicos, dadas as características e a realidade de suas vidas então.

Notamos mais uma vez que a senda trilhada pelos autores é a da analogia e similitude, e como já comentamos, nem sempre o análogo e semelhante tem uma mesma fonte e procedência, ou seja, constituindo-se em uma concordância ou sobreposição perfeitas.

Os autores vão mais além e questionam esta proposição:

> *Quién podía poner, pues, en duda, que a Juan, y no a otro habían de elegir los Masones neocristianos máxime cuando entre este y Jano, solo podía exigir el cristianismo la introducción de algunas ligeras variantes en el ritual, para amoldar las ceremonias al carácter y al ceremonial del culto cristiano? Lo escogieron, pues, sin titubear, no cabe dudarlo; y aunque no existieran otras razones confirmatorias, bastarían las consideraciones que se desprenden de los datos que someramente dejamos apuntados, para adquirir esta convicción.*

Como hoje temos acesso a uma grande quantidade de informações – arqueológica, histórica, folclórica, étnica – podemos dizer que, a partir dos documentos existentes e mencionados, S. João – quer o Batista, quer o Evangelista – não foram os padroeiros escolhidos e presentes, pelo menos, nos grêmios dos pedreiros medievais. Contra toda lógica e analogia, os escolhidos foram outros, como temos percebido ao longo deste estudo.

Encerram os autores dizendo que:

> *Pero a pesar de la deficiência de la historia, ésta nos suministra, no obstante, un argumento concluyente. Como acabamos de manifestar, está bien probado, que los Masones, desde la*

> *fundación de los Colegios romanos hasta nuestros dias, han celebrado siempre invariablemente las fiestas solsticiales, como la mayor solemnidad de su instituto: la única diferencia que ofrecen, sin que por esta haya perdido nada de su primitivo significado, es que los paganos las celebraban bajo la advocación de Jano, y los cristianos bajo la de San Juan. Queda, pues, plenamente evidenciado el origen incontestable del nombre de San Juan, con que se distingue la Francomasonería universal, y racionalmente explicado el simbolismo y la única interpretación masónica que cabe darle.*

Apesar do tom incisivo e concludente deste parágrafo, penso haver ficado claro que, definitivamente, os Santos "joaninos" não foram os Santos primitivamente escolhidos pelos pedreiros operativos medievais como seu padroeiro. Como veremos, este padroeiro era distinto quando consideramos os dados das Old Charges e as organizações, quer da Inglaterra ou do continente europeu, e, neste, também variava de um para outro lugar.

LIONEL VIBERT

Felizmente, além de Abrines/Arderiu, outros autores e outros Irmãos também teceram considerações sobre o tema dos Santos Padroeiros e a Maçonaria.

Vamos nos valer de L. Vibert[450] para iniciar as considerações relativas ao que questionamos acima. Escreveu[451] o Irmão:

> *Tanto as Guildas Sociais como as Religiosas eram, usualmente, identificadas com um Santo em particular; elas se reuniam no*

---

[450] L. Vibert, The Story of the Craft: A Simple Account of the development of Freemasonry, Spencer & Co. s/d.

[451] As obras do Irmão Lionel Vibert, que pertenceram à Loja de Pesquisa Quatour Coronati, não trazem a data de publicação. Como o Irmão Vibert foi Iniciado em 1917; desenvolveu suas atividades na A.Q.C. a partir de 1922 e faleceu em 1928, deduzimos que suas obras tenham sido produzidas entre 1922 e 1928. Sua produção, apesar de limitada, é seminal: Freemasonry before the Existence of Grand Lodges, The Story of the Craft: A simple Account of the Development of Freemasonry, e The Rare Books of Free Masonry.

dia dedicado ao Santo e realizavam cerimônia na capela a ele dedicada. A Guilda dos artesãos mantinha a mesma prática e, pelo século XII, cada uma das Corporações tinha como regra, seu próprio Santo padroeiro. Os Santos padroeiros dos pedreiros ingleses eram os Quatuor Coronati, cuja data comemorativa era 8 de novembro, conforme o Sarum Missal do século XI[452] *... Há uma menção especial sobre eles em nosso registro inicial, cuja data é posterior ao século XIV ou início do século XV, promulgado pela Companhia dos Pedreiros de Londres em 1481, pela qual todos os homens livres deveriam comparecer no seu dia a uma cerimônia o que continuou até a Reforma. Quando os Steinmetzen alemães foram organizados, também adotaram os mesmos Santos como seus padroeiros*[453].

Percebe-se que o Irm∴ Vibert sequer menciona os Santos de nome João; nomina os Quatro Mártires Coroados (ver Anexo 2 deste capítulo) como os Santos Padroeiros da Maçonaria no século XII, o mesmo sendo observado pelos pedreiros de Strasburgo, os Steinmetzen, elaboradores de importantes regras e organização no século XV; estamos mencionando os Estatutos e Regulamentos da Confraria dos Talhadores de Pedra de Estrasburgo, 1452[454].

GORDON HILLS

Procurando seguir uma ordem cronológica de publicação, menciono aqui Gordon Hills, frequentemente apontado por B.

---

[452] Também está consignado no Martirológio Romano como citado na primeira parte.

[453] Texto Original: "The Social and Religious Gilds were usually identified with a particular Saint; they met on his day, and maintained services in his chapel. The Craft Gilds followed the same practice, and by the twelfth century the Crafts had, as a rule, patron saints of their own. The patron saints of the English masons were the Quatuor Coronati, whose day, November 8th, is given in the eleventh century Sarum Missal ... There is a special reference to them in our earliest record, which is of date late fourteenth century or early fifteenth century, and the Masons' Company of London enacted in 1481 that every freeman of the Craft should attend mass on their day, a practice which continued until the Reformation. When the German Steinmetzen were organized they also adopted these as their patron saints."

[454] N. Aslan, História da Maçonaria, Ed. Espiritualista, 1959.

Jones, que publicou pela Loja de Pesquisa Quatuor Coronati texto relativo aos Santos da Maçonaria, cujas palavras introdutórias são:

> *Considerando os Santos Padroeiros no terreno da Maçonaria e, desistindo dos que pela exata razão de uma ligação incerta de seus nomes com a Arte, restam-nos três notáveis lendas relativas a São Tomé Apóstolo, Santa Bárbara e aos Quatro Mártires Coroados*[455]. [456]

Assim como L. Vibert, G.Hills não menciona os Santos de nome João e confirma a ligação com os Quatro Mártires Coroados, além de S. Tomé (ver capítulo sobre os Santos Padroeiros dos pedreiros e arquitetos) e Santa Bárbara (ver capítulo sobre os Santos Padroeiros dos arquitetos).

BERNARD JONES

Bernard Jones, cuja obra é de 1955, é sintético na introdução do seu capítulo aos Santos da Maçonaria.

> *Todas as Guildas e antigas Associações (Crafts), tanto na Inglaterra como no continente, tinham seus Santos padroeiros, e por centenas de anos os francomaçons têm conservado suas festas nos dias destes Santos. Escritos maçônicos fazem frequentes menções a Santos e o Masonic Year Book mostra que os Santos deram seus nomes a, pelo menos, quatrocentas lojas, apenas, na Inglaterra. Os Santos com grande consideração e veneração entre os maçons são S. João Batista, S. João Evangelista, S. Tomé, Sta. Bárbara, S. Jorge, e os Quatro Mártires Coroados, frequentemente conhecidos na forma latina, Quatour Coronati.*[457].[458]

---

[455] Texto Orignal: "Turning then to the consideration of the earthly Patron Saints of Masonry, and dismissing the names of those the exact reason of whose connection with the Craft is uncertain, we are left with three remarkable legends relating to **St Thomas the Apostle, St Barbara**, and the **Four Crowned Martyrs.**"

[456] http://www.phoenixmasonry.org/some_patron_saints_of_masonry.htm acessado em abril/2012.

[457] Texto Original: "All the old crafts and guilds, both English and Continental, had their patron saints, and for hundreds of years freemasons have been holding their festivals on saints' days.

Vemos nestes autores ingleses a repetição dos Quatro Mártires Coroados em suas pesquisas, além de Santa Bárbara e São Tomé por estes dois últimos – lembrar que B. Jones valeu-se de G. Hills como fonte –, e, agora temos pela primeira vez a citação de S. Jorge – o Santo Padroeiro da Inglaterra e, finalmente, a presença de S. João, o Batista e o Evangelista.

NICOLA ASLAN

Corroborando com os autores ingleses e aumentando a complexidade do tema, vamos trazer o exposto em Aslan: "São Jorge – Tendo sido escolhido como Santo padroeiro da Inglaterra[459], sua festa recai a 23 de abril, é celebrado pela Grande Loja daquele país. As Constituições Maçônicas inglesas determinam que: será realizada anualmente uma Grande Festa Maçônica, na sexta-feira seguinte ao Dia de São Jorge."[460] Portanto, Aslan reforça a tradição de S. Jorge (ver anexo 3 desde capítulo), sem citar os Santos "joaninos".

ETIENNE BOILEAU

Comentados os Santos Padroeiros dos ingleses e alemães Operativos, não nos esqueçamos dos franceses. No trabalho de E. Boileau, O Livro dos Ofícios (Le Livres des Métiers), de 1268, está

Masonic writings make frequent mention of saints, and the Masonic Year Book shows that saints give their names to about four hundred lodges in England alone. The saints in greatest regard among masons are St John the Baptist, St John the Evangelist, St Thomas, St Barbara, St George, and the Four Crowned Martyrs, often known by the Latin form, Quatuor Coronati."

[458] B. E. Jones, Freemasons' Guide and Compendium, Georg e G. Harrap & Cia. Ltd. 1955.

[459] São Jorge também é considerado Santo Padroeiro e protetor de Portugal, Lituânia, Geórgia, Catalunha, das cidades do Rio de Janeiro e de Moscou. Também da Cavalaria do Exército Brasileiro, dos escoteiros, e, evidentemente, do Sport Club Corinthians de São Paulo.

[460] N. Aslan, Grande Dicionário Enciclopédico de Simbologia e Maçonaria, vol. IV, A TROLHA, 2000.

[461] S. Bras (Braz) foi um bispo do século III, morreu martirizado em 316, sob o governo de Diocleciano. Nestes tempos a Igreja cristã ainda não havia conseguido o aval do poder romano. Ficou famoso pelo cuidado prestado ao menino com um espinho na garganta, fonte de seu título de padroeiro das doenças da garganta. (Ver Anexo 4 deste capítulo)

posto no item XLVIII, que se refere aos pedreiros e talhadores de pedras, em sua segunda alínea que:

> *II. Não pode haver numa oficina senão um Aprendiz; havendo um aprendiz o mestre-da-oficina não poderá ter à mão outro senão ao final de 6 anos. Este trabalho poderá fazê-lo ganhar dinheiro. Caso tome outro aprendiz antes de 6 anos, ele deve pagar a multa (XX s. 20 shillings) para a capela de S. Brás*[461]*; não sendo necessário quando o aprendiz é filho de um matrimônio legal (do Mestre-da-Oficina)*[462].[463]

É interessante prestar a atenção nesta obra, sem dúvida uma preciosidade no estudo da estruturação das organizações medievais. Notemos que, pelo menos em Paris de 1268, os pedreiros e talhadores de pedra pagavam suas multas na capela dedicada a S. Brás; também não há menção a S. João, o que deveria ser uma atitude espontânea, quase automática, se seguirmos os preceitos de Abrines/Arderiu.

DANIEL LIGOU

Este pesquisador e historiador francês traz um comentário pertinente no verbete relativo a São João, no qual revela que

> *Os Templários tinham uma veneração particular por São João Evangelista. É verdade que durante as invocações eles facilmente confundiam o Evangelista e o Batista [...] É certo também que todos os ofícios francos celebravam um culto geral a São João, portanto, os Maçons do Templo, os franco-maçons, colocaram-se sob a invocação do Santo João*[464].[465]

[462] Texto Original: "II. Nus ne puet avoir en leur mestier que j(1) aprentis , et se il a aprentis , il ne le puet prendre à mains de vj(6) ans de service ; mès à plus de service le puet-il bien prendre et à argent , se avoir le puet. Et se il le prenoit à mains de vj(6) anz, il est à xx(20) s. de parisis d'amende, à paier à la chapèle monseign. Saint-Blesve (Brás), se ce n'estoient ses filz tant seulement nez de loial mariage."

[463] G.-B. Depping(org.), Reglements sur les Arts e Métiers de Paris, rédigés au sec. XIII, et connus sur le nom du Livre des Métiers de Etienne Boileau.L'Imprièrie de Crapelet, Paris, 1837.

[464] Texto Original : "Les Templiers portaient une vénération particulière à saint Jean l'Évangeliste. Il est vrai que dans leur invocation ils confondaient facilment l'Évangeliste et le Baptiste [...] Il est certain, aussi, que tous les métiers francs célébraient le culte général de Saint-Jean, de ce fait, les Maçons du Temple, les Francs-Maçons se plaçaient sous l'invacation de saint Jean."

[465] D. Ligou, Dictionaire de la Franc-Maçonnerie, 2ª Ed. PUF, 2006.

Do exposto conclui o autor que a expressão "Lojas de São João" é oriunda do período medieval, dos ofícios francos, da Maçonaria Operativa.

PAUL NAUDON

Quase ao final deste estudo consegui exemplar da obra "Les Loges de Saint-Jean et la Philosophie Ésotérique de la Connaissance", de Paul Naudon. De todas as referências consultadas esta é, sem a menor dúvida, a obra mais consistente e aprofundada no estudo da relação entre a Maçonaria, quer Operativa, quer Especulativa, com São João.

Na primeira parte da obra – Histoire des Loges de Saint-Jean – o pesquisador francês procura desenvolver um apanhado de dados que sustentem uma "tradição" entre a Maçonaria Operativa e os Santos em estudo.

Naudon pesquisou os dados disponíveis no "Livre des Métiers" e constatou a presença de diferentes Santos como padroeiros dos artesões medievais, e, assim como nós, não encontrou referência a qualquer dos dois Santos de nome João. Encerra sua apresentação dizendo:

> *Devemos concluir que os construtores operativos não tinham nenhuma ligação com São João e que tal patronagem apareceria, tão somente, mais tarde com a chegada dos maçons "aceitos"*[466]? [467]

Esta é a impressão que o meu estudo aponta conforme os dados até aqui apresentados. Contudo, Naudon responde, diferentemente, dizendo:

---

466 Texto Original: "Faut-il en conclure que les constructeurs opératifs n'avaiente aucun lien avec saint Jean et que ce patronage ne serait que l'apport tardif des maçons "acceptés'? "

467 P.Naudon,Les Loges de Saint-Jean, 3ème.Edition, Dervy-Livres, 1980.

> *Não, pois certamente dá-se o contrário, que São João foi efetivamente invocado pelos francos-maçons de ofício dentro de condições que é necessário precisar*[468].[469]

Naudon parte da argumentação de Spencer[470], segundo o qual, as profissões desenvolveram-se a partir da estrutura religiosa e atrela o desenvolvimento das organizações Operativas a partir da Ordem do Templo, isto é, dos Templários:

> *De maneira geral, S. João era particularmente cultuado nos domínios do Templo, onde nasceram os "ofícios francos" e, notadamente, a franco-maçonaria. Tal tributo resultou do fato de São João Evangelista ser o patrono dos Templários*[471].[472]

As referências que compulsei dizem que junto aos Templários[473, 474, 475, 476] desenvolveram-se diferentes atividades de artesãos, entre as quais, evidentemente, a dos pedreiros, até porque os Templários necessitavam de mão de obra para erigir e manter as suas propriedades, que não eram poucas. Ainda, os pedreiros faziam-se necessários nos ambientes bélicos onde pontes, muros, abrigos eram as obras menores. Contudo, notabilizar o desenvolvimento das oficinas de pedreiros atreladas ao período dos templários parece-me ousado e temerário.

Os dados disponibilizados em outro trabalho[477] dão conta que o desenvolvimento das oficinas com seus mestres de obras tinham seu funcionamento ligado aos burgos e aos prebostes destes

---

468 Texto Original: "Non, car il est certain au contraire que saint Jean a été effectivament invoqué par les franc-maçons de métier dans des conditions qu'il importe de préciser. "

469 P.Naudon,Les Loges de Saint-Jean, 3ème.Edition, Dervy-Livres, 1980.

470 H. Spencer, Origen de las Profesiones, F. Sempere y Compañia Ed. 1909.

471 Texto Original: "D'une manière générale, saint Jean était particulièrement honoré dans les domaines du Temple, où sont nés les "francs métiers"et notamment la franc-maçonnerie. Cet hommage résultait du fait que saint Jean-l'Evangéliste était le patron des Templiers."

472 P. Naudon, Les Loges de Saint-Jean, 3ème. Edition, Dervy-Livres, 1980.

473 R. Pernoud, Os Templários, Publicações Europa-América, 1974.

474 P. Barahona, Los Templários, Uma historia muy presente, Libsa, 2005.

475 L. Dailliez, Les Templiers, ces Inconnus, France Loisirs, 1972.

476 M. Melville, La Vie des Templiers, 2ème. Edition, Gallimard, 1951.

477 L. V. Cichoski, Fundamentos Operativos nos Graus Básicos, A TROLHA, 2012.

burgos, cujo exemplo é Paris através da obra de E. Boileau. A ligação da Maçonaria com os Templários exemplifica outra lenda maçônica, no caso a iniciada pelo Cavaleiro de Ramsay – que na verdade falava dos Cruzados – e culminou com o Rito da Estrita Observância do Barão de Hund.[478, 479]

P. Naudon[480], ao expor a importância do Templo – grande área ocupada pela sede dos Templários em Paris até o século XIV –, nos dá uma dupla e conflitiva informação em duas de suas obras, ao dizer, por um lado, que:

> *"Em épocas antigas, encontramos na Igreja de Saint-Merri capelas dedicadas a S. Brás, padroeiro dos pedreiros e carpinteiros[481]".[482] E por outro que: "em Paris, próximo à* ***Igreja de Saint-Merri****, nos limites do Templo, existia então uma capela do Santo Sepulcro, construída em 1326, onde os* ***escultores e gravadores em pedra e gesso*** *mantinham uma confraria que festejava São João da Porta Latina em 6 de maio[483]".[484]*

Ainda considerando os Templários e seu Santo Padroeiro, lembremos que o Templo manteve-se ativo, pelo menos, até a condenação dos Templários, isto é, 1314, século XIV, portanto, após a época de E. Boileau. A conclusão, salvo melhor entendimento, é que se as evidências apontam S. João como patrono dos Templários, outras evidências asseguram que S. Brás continuava presente na veneração dos pedreiros e carpinteiros quase um século após a produção do Livre des Métiers; sendo assim, não estaremos incorretos

---

478 A. Mellor, Les Mythes Maçonniques, Payot, 1974.

479 R. Le Forestier, La Franc-Maçonnerie Templière et Occultiste, T. I, La Table D'Émeraude, 1987.

480 P. Naudon, Les Origines de la Franc-Maçonnerie, Ed. Dervy, 2002.

481 Texto Original: "'A des époques anciennes, on trouvait dans l'église Saint-Merri des chapelles dédiées à saint Blaise, patron des maçons et charpentiers."

482 Neste mesmo parágrafo, o autor comenta a existência de outros nichos dedicados a Santa Ana, S. João Batista e S. João Evangelista, padroeiros dos cobridores (ou telhadores) de casas.

483 Texto Original: "Ainsi, à Paris, pres de *l'*église Saint-Merri, à la limite de la censive du Temple, existait jadis une chapelle du Saint-Sépulcre, érigée en 1326, où les *sculpteurs et graveurs sur pierre et plâtre* avaient une confrérie qui fêtait Saint-Jean-Porte-Latine, le 6 mai."

484 P.Naudon,Les Loges de Saint-Jean, 3ème.Edition, Dervy-Livres, 1980.

em dizer que havia "tradição" na relação do ofício de pedreiro (e carpinteiro), pelo menos da França, com S. Brás. (ver anexo 4 no final deste capítulo)

É possível considerar a existência de dois grupos de artesãos em Paris na época dos Templários. Um grupo de artesãos trabalhando intramuros, convivendo e partilhando com os cavaleiros Templários suas características e crenças, entre elas a devoção e patronagem cultivada pelos frades guerreiros para com São João Evangelista. Extramuros, vislumbramos as regras do burgo, as leis do rei e a existência de artesãos, entre os quais os pedreiros e talhadores de pedra, que faziam suas orações, pagavam suas multas e rendiam homenagem a São Brás.

Na sequência, P. Naudon comenta referências onde os pedreiros ingleses se reuniram na data de S. João – possivelmente, diz o autor, o de verão, isto é, São João Batista no hemisfério Norte.

a) 1427 – argumenta o autor que, em 24 de junho, reuniram-se em Londres os pedreiros locais para protestar contra uma lei do parlamento (bill) que proibia a reunião destes artesãos;
b) 1502 – foi neste ano, em 24 de junho, que ocorreu a colocação da pedra fundamental da capela de Westminster[485];
c) 1561 – menciona o famoso episódio de 27 de dezembro

[485] Pesquisando sobre a Capela de Westminster, foi necessário diferenciar entre a ABADIA, a CATEDRAL e a CAPELA de Westminster, três construções distintas localizadas em Londres. Da leitura feita parece que o dado apontado por P. Naudon refere-se, na verdade, à **ABADIA de Westminster** (ou Collegiate Church of St. Peter at Westminster – Igreja do Colegiado de S. Pedro, em Westminster; ou ainda, Westminster Abbey); mais ainda, à reforma patrocinada pelo rei Henrique VII, que substituiu a capela anterior anexa à Abadia, demolida em 1502, no lugar da qual foi construída, a partir de **24 de janeiro de 1503**, uma nova capela, em estilo gótico-francês, dedicada à **Virgem Maria**. A construção em questão era dedicada a S. Pedro, e a capela anexa à Virgem Maria; novamente, não temos notícia de nenhum dos Santos de nome João. Complementando, entendemos que P. Naudon não se refere à, realmente existente, Capela de Westminster, localizada no bairro de Buckinghan Gate, visto esta haver sido fundada em maio de 1841; enquanto a Catedral de Westminster teve sua pedra fundamental lançada em 1895.
(http://en.wikipedia.org/wiki/Henry_VII_Chapel e http://pt.wikipedia.org/wiki/Abadia_de_Westminster)

– S. João Evangelista – quando soldados da rainha Elisabeth interromperam a assembleia anual de York presidida por Thomas Sackville. Este episódio está registrado em diversos textos maçônicos.[486, 487] Observar que nenhuma desta ocorrência tem relação com alguma das Old Charges Operativas, cujo estudo faz-se na sequência; aliás, parafraseando L. Vibert, lembraríamos do "silêncio das Old Charges"[488] – principalmente as mais antigas, a respeito dos Santos de nome João.

A fundamentação do autor, na qual reconhecemos alguma fragilidade, baseia-se na coincidência entre a realização de um evento envolvendo os construtores e a data comemorativa de um dos Santos de nome João. Há que se perguntar qual a influência dos artesãos pedreiros em Londres, no ano de 1427, e que meios dispunham eles em 1502, por exemplo, para determinar a data de início das obras da capela de Westminster? Ainda, se esta escolha partiu da Confraria local – sendo apropriado lembrar neste item de B. Jones, para quem eram poucas as cidades que mantinham uma organização de pedreiros, visto que as mesmas demandavam grandes obras para sua subsistência – ou se a escolha desta data partiu de algum nobre com devoção especial para com estes Santos. Não esquecer que o século XVI é tido como o início dos aceitos e com eles, creio eu, a importância e a frequência de homenagens a outros Santos, entre eles São João, cresceram; que no século XVI não havia mais a organização dos Templários e que o gótico conhecia restrições, pois o estilo românico ascendia com o Renascimento.

Outros documentos medievais também mencionariam uma proximidade entre os artesãos – leia-se pedreiros para este estudo – com os Santos de nome João. P. Naudon comenta a Carta ou

[486] F.T.B.Clavel, Histoire Pittoresque de la Franc-Maçonnerie, Pagnerre Editeur, 1843.
[487] A. Peters, Maçonaria, Verdades e Fantasias, Loja Maçônica Os Templários, 2002.
[488] "Complete silence of the Old Charges on the point."

Édito de Colônia, cuja data atribuída seria 24 de junho de 1535. Porém, é outro exemplo de falsa antiguidade, pois o próprio Naudon esclarece que:

> *Este documento teria sido conservado na Loja* ***Net Frederiks Vredenhall****, em Haye, onde teria sido encontrado em 1637. Infelizmente, ele não foi produzido, senão, em 1819 pelo príncipe Frederico de Nassau, que sonhara uma reforma da maçonaria holandesa e belga, da qual ele seria o Grão-Mestre*[489]. [490]

Ainda sobre o mesmo evento, N. Aslan apresenta o seguinte comentário que, acredito eu, encerra este assunto:

> *Em 1843, o maçom alemão Gustavo Schwetschke publicou um trabalho histórico sob o nome de* ***Demonstração paleográfica da falta de autenticidade do documento maçônico de Colônia****, no qual provou que as assinaturas eram suspeitas e que não passava de uma mistificação inventada em 1816, pelos jesuítas da Holanda.*[491]

Neste ponto vou me permitir fazer uma "digressão estatística", visto que o autor citou apenas datas relativas a uma coincidência entre as datas comemorativas a São João e alguns eventos da história da Maçonaria; não emitiu nenhuma observação sobre as não coincidências.

Assim sendo, tendo por referência os dados do Irm∴ Ethiel O. C. Gonzáles[492], secundado por outros autores[493, 494, 495], encontramos

---

[489] Texto Original: "Ce document aurait été conservé dans la Loge *Net Frederiks Vredenhall* à la Haye, où il aurait été retrouvé en 1637. Malheureusement il ne fut produit qu'en 1819 par le prince Frédéric de Nassau, qui rêvait alors une réforme de la maçonneria hollandaise et belge, dont il était le grand maître."

[490] P. Naudon, Les Loges de Saint-Jean, 3ème Edition, Dervy-Livres, 1980.

[491] N. Aslan, História da Maçonaria, Cronologia e Documentos, Ed. Espiritualista, 1959.

[492] http://www.freemasons-freemasonry.com/cronologia_ma%C3%A7onica.html acessado em jul/2012

[493] N. Aslan, História da Maçonaria, Cronologia e Documentos, Ed. Espiritualista, 1959.

[494] N. Aslan, História de Maçonaria, Período Operativo, Ed. Aurora, s/d.

[495] X. Trolha, O Aprendiz Maçom, 2ª. edição, A TROLHA, 2001.

108 datas compondo a "Cronologia Maçônica, 1ª. Parte anterior à 1717". Destas 108 datas, 12 (11,11%) referem-se a eventos anteriores a Cristo, portanto, como estamos estudando os Santos cristãos, João Batista e João Evangelista, vamos desprezar este conjunto de eventos, ficando com uma base de dados de 96 datas consignadas no trabalho referido.

Continuando, deste montante – 96 datas da história da Maçonaria na era cristã –, 23 (23,95%) delas referem-se aos séculos I a XIII, isto é, do ano 1 a 1300[496]: nenhuma delas apresentando-se completa, ou seja, com dia, mês e ano; nenhuma delas mencionando os Santos de nome João; mas uma delas citando os Quatro Mártires Coroados.

As 73 (76,05%) datas restantes referem-se aos séculos XIV a XVIII. Deste conjunto encontramos 13 (17,8%) datas destacadas no século XIV, 11 (15,2%) datas no século XV, 13 (17,8%) datas do século XVI, 29 (39,7%) datas do século XVII e 7 (9,5%) datas do século XVIII, mas apenas nos 17 anos iniciais, ou seja, até 1717.

É facilmente notável que número de eventos considerados aumenta ao longo dos séculos considerados, o que se deve, obviamente, à existência de um maior número de documentos conservados e encontrados, bem como de um maior número de irmãos produtores da própria história da Maçonaria.

No conjunto das 96 datas do período depois de Cristo, encontramos 14 (14,58%) com a menção ao dia, mês e ano; destas 14, 3 (21,5%, ou então 3,12% das 96 datas consideradas inicialmente) eram datas relacionadas aos Santos de nome João, 2 vezes a data é 27 de dezembro – S. João Evangelista – e em 1 oportunidade 24 de junho – S. João Batista –, esta é a que se refere à Fundação da Primeira Grande Loja de Londres, no dia 24 de junho de 1717.

Considerando os dados trazidos por P. Naudon, que foram

---

[496] Sobre a história da classificação temporal em a.C. e d.C., bem como sobre a composição dos séculos, ver S.J. Gould, O Milênio em Questão, Cia. das Letras, 1999.

as datas de 24 de junho de 1427, 24 de junho de 1502 e 27 de dezembro de 1561; a última delas foi encontrada em nossa verificação cronológica, as duas primeiras, portanto devemos acrescer a nossa casuística. Portanto, em resumo, teríamos agora 75 datas a partir do século XIV, sendo 16 (21,33%) com menção de dia, mês e ano, e 5 (6,6%) referentes às datas dos Santos joaninos.

Assim sendo, a meu juízo, salvo melhor avaliação destes dados e outros que possamos considerar juntamente, a coincidência de eventos ligando datas comemorativas de S. João Batista ou S. João Evangelista com episódios da história comprovada da Maçonaria, como base de sustentação do padroado destes Santos, continua sendo frágil, pois no nosso levantamento constituem um percentual minoritário dos eventos.

Continuando com os dados apresentados pelo nosso Irm∴ P. Naudon, chegamos aos exemplos das Old Charges, por ele estudados e que citam S. João, iniciando com o manuscrito de Edinburgh Register House de 1696 [ver anexo 6 no final deste capítulo] e também o Sloane 3329, que é de 1700. Ambos os textos são, relativamente recentes, muito próximos da data da oficialização da Maçonaria Especulativa, aproximadamente 273 anos após os protestos de 24 de junho de 1427. Neste período a presença dos "aceitos" era considerável e estes representantes tinham vez e voz. Portanto, é perfeitamente aceitável pensar que a atuação dos "aceitos" influiu no aparecimento dos Santos de nome João nas comemorações, nas preces e nos textos dos catecismos utilizados no período de "transição" ou da "aceitação" anterior à fundação da Grande Loja de Londres e Westminster.

O autor continua sua apresentação abordando os aspectos simbólicos ligados aos Santos de nome João. Ao desenvolver a temática do "Princípio do Fogo", assim inicia sua apresentação: "*A festa de São João do Verão constitui uma das mais antigas tradições da humanidade. É uma solenização comum a todas as culturas e a todos os povos. As imagens solares, de caráter cultual, aparecem desde a época magdaleniana*[497, 498]". [499] Uma rápida leitura da primeira oração – a festa de São João do Verão constitui uma das mais antigas tradições da humanidade – pode induzir a compreensão que o culto de S. João está presente no mais remoto passado – representado pela "época magdaleniana" – o que não seria possível. O "São João do Verão" mais claramente é o solstício de verão. Este evento astronômico é, verdadeiramente, reconhecido de muitos povos e culturas, muito anteriores ao culto de S. João, visto que a "época magdaleniana" situa-se na transição da pré-história com a história. Este é um daqueles exemplos que demonstram a conduta da Igreja Católica Romana em substituir datas pagãs por comemorações cristãs, assunto já desenvolvido na primeira parte deste estudo. Aliás, o próprio Naudon refere, na sequência do capítulo, o culto ao sol representado em tradições hindus, egípcias, gregas, romanas; entre estes é lembrada a festividade do Sol invictus, ao qual a Igreja associou o Natal, a respeito do qual o mesmo autor nos oferece um relato elucidativo sobre as datas em que foi comemorado. Diz ele

> *Primitivamente, a festa do nascimento de Cristo era celebrada na epifania, dia em que J. Cristo foi manifestado aos reis magos pela estrela que apareceu no Oriente e que os conduziu até Belém para aí adorarem o Salvador; dia no qual Jesus foi batizado por João Batista; dia, enfim, no qual Jesus manifesta sua capacidade nas bodas de Caná, transformando água em vinho, símbolo do conhecimento. A importância dada em Roma a Mitra, o deus solar concorrente ao cristianismo, era tal, que o clero cristão transferiu a festa de nascimento do Salvador para o dia no qual*

---

[497] Texto Original: "La fête de la Saint-Jean d'Eté constitue une des plus antiques traditions de l'humanité. C'est une solenisation commune à tous les cultes et à tous les peuples. Les images solaires, de caractère cultuel, apparaissent dès l'époque magdalénienne."

[498] Cultura Magdaleniana diz respeito à arte mural, exemplificada nas pinturas rupestres de grutas, no desenvolvimento da utilização do osso; situando-se entre 15000 e 9000 a.C. cujos principais sítios arqueológicos são representados por La Madeleine, em Dordogne, na França.

[499] P. Naudon, Les Loges de Saint-Jean, 3ème Edition, Dervy-Livres, 1980.

> *celebrava-se o **Natalis Solis Invicti**, substituindo assim o culto da criatura pela do Criador*[500]. [501]

Ao longo do livro o autor se vale de uma espécie de raciocínio circular, onde o posterior – S. João Batista ou Evangelista – é confirmado e simbolizado pelo precedente – simbolismo do fogo e água –, ao mesmo tempo que o reassegura –, ou seja, a Igreja cristianiza estes símbolos. Assim, símbolos, mitos e ritos antigos, anteriores ao período do cristianismo, são integrados pela liturgia e teologia cristã, servindo de base para a sustentação da ação dos Santos Cristãos. Nas palavras de P. Naudon: "A Igreja contentou-se em cristianizar estes símbolos[502]".

OLD CHARGES

Teria a Maçonaria algum documento mais antigo que os aqui citados? Quais seriam eles? O que dizem eles a respeito de nosso tema – o Santo Padroeiro da Maçonaria?

As Old Charges (Antigos Deveres, Antigas Obrigações) são os documentos mais antigos, reconhecidos e aceitos, referentes à Maçonaria. Relacionam-se, em sua maioria, com a Maçonaria Operativa. É bem verdade que as Old Charges constituem tema sobre o qual existem muitas descrições, contudo, dificilmente temos acesso aos textos originais. A grande exceção é o Poema Régio que, sendo o mais antigo – cerca de 1390 –, tem uma divulgação maior[503].

---

500 Texto Original: "Primitivement, la fête de la naissance du Christ était célébrée à l'Epiphanie, jour où Jésus-Christ fut manifesté aux mages par l'étoile qui leur apparut à l'Orient et qui les conduisit à Bethléem pour y adorer le Sauveur; jour où Jésus fut encore manifesté dnas son baptême par Jean-Baptiste ; jour enfin où Jésus manifesta sa puissance aux noces de Cana en changeant l'eau en vin symbole de la Connaissance. L'importance prise à Roma par Mithra, le dieu solaire concurrent du chrisrianisme, était telle, que le clegé chrétien dût transporter la fête de la naissance du Sauveur au jour où l'on célébrait le *Natalis Solis Invicti*, substituant ainsi au culte de la créatura celui du Créateur."

501 P.Naudon, Les Loges de Saint-Jean, 3ème Edition, Dervy-Livres, 1980.

502 Texto Original: "L'Eglise s'est contentée de christianiser ces symboles."

503 A. Peters, O Manuscrito Régio e o Livro das Constituições, A TROLHA, 1997.

B. Jones nos lembra que "Os Franco-Maçons possuem vários antigos manuscritos, alguns datando do século XIV, os quais lançaram muita luz sobre as tradições, os Usos e Costumes dos Maçons Operativos medievais. Estas Old Charges não são idênticas com as Charges dirigidas ao Iniciante(Aprendiz) e (raramente) ao Companheiro e Mestre Maçom das Lojas Especulativas de hoje[504]".[505]

A primeira constatação diz respeito ao teor das Old Charges referirem-se ao período Operativo, ou seja, não foram escritas para e em vista de uma Maçonaria Especulativa. Também é necessário repetir que nosso ritualismo atual tem semelhanças, aproximações – mormente nos Catecismos de Abertura e Encerramento das Sessões – com estes documentos medievais. Em outras palavras, houve um desenvolvimento nos aspectos ritualísticos ao confrontarmos a prática – e, muito mais, o simbolismo – operativo-medieval com o especulativo-atual.

Complementando o acima exposto, B. Jones nos prepara para aquilo que é possível esperar encontrar em leitura dos originais destes documentos seminais: "Embora nós não façamos facilmente o reconhecimento, nas Old Charges, de alguma coisa de natureza esotérica, podemos reconhecê-las como uma ligação entre a Maçonaria Operativa e Especulativa. Isto não significa que tais ligações contenham um trabalho de base para o Ritual diário; eles não têm, mas indubitavelmente, nossos Rituais e tradições atuais refletem algumas das ideias e perpetuam algumas palavras ou frases destes antigos escritos[506]."[507]

---

[504] Texto Original: "Freemasons possess many old manuscript writings, some dating to about the fourteenth century, which throw much light upon the traditions, usages, and customs of the medieval operative masons. These Old Charges are not identical with the Charges addressed to the Initiate and (rarely) to the Fellow Craft and Master Mason in the speculative lodges of to-day."

[505] B. E. Jones, Freemasons' Guide and Compendium, Georg e G. Harrap & Cia. Ltd. 1955.

[506] Texto Original: "Although we do not easily recognize in the Old Charges anything of an esoteric nature, we may regard them as a link between operative and speculative masonry. That does not mean they contain a working basis of to-day's ritual; they do not, but undoubtedly our present traditions and ritual reflect many of the ideas and perpetuate many of the words and phrases of the old writings."

[507] B. E. Jones, Freemasons' Guide and Compendium, Georg e G. Harrap & Cia. Ltd. 1955.

A maioria dos textos consultados descreve estes documentos, contudo sem apresentarem o texto completo[508, 509, 510, 511, 512, 513, 514]; ou seja, é muito mais fácil lermos "sobre" as Antigas Obrigações que ler-se "as" Old Charges[515]. Contrariando esta tendência, existe uma obra escrita por Douglas Knoop, G.P. Jones e Douglas Hamer, o raríssimo *The Early Masonic Catechisms* que apresenta o texto – via de regra, catecismos – de algumas Old Charges. Este livro teve duas edições, a primeira é de 1943 e, ao que consta, imprimiram-se apenas 500 exemplares; uma segunda edição[516] apareceu em 1963[517, 518]. Neste ínterim, no ano de 1946, Harry Carr fez uma revisão e prefaciou um resumo dos dados para a Loja de Pesquisa, Leicester. Destes trabalhos[519, 520] faremos alguns comentários relativamente ao tema em estudo. **(ver anexo 4 no final deste capítulo)**

OLD CHARGES - HARRY CARR

De um universo de 150 documentos[521], são examinadas, detalhadamente, 16 (10,6%) Old Charges com datas de procedência entre 1696 e 1730; portanto não são documentos de grande antiguidade como o Poema Régio; por outro lado, 5 (31,25%) deles

---

508 W. J. Hughan, The Old Charges of British Freemasons, Philadelphia, 1872.

509 B. E. Jones, Freemasons' Guide and Compendium, Georg e G. Harrap & Cia. Ltd. 1955.

510 E. L. Hawkins, A Concise Cyclopaedia of Freemasonry, A. Lewis, 1956.

511 A. G. Mackey, Enciclopedia de la Francmasonería, vol. II, Grijalbo, 1981

512 A. Carvalho, A Maçonaria, Usos e Costumes, vol. 2, 1995.

513 N. Aslan, Grande Dicionário Enciclopédico de Simbologia e Maçonaria, vol.III, A TROLHA, 2000.

514 A. Hurtado, Nosotros, los Masones, EDAF, 2005.

515 A justificativa de B. Jones para este fato é que "Um exame completo delas seria (teria que ser) muito (largamente) técnico, e, todo objetivo de um estudo sério, seria igualmente tedioso". (Any close examination of them would have to be largely technical, and, to all but the serious student, would prove rather tedious.)

516 D. Knoop, G. P. Jones & D. Hamer, The Early Masonic Catechisms, 2ª Ed.Manchester University Press,1963

517 A. Bernheim,Une certaine idée de la Franc-Maçonnerie, Dervy, 2008.

518 J. A. F. Benimeli, Bibliografia de la Mosonería, 2a. Ed. F. Universidad Española, 1978.

519 D. Knoop, G. P. Jones & D. Hamer, The Early Masonic Catechisms, 2ª Ed. Manchester University Press,1963

520 H. Carr, An Examination of the Early Masonic Catechisms, Lodge of Research, Leicester, 1963.

521 A. Carvalho, A Maçonaria, Usos e Costumes, vol. 2, 1995.

são anteriores a 1717, ou seja, precedem a fundação da Primeira Grande Loja, sendo eles os Manuscritos The Edinburgh Registre House, 1696 (**ver anexo 5 no final deste capítulo**); o manuscrito The Chetwode Crawley, 1700; o The Sloane, MS 3329, 1710; o The Dumfries nº 4, 1710; e, por fim, o The Trinity College Dublin, 1711.

Consequentemente, temos 11 (68,75%) documentos com data de aparecimento ou publicação após 1717, que são: A Mason's Examination, 1723; The Grant Mystery of Free-Masonry Discover'd, 1724; o manuscrito, The Whole Institution of Masonry, 1724; o manuscrito Institution of FreeMasons, 1725; o The Whole Institution of Free Masons Opened, 1725; o The Grahan, manuscrito de 1726; o A Mason's Confession, 1727; o manuscrito The Wilkinson, 1727; o The Mistery of Freemasonry, 1729 e, por fim, o conhecidíssimo Prichard's Masonry Dissected, 1730.

Como se tratam de catecismos, sua apresentação básica é na forma de perguntas e respostas, e delas fez-se um estudo comparativo entre os 16 documentos estudados pelos autores citados.

Vamos nos ater às questões que envolvam o nome de algum Santo Padroeiro. A primeira questão encontrada com interesse para o nosso estudo foi a de número 6:

Questão 6 – Qual é o nome de sua Loja?[522]

Para esta pergunta, alguns manuscritos, podiam apresentar resposta como, Kilwining, ou outro nome de lugar ou Loja. De onde as observações do autor: "Mas ER[(Edinburgh Registre House,1696)][523] e CC[(The Chetwode Crawley,1700)] tratam isso como uma 'questão de fato' e dão o nome real da Loja. ME[(A Mason's Examination,1727)] é o único outro Catecismo que segue esta prática com a resposta: 'Eu sou da Loja de St. Stephens'. Mas os outros documentos que têm essa questão dão como resposta: 'A

[522] Texto Original: "Question 6: What is the name of your Lodge?"
[523] Estou acrescentando os dados entre colchetes [ ].

Loja (ou Santa Loja) de São João', com muitas, mas triviais variações. A forma das perguntas varia ligeiramente.[524]"

O autor apresenta, então, variações relativamente à inquisição sobre a procedência do Obreiro[525]:

> *Em qual Loja você está incrito? De que Loja você é? A que Loja você pertence? De onde você vem?*

Na sequência apresenta a forma de saudação descrita no Manuscrito Grahan [1726]:

> *A Saudação é como segue: P. De onde você vem? R. Eu venho de uma Loja, Justa e Perfeita, de Mestres e Companheiros que pertencem a Deus e ao Santo (Sagrado) S. João, etc. etc.*[526]

Outras menções aos Santos em estudo vamos encontrar em 1730, no livro Maçonaria Dissecada, de Prichard[527], no qual pergunta-se: De onde você vem? Cuja resposta é: De uma Santa Loja de S. João.

Ainda há uma nota explicando que:

> *A razão pela qual eles denominam-se de Loja do Santo de São João é porque ele foi o precursor do nosso Salvador e lançou as primeiras Paralelas ao Evangelho ...*[528]

(Esta frase parece ser uma das que demonstram o conflito

---

[524] Texto Original: "But ER and CC treat this as a 'question of fact' and give the name of and actual lodge. ME is the only other Cathecism which follows this practice with the answer: 'I am of the Lodge of St. Stephens'. But the other documents that have this question, give the answer: 'The Lodge (or Holy Lodge) of St. John', with many but trivial variations. The form of the questions varies slightly."

[525] Texto Original: what Lodge were you entered in? What Lodge are you of? The what Lodge do you belong? Whence come you?"

[526] Texto Original: "Grahan: The sallutation is as follows: Question: from whence came you? Answer: I came from a right worshipfull Lodge of Masters and Fellows belongin to God and Holy St John, etc. etc."

[527] Texto Original: "Question: From whence came you? Answer: From the Holy Lodge of St. John's."

[528] Texto Original : "The reason why they Denominate themselves of The Holy Lodge of St John's is because he was the Fore-runner of our Saviour and Laid the first Paralles to the Gospel...".

de entendimento entre o Batista e o Evangelista. O "precursor" claramente se refere a S. João Batista, contudo o complemento "primeiras paralelas ao Evangelho" é ambíguo, pois podemos entender como sendo a narrativa da vida do Batista presente nos relatos dos Evangelhos – como vimos em Marcos –, mas também podemos entender como a mensagem do João que escreveu um Evangelho, que nos levaria a S. João Evangelista.)

Estudando e comparando a questão de número 8 – Onde estava a primeira Loja?[529] – o Manuscrito Sloane, 1710, apresenta como resposta: Na Torre de Babilônia, seguida por: P. Onde eles chamavam sua primeira Loja? R. Na Sagrada Capela de S. João[530].

O nome "João" consta de outro manuscrito, agora o de Sloane, 1710, onde a Saudação, Pergunta 23, aponta como resposta: "J. ou B, então ele vai dizer, dando um aperto de mão ao Irmão João, saudando-o".[531]

O manuscrito de Wilkinson, 1727, apresenta a resposta com uma tríplice saudação: "Justa e Perfeita, de Mestres, Companheiros da Sagrada (Santa) Loja de S. João, de onde eu vim saudá-los, saudá-los, saudá-los, (com) três boas-vindas Irmãos[532]."

O texto de Prichard, Maçonaria Dissecada, 1730, corrige a expressão acima, substituindo os três cumprimentos, escrevendo "eu vos saúdo cordialmente por três vezes" (and greet you for thrice heartily well).

Nestes documentos analisados o nome da Loja aparece em 2 catecismos (Edinburgh Registre House,1696 e o The Chetwode Crawley,1700); 1 deles apresenta o nome de Santo Estevão (A Mason's Examination,1727); e nos outros 13 (83,25%) aparece o nome de S. João.

---

529 Texto Original : "Where was the first Lodge?"

530 Texto Original: "Question: Where was the word first given? Answer: At the Tower of Babylon. Question: Where did they call their first Lodge? Answer: At the Holy Chapel of St John."

531 Texto Original: "J. and B. then given the grip of the hand he will say Brother John greet you well."

532 Texto Original: "Right worshipfull Lodge of Masters and Fellows of the God and Holy St. John, from whence I came greet you, greet you, greet you, three welcome brothers."

Frise-se que estes documentos são, relativamente, recentes, isto é, entre 1696 e 1730. Nenhum deles pode ser entendido como procedente da Idade Média como o Poema Régio (c.1390) e o Manuscrito de Cooke (c.1410). Vale a pena citar neste ponto, que dos 153 documentos considerados como Old Charges, 1, o Poema Régio é do século XIV; 3 manuscritos têm data do século XV; 3 também são os documentos datados do século XVI; sendo 17 os manuscritos do século XVII[533]. Ou seja, aproximadamente a metade destes documentos é anterior a 1717, o que equivale a dizer que 50% de nossos "antigos" documentos são posteriores à Fundação da Primeira Grande Loja. Assim sendo, podemos dizer que havia uma relação de S. João com a Maçonaria de Transição, sem que possamos vislumbrar igual relacionamento em tempos mais recuados, principalmente considerando os dois mais antigos que não mencionam os Santos de nome João.

OLD CHARGES FRANCESAS – HARRY CARR

Assim como os ingleses, os franceses após receberem a nova Maçonaria, e por ela se enamorarem, desenvolveram literatura a respeito. Ritualisticamente, eles também produziram *exposituras* que nos servem de base para estudar os trabalhos em Loja no século XVIII. Uma vez mais é H. Carr o autor de um apanhado destes documentos.

Na sua obra The Early French Exposures[534], ele comentou 12 catecismos, que são: Réception d'un Frey-Maçon, 1738; La Réception Mystérieuse, 1738; Le Secret des Francs-Maçons, 1742; Le Catéchisme des Francs-Maçons, 1744; La Franc-Maçonne, 1744; Le Parfait Maçon, 1744; Le Sceau Rompu, 1745; L'Ordre des

---

[533] http://freemasonry.bcy.ca/ritual/list.pdf acessado em maio/2012.
[534] H. Carr, The Early French Exposures, Quatuor Coronati Lodge, 1971.

Francs-Maçons Trahi, 1745[535]; Les Francs-Maçons Ecrasés, 1747; La Désolation des Entrepreneurs Modernes du Temple de Jerusalem, 1747; L'Anti-Maçon, 1748 e Le Maçon Démasqué, 1751.

A primeira observação a ser feita é que todos eles são produções posteriores à fundação da Grande Loja de Londres; a segunda observação é que as duas obras mais antigas são de 1738, data de publicação da segunda edição da Constituição de Anderson. Com isso queremos ressaltar que os documentos franceses mais antigos nos permitem entender que a Maçonaria, de fato, chegou à França após seu aparecimento na Inglaterra.

Nestes documentos encontramos as seguintes menções aos Santos:

1. La Reception Mysterieuse, 1738[536]:

Pergunta: De onde você vem?

Resposta: De uma Loja ou Sociedade de S. João.

P. O que lhe foi dito para fazer?

R. Os muito nobres Irmãos e Companheiros da Loja de S. João ordenaram saudar-vos bem por três vezes.

2. Le Catéchisme des Francs-Maçons, 1744[537], a 20ª e 21ª inquirição dizem:

P. Onde você foi recebido?

R. Numa Loja Justa e Perfeita.

P. Em que Loja?

R. Numa Loja de S. João.

3. Le Sceau Rompu, 1745[538], as duas primeiras questões são:

P. Qual é o primeiro cuidado de um Maçom?

---

535 Desta obra existe uma apresentação bilíngue publicada pelo Irmão X. Trolha, através da editora A TROLHA, Abade G. L. C. Perau, A Ordem Maçônica Traída e seus Segredos Revelados, A TROLHA, 2001, tradução de Ataualpha José Garcia.

536 Texto Original: "1.Question: Whence came you? Answer: From the Lodge or Society of St. John. 2. Q. What have you been told to do? A. The Right Worshipful Brothers & Fellows of the Lodge of St. John have ordered me to greet you well three times."

537 Texto Original: "Q. Where were you received? A. In a just & perfect Lodge. Q. In Which Lodge? A. In the Lodge of St. John."

538 Texto Original: "Question: What is the first care of a Mason? Answer: To see if the Lodge is tyled [couverte]. Q. Whence come you? A. From the Lodge of St. John."

R. Ver se a Loja está coberta.
P. De onde você vem?
R. De uma Loja de S. João.

4. L'Ordre des Francs-Maçons Trahi, et le Secret des Mopses Revelé, 1745[539], a 23ª pergunta do catecismo é:
P. Como é chamada sua Loja?
R. Loja de S. João. [com a seguinte observação após esta pergunta], "Devemos sempre responder desta forma quando 'catecismam'[540] visto ser o nome de todas as Lojas. Contudo, quando os Irmãos que estão juntos se reconhecem entre si, eles diferenciam as Lojas de uma mesma cidade pelo nome do Mestre.

5. La Desolation des Entrepreneurs, 1747[541]:
Na 15ª pergunta do catecismo aparece, De onde você vem? R. De uma Loja de São João.
Confirmada na 72ª pergunta: A quem é dedicada sua Loja? R. A São João.

6. L'Anti-Maçon, 1748, propõe as seguintes questões, 22 e 23[542]:
P. Onde você foi recebido? R. Em uma Loja justa e perfeita.
P. Em qual Loja? R. Numa Loja de S. João. Segue-se o mesmo comentário presente no "A Ordem dos Franco-Maçons Traída". Neste mesmo texto, na seção destinada ao questionamento de Irmãos estranhos, existem três questões (52, 53 e 54)[543].

---

[539] Texto Original: "Q. What is this Lodge called A. The Lodge of St. John. You must always reply thus wheb yor are being *catechized*, because that is the name of all Lodges. But when Brethren who know each other, are conversing together, they distinguish the several Lodges in the same Town, by the name of the Master. "

[540] inquirido, perguntado, questionado

[541] Texto Original: "Q. Whence come you? A. From the Lodge of Saint John. [...] Q. To whom was your Lodge dedicated? A. To Saint John."

[542] Texto Original: "Q. Where were you received? A. In the Lodge, just & perfect. Q. In which Lodge? A. In the Lodge of St. John."

[543] Texto Original: "Other Questions for Strange Brethren: Q. Whence come you? A. From the Lodge of St. John. Q. What bring you from thence? A. Hearty welcome to a Visiting Brother. (Brethren who are not of the Lodge at which they present themselves, are admitted thus). Q. Do you bring nothing more? The Grand-Master of the Lodge greets you with three times three. (But if he is charged with some duty on behalf of another Lodges, he discharges it now."

P. De onde você vem? R. De uma Loja de S. João.

P. O que você traz dela? R. Boas-vindas ao Irmão visitante. (os Irmãos que não pertencem à Loja na qual se apresentam são então admitidos)

P. Você não traz mais nada? R.O Grande Mestre da Loja saúda-os por três vezes três. (contudo se ele (o visitante) for encarregado de algum dever em nome da Loja, deve resolver agora).

7. Le Maçon Désmaqué, 1751, mantém, na 4ª. questão, o mesmo texto de outras:

P. De onde você vem?

R. De uma Loja de S. João.

Completada pelas questões, 13 e 14:

P. Em que Loja você foi recebido?

R. Em uma Loja de S. João.

P. Por que as nossas Lojas são dedicadas a S. João?[544]

R. Porque os Irmãos pedreiros (Maçons) que se uniram na conquista da Terra Santa tinham S. João como padroeiro.

Neste ponto, H. Carr acrescenta um comentário com o seguinte teor: "isto deve ser dito, para que os pedreiros mostrem que eles devem viver em um espírito de paz, demonstrando a todos que os pedreiros (maçons) estão unidos sob a égide daquele que pregou a unidade e o amor fraternal"[545].

Portanto, nesta coleção de 12 catecismos, 7 (58,3%) deles citam S. João como padroeiro. Por um lado podemos dizer que não há unanimidade, na França, mesmo no século XVIII; por outro lado, ainda haviam Lojas que trabalhavam com rituais e textos que não citavam S. João já no século XVIII. Este dado indicaria

---

[544] Texto Original: "Q. Why are our lodges dedicated to St. John? A. Because the brother Masons who united to conquer the Holy land, chose St. John as their patron."

[545] Texto original: "one ought to say, it is to show masons that they should live in a spirit of peace, by teaching them that they are united under the auspices of him who preached only unity & brotherly love".

que a "tradição" do padroado dos Santos de nome João estava diminuindo? Ou o que estamos constatando é uma conquista de posição iniciada na Inglaterra, documentalmente, a partir de 1696 e chegando à França, gradualmente, no século XVIII?

OUTROS DOCUMENTOS

Em outros documentos, assim como as Old Charges[546], mais antigos, como foi apresentado pelo Irm.·. L. Vibert, não há citação aos "joaninos". Entre estes vale citar, cronologicamente, os Estatutos e Regulamentos dos Mestres Maçons e dos Mestres Carpinteiros ou Carta de Bolonha (*Statuta et Ordinamenta Societatis Magistrorum Tapia et Lignamiis*), de 1248[547], que não cita os Santos de nome João; os Estatutos dos Trabalhadores de Pedra de Veneza, 1317 e o Poema Régio, 1390 que citam os Quatuor Coronati, como Santos Padroeiros[548]; o manuscrito de Cooke, o segundo mais antigo (de 1410), segundo X. Trolha, teria até "uma invocação não cristã"[549]; já P. Naudon nos diz que nele havia a fórmula tradicional: "a quem desejar pertencer a arte maçônica, exige-se inicial e principalmente amar a Deus, a Santa Igreja e os Santos", fórmula repetida ao longo dos séculos; nos Estatutos dos Talhadores de Pedra de Estrasburgo, datado de 1459[550], "encontramos a mesma invocação à *Santíssima Trindade* e a mesma patronagem dos Quatro Santos Coroados, que marca sem nenhuma dúvida um lugar comum original[551];"[552] por

---

[546] Lembrando que as Old Charges tinham uma estrutura e formatação que se repetia com poucas variações entre os diferentes manuscritos e que era: iniciava por uma invocação ao Criador, seguida por uma oração ao Santo Padroeiro daquele ofício, seguido por um relato lendário complementado pelas instruções gerais e regras da corporação.

[547] O mais antigo documento da Maçonaria Operativa, Grande Loja Nacional Portuguesa.

[548] P. Naudon, La Franc-Maçonnerie Chrétienne, Dervy-Livres, 1970.

[549] A. Carvalho, A Maçonaria, usos e costumes, vol.2, A TROLHA, 1995.

[550] http://bibliot3ca.files.wordpress.com/2011/03/constituic3a7c3a3o-dos-mac3a7ons-de-strasburg-1459.pdf acessado em junho 2012.

[551] Texto Original: "on y trouve la même invocation de la *Sainte Trinité* et le même patronage des Quatre Saints Couronnés, marque sans aucun doute d'un lien commun originel."

[552] P. Naudon, La Franc-Maçonnerie Chrétienne, Dervy-Livres, 1970.

fim, na obra Antigas Constituições do Ofício, de 1722, a invocação que aparece é "du Père, du Fils et du Saint-Esprit"[553].

Muito embora chamemos nossas Lojas Simbólicas de "Lojas de São João" e leiamos que "a invocação de São João Batista e de São João Evangelista remonta à Maçonaria Operativa"[554], não encontrei nenhum dos Antigos Deveres dos Maçons Operativos que apresente semelhante invocação! A menção a estes Santos começa a aparecer nos documentos mais recentes – leia-se 1696 –, conforme o acima apresentado.

Encontrei, por outro lado, uma curiosa referência aos Santos bíblicos com o seguinte teor: "*São João* – ou sobretudo os dois Santos João, o Batista e o Evangelista – em razão de sua afinidade espiritual um como anunciador, o outro como testemunha da Luz, eram também venerados de uma maneira geral por todos os *livres artesãos* estabelecidos na comendadoria do Templo, na sua qualidade de patronos protetores dos Templários e dos Hospitalários. Pois era uma tradição, desde a Revolução, fazer uma grande fogueira no pátio do Templo. Este fogo era aceso pelo Grande Prior de Malta[555]."[556]

Em que outras antigas referências maçônicas encontramos menção aos Santos "joaninos"?

A CONSTITUIÇÃO DE ANDERSON:

Na Constituição de Anderson:[557]

---

[553] P. Naudon, La Franc-Maçonnerie Chrétienne, Dervy-Livres, 1970.

[554] P. Naudon, A Maçonaria, Difusão Européia do Livro, 1968.

[555] Texto Original: "*Saint Jean* – ou plutôt les deux saints Jean, le Baptiste e l'Evangeliste – en raison de leur affinité spirituelle l'un comme annociateur, l'autre comme témoin de la Lumière, étaient aussi vénérés d'une manière générale par tous les *francs artisans* établis dans la commanderie du Temple, en leur qualité de patrons protecteurs tant des Templeirs que des Hospitaliers. C'est pourquoi, il fut de tradition, jusqu'à la Revolution, de dresser un vaste feu de joie, laveille de la saint Jean-Baptiste, dans la grande cour du Temple. Ce feu était allumé par le grand prieur de Malte."

[556] P.Naudon,Les Origines de la Franc-Maçonnerie,Ed. Dervy, 2002.

[557] J. Anderson, As Constituições de Anderson, tradução V. S. von T. Silka, Ed. Juruá, 2001.

a) Encontramos no Regulamento Geral, apresentação: "Regulamentos Gerais, Compilados primeiramente pelo Sr. GEROGE PAYNE, Anno 1720, quando ele era Grão-Mestre e aprovado pela GRANDE-LOJA no dia de São João Batista, Anno, 1721..."
b) No Regulamento geral, item XXII: "Os Irmãos de todas as Lojas dentro e fora de Londres e Westminster deverão se encontrar para uma REUNIÃO ANUAL e Comemoração, em algum Lugar conveniente, no Dia de São João Batista ou então no dia de São João Evangelista, como a Grande Loja achar que esteja de acordo com um novo Regulamento, tendo nos últimos anos se encontrado no Dia de São João Batista..."
c) Ainda no Regulamento Geral, final do item XXV: "...Este Comitê deverá se reunir no Local bem cedo, no Dia de São João, muito antes de qualquer Pessoa portando ingressos."
d) Também no Regulamento Geral, no famoso último item, o XXXIX, o item da palavra Landmark, lemos: "...Tal foi almejado e obtido por esses REGULAMENTOS, quando propostos pela GRANDE-LOJA, para cerca de 150 Irmãos, no Dia de São João Batista, 1721."

Observamos que todas estas referências, apesar de antigas, são posteriores a 1717. Um pouco mais próximos de nós, P. Naudon, em outra obra nos incita que "não esqueçamos que havia uma tradição entre os franco-maçons de ofício de honrar os dois Santos João, o Batista e o Evangelista. Suas festas, respectivamente, 24 de junho e 27 de dezembro, eram celebradas por uma assembleia geral, precedida por uma missa e seguida de um banquete da ordem. As Lojas mantinham o nome genérico de *Lojas de São João*. Todos os juramentos eram prestados sobre o Evangelho de João.[558]" [559]

[558] Texto Original: "N'oublions pas non plus qu'il était de tradition chez les Francs-Maçons de métier d'honorer les deux saints Jean, le Baptiste et l'Evangéliste. Leurs fêtes respectives, le 24 juin et le 27 décembre, étaient célébrées par une assemblée générale, précédée d'une messe et suivie d'un banquet d'ordre. Les loges portaient le nom générique de *Loge de Saint Jean*. Tous les serments étaient prêtés sur l'évangile de Jean."

[559] P. Naudon. La Franc-Maçonnerie Chrétienne, Dervy-Livres, 1970.

Todos estes dados, aparentemente, não nos ajudam ou nos ajudam pouco, no entendimento das citações constantes de nossos Rituais: "À G∴ D∴ G∴ A∴ D∴ U∴ e em honra a São João, nosso padroeiro...".[560, 561] Mas falemos dos "Joões"conhecidos. Ao fixarmos nossa atenção aos personagens em foco, podemos ficar ainda mais confusos diante do fato de haver dois Santos Padroeiros na Maçonaria com o mesmo nome. Várias interpretações foram dadas às comemorações de S. João, o Batista e de S. João, o Evangelista.

A primeira conclusão possível ao tema é que, certamente, a escolha do Batista e do Evangelista não se prende aos dados contidos nos textos hagiológicos ou martirológios. Portanto, a razão de serem eles apontados como Santos Padroeiros da Maçonaria deve ter outro embasamento.

O deslindamento da questão se inicia com o entendimento da postura da Igreja frente aos vácuos deixados pelos deuses pagãos, substituídos pelos Santos reconhecidos pela Igreja.

ALBERT G. MACKEY

Entre os autores maçônicos mais antigos encontramos descrições desta substituição histórica, necessária e básica para a afirmação da nova fé. Uma primeira descrição vamos encontrar em Mackey[562], que nos diz:

> *Para los antiguos adoradores del sol, los movimientos de los cuerpos celestes deben haber sido algo más que simples fenómenos astronómicos; pues eran las acciones de las deidades a quienes adoraban, por lo que estaban investidas en la solemnidad del carácter religioso.*

O movimento destes astros-deuses não poderia ser aleatório,

---

560 G∴ O∴ S∴ C∴ Ritual de Aprendiz, Rito Escocês Antigo e Aceito, 2009.
561 G∴ O∴ S∴ C∴ Ritual de Iniciação, Rito Escocês Antigo e Aceito, 2011.
562 A. G. Mackey, Enciclopedia de la Francmasonería, vol. II, Grijalbo, 1981.

sem um sentido, um significado ou sem uma mensagem. Tornava-se necessário conhecer o teor dos desejos dos deuses manifestados pelos "sinais" transmitidos pela Natureza. Em reflexão disponibilizada na e-biblioteca[563] do G.·. O.·. S.·. C.·. procuramos desenvolver esta concepção dizendo que, no estudo da Astronomia, na procura pela resposta para o "*de onde viemos*", *Pitágoras "sustentou que tudo devia ser esférico e circular* [no Universo], *porque essas são as formas da perfeição e havia no Universo a intenção da perfeição*"[564]. Aqui entramos na concepção grega e, portanto, de Pitágoras sobre o simbolismo e o sentido da beleza. Neste âmbito a relação da forma circular com a concepção de beleza é marcante, muito embora, "*não cheguemos nunca a saber exatamente qual foi a inspiração que impulsionou a construção desses círculos, mas sabemos com certeza que círculos, a vida depois da morte e as esferas celestes têm estado ligados às configurações espirituais humanas desde tempos muito remotos – e suas raízes eram tão profundas que ainda emergiram, como formas imutáveis, após o cristianismo ter tomado conta da Europa*"[565].

Resumidamente, podemos dizer que os gregos visualizavam o Universo dividido em dois setores básicos. A Terra e os demais astros. A Terra e o mundo sublunar eram constituídos pelos quatro elementos tradicionais, com sua característica corruptível. Os demais astros, supralunares, isto é, além da esfera lunar, compostos por um quinto elemento (éter ou quintessência), este incorruptível. Todos os astros supralunares desenvolviam um movimento CIRCULAR em torno da Terra que se mantinha FIXA no centro do Universo (geocentrismo). O percurso desenvolvido por tais astros se dava no interior de uma ESFERA DE CRISTAL.

A esfericidade ligava-se à concepção de perfeição do círculo e

---

[563] L. V. Cichoski, A Música das Esferas, www.gosc.org.br/e-Biblioteca/G1.
[564] C. Pinto-Correia, O Ovário de Eva, Ed. Campus, 1999.
[565] C. Pinto-Correia, O Ovário de Eva, ob. cit.

a presença do cristal como elemento formador da esfera impunha-se por dedução, já que o cristal era a substância de maior perfeição conhecida pelos gregos. Portanto, o conceito de beleza (o cristal e a esfericidade) impunha-se como necessário nesta concepção cosmogônica[566].

A concepção pitagórica, também comungada por Platão, compunha-se dos sete planetas reconhecidos durante a antiguidade. O sistema era composto pela Terra no centro, circundada pela Lua, Mercúrio, Vênus, Sol, Marte, Júpiter e Saturno, completado pela esfera das Estrelas Fixas[567].

Em nome da Estética, da Beleza, da Perfeição, além do conhecimento pitagórico relativo à Música, admitia-se que o movimento dos diferentes astros e estrelas ao longo dos canais cristalinos, por conta das diferenças de massa e velocidade, "*produziam um zumbido no ar, a Música Celestial que apenas os deuses poderiam ouvir. [...] Pitágoras acredita que todas as coisas tinham relações numéricas inerentes, como as notas da escala musical, porque o Universo fora harmoniosamente arrumado pelo Criador. A música das esferas expressava de uma forma simbólica esse sistema unificador dos seres criados. Da Terra à Lua: um tom. Da Lua a Mercúrio: semitom. De Mercúrio a Vênus: semitom. Do Sol a Marte: um tom. De Marte a Júpiter: semitom. De Júpiter a Saturno: semitom. De Saturno às estrelas fixas: uma terceira menor. Na lira de oito cordas de Pitágoras a Terra produzia a nota mais baixa e Saturno, a mais alta*"[568].

Portanto, resumindo e repetindo, os antigos gregos tinham uma concepção muito concreta dos seus deuses. Os deuses eram formados e compostos por uma substância única e incorruptível – a Quintessência –; era esta mesma substância que dava corpo ao

---

[566] I. Asimov, Cronologia das Ciências e das Descobertas, 2ª. Edição, Civ. Brasileira, 2001.
[567] C. Sagan, Cosmos, UnB/F. Alves, 1981.
[568] C. Pinto-Correia, O Ovário de Eva, ob. cit.

mundo supralunar, o mundo fixo dos astros e estrelas, entre eles o sol com seu movimento repetitivo.

Esta mesma postura estética é vista atualmente nas pesquisas da física que buscam, incansavelmente, pela Teoria Final, isto é, uma explicação unificada das leis físicas do cosmos[569]. Mas mesmo aqui começa a aparecer uma reação, pesquisadores começam a se perguntar sobre a necessidade de uma estética "perfeita" na base de tudo[570].

> *"Pero sobre todo, las épocas principales en que el sol alcanzaba su declinación del Sur o del Norte más lejana, en los solsticios de invierno y verano, al entrar en los signos zodiacales[571] de Cáncer y Capricornio, marcaba como debía de ser, los efectos más evidentes de la estación, y por último de los días y las noches, con cuyo trayecto no podía pasar desapercibido, sino que por lo contrario, debe haber ocupado un lugar importante en su ritual. Estas fechas importantes caen respectivamente el 21 de Junio y el 21 de Diciembre. De aquí que estos períodos solsticiales, eran de las muchas festividades principales observadas por las naciones paganas."*[572]

"Deixemos, momentaneamente, de lado os fatos conhecidos do Austrolopithecus afarensis ("Lucy")[573, 574], ter aparecido há 4 milhões de anos; do homo erectus ter uma idade de 1,5 milhão de anos (atualmente parece ter sido contemporâneo do Homo habilis)[575, 576]; do Homo heidelbergensis ter vivido entre 600.000

---

569 S. Weinberg, Sonhos de uma Teoria Final, Ed. Rocco, 1996.
570 M. Gleiser, Criação Imperfeita, Ed. Record, 3ª. Edição, 2010.
571 Lembrando que a ideia seminal a respeito de signos representados no céu (obviamente não as denominações hoje empregadas) é sumeriano, intuição que deu origem ao desenvolvimento do pensamento astrológico. Ver: J. M. Roberts, O Livro de Ouro da História do Mundo, 9ª. Edição, Ediouro, 2001; e também, História em Revista, vol. 1, 2, 3 Life-Time, 1990.
572 A. G. Mackey, Enciclopedia de la Francmasonería, vol. II, Grijalbo, 1981.
573 R. Braidwood, Homens Pré-Históricos, Ed. Universidade de Brasília, 1975.
574 R. E. Leakey, A Evolução da Humanidade, Ed. Universidade de Brasília, 1981.
575 Revista Veja, nº 2021, 15 de agosto de 2007.
576 http://www.bbc.co.uk/portuguese/reporterbbc/story/2007/08/070808_fosseis_mpa.shtml, consulta 31/08/07

e 100.000 anos atrás[577]. Consideremos apenas o Homo sapiens sapiens que teria surgido entre 150.000[578] e 100.000 anos atrás[579, 580], nos atendo apenas à última estimativa. Considerando, então, apenas a evolução de nosso ancestral mais próximo, conclui-se que o homem teve muito, muito tempo para observar e notar os fenômenos celestes. Dos 100.000 anos atribuídos ao Homo sapiens, 90.000 foram gastos com a Pré-História, já que a História (reconhecida a partir do aparecimento da escrita)[581] é contada como tendo, aproximadamente, 10.000 anos. Considerando que as primeiras civilizações apareceram há 5000 anos com o "aparecimento da língua suméria"[582], observamos que 50% do período *histórico* foi utilizado na preparação da civilização, e somente após a escrita temos referências concretas a respeito do conhecimento astronômico do homem. Assim, dos 100.000 anos de existência de nossa espécie, apenas 5% deste espaço temporal está documentado e ainda assim, parcialmente documentado. Os 2000 anos de nossa história moderna, de Cristo aos nossos dias, acrescentam 1,9% a este intervalo de tempo! A nossa história é curta, a história dos hominídeos é longa!

Assim, o Homo sapiens teve muito tempo para se deitar na relva do planeta, então um Éden não poluído, contemplar a abóbada celeste, perfeitamente visível sem a interferência das luzes da civilização, e perceber o movimento dos astros, principalmente daqueles mais visíveis: o Sol e a Lua; posteriormente outros menores: Vênus (a Estrela Dalva, a Estrela da Manhã), Marte...

A imponência do Sol com sua luz, com seu calor e com seu curso delimitador do dia e da noite, não poderia deixar de ser reverenciado. A luz e o calor eram fundamentais para a vida, a noite

---

577 http://pt.wikipedia.org/wiki/Homo_heidelbergensis, consulta em 01/09/07.
578 http://www.avph.com.br/homosapiens.htm, consulta em 01/09/07.
579 Coleção História em Revista, vol. 1, A Aurora da Humanidade, Abril/Time/Life, 1993.
580 R. Leakey e R. Lewin, Origens, Ed. Universidade de Brasília, 2ª. Edição, 1981.
581 Coleção História em Revista, vol. 2, A Era dos Reis Divinos, Abril/Time/Life, 1993.
582 J. M. Roberts, O Livro de Ouro da História de Mundo, Ediouro, 9ª. Edição, 1998.

com a escuridão incutia, como ainda hoje acontece, sensações e sentimentos desagradáveis; o sol tinha que reaparecer, a luz precisava retornar.

Mas os dias não eram todos iguais. Havia os com maior tempo de luz e outros com maior tempo de escuridão. Percebeu ainda o nosso hominídeo contemplador, que o movimento solar acompanhava estas mudanças de luminosidade com regularidade. Havia um deslocamento do Sol que resultava em dias maiores e outro que resultava em dias menores. E se o Sol resolvesse não voltar mais? Se continuasse seu caminho para além do ponto de retorno? Seria a escuridão perpétua? Seria a morte. O Sol tinha que reaparecer, a luz tinha que retornar.

Frente à tamanha dependência, o homem curvou-se à força e importância da luz. Nascia a religião solar, criava-se o antropomorfismo, era o início dos mitos, ritos e rituais."[583]

Portanto, mesmo o homem primitivo, por mais primitivo que fosse, tinha uma noção destes fenômenos. Sobre as explicações que era capaz de dar para os mesmos é um tema palpitante e da esfera do subjetivismo e do intuicionismo, visto pertencer em sua quase totalidade ao período de parcos registros, exemplificados pelas pinturas rupestres, lembrando que as mais antigas datam de 40.000 anos da nossa era. Contudo, as ruínas de algumas culturas podem nos dar uma imagem, incompleta, fragmentária, mas uma direção.

Tudo isto se passou antes do nascimento de S. João, o Batista; antes da vinda de J. Cristo; antes do Evangelho de S. João, o Evangelista.

> *Du Pauw, en su obra (Diss. On Egyp; and Chinese, II. 159) observa de los Egipcios, que, "tenían una festividad determinada en cada luna nueva; una en el verano, y en el solsticio de invierno, así como en los equinoccios otoñales y primaverales". Los*

---

[583] L. V. Cichoski, Jantar Ritualístico, inédito.

Druidas siempre observaban las festividades del medio verano y medio invierno en Junio y Diciembre. El primero durante mucho tiempo se celebró por los Cristianos descendientes de los Druidas. "La víspera de San Juan Bautista", dice Chambers (Inf. For teh people, Nº 89) llamado diversamente víspera del verano, era anteriormente la época del cumplimiento más estricto entre los Ingleses, como lo es todavía en los países católicos. Se encendían fogatas en todas partes, en cuyo derredor el pueblo bailaba con demostraciones de júbilo, saltando en ocasiones a través de las llamas. Higgins en su obra (Celt. Druidas, p.165), alude así a esta celebración del festival del medio invierno en el antiguo mundo.[584]

Neste parágrafo saltamos as eras temporais como pulamos corda. Os egípcios sob o movimento lunar, os druidas sob o movimento solar. Aqui temos as observações que deram origem aos calendários, outro capítulo marcante dentro da Maçonaria.

A marcação do tempo deu-se a partir da observação relativa da repetição de eventos acessíveis ao homem através dos tempos. Entre os mais regulares e observáveis temos:

a) a rotação da terra[585, 586] – tempo necessário para completar uma volta completa sobre seu próprio eixo, que forneceu os dados para a conceituação do DIA.
b) as fases(revoluções) da lua/lunação[587, 588] – alterações na forma da lua vista da terra no período de translação ao redor da terra, deram origem ao conceito de MÊS.
c) a translação da terra[589, 590] – tempo necessário para a terra completar uma volta em torno do sol, que conhecemos por ANO.

---

[584] A. G. Mackey, Enciclopédia de la Francmasonería, vol. II, Grijalbo, 1981.
[585] http://www.astrosoft.mocho.pt/hu/movi/corpo.html (em 23/02/2008)
[586] http://pt.wikipedia.org/wiki/Rota%C3%A7%C3%A3o_da_Terra (em 23/02/2008)
[587] http://astro.if.ufrgs.br/lua/lua.htm (em 23/02/2008)
[588] http://bruno.rosenthal.vilabol.uol.com.br/lua_movimentos.htm (em 23/02/2008)
[589] http://pt.wikipedia.org/wiki/Transla%C3%A7%C3%A3o_da_Terra (em 23/02/2008)
[590] http://www.astrosoft.mocho.pt/hu/movi/translacao.html (em 23/02/2008)

A observação de dois astros – o Sol e a Lua –, que nos forneceram os elementos para descrever os Dias, os Meses e os Anos.

O interessante é que estes movimentos astronômicos não guardam nenhuma relação matemática simples entre si. Stephen Gould[591] nos fala de uma "recusa obstinada da natureza em funcionar segundo relações numéricas simples[592] justamente naquele domínio em que tal regularidade seria mais útil para nós. Ao que tudo indica, a natureza é capaz de produzir um belo hexágono, mas não pôde (ou não quis) produzir um ano com um número exato de dias e lunações". E complementa: "A natureza, entretanto, não tem nada a nos oferecer além de números fracionários com inumeráveis e infinitas casas decimais". Senão vejamos:

a) translação terrestre: 365 dias, 5 horas e 45,96768... segundos
b) translação lunar/lunação: 29,530589 dias.
c) rotação terrestre: 23 horas, 56 minutos, 4 segundos e 9 centésimos. (23h56m04s09c)[593].

A conciliação entre eventos tão díspares, com duração fracionada, forneceu, e ainda fornece, dificuldades na elaboração dos calendários. Por isso vamos encontrar diferentes propostas em diferentes culturas, em diferentes épocas. São exemplos (mas não são todos), os seguintes calendários[594, 595]:

---

591 Stephen J. Gould, O Milênio em Questão, Cia. das Letras, 1999.

592 Que sempre foi o sonho pitagórico: "Entre os desbravadores "*nenhum teve mais influência sobre as gerações seguintes do que Pitágoras*". É conhecida a importância do trabalho que Pitágoras desenvolveu no campo da Matemática, mais especificamente no campo dos números. Convém lembrar que naquela época a notação numérica não se fazia como fazemos hoje por algarismos, era ainda a época de se usar pedrinhas e com elas desenvolver os "números figurados": .(1) : (2) .:(3) :: (4) ... Tal forma de trabalhar os números desenvolveu ainda mais a característica do pensamento grego relacionado com a Simetria e o conceito de Beleza. Com este embasamento Pitágoras e sua Escola desenvolveram temas muito além da Matemática (geometria), outros campos como o da Música e da Astronomia também mereceram estudo desta escola." Ver C. A. Ronan, História Ilustrada da Ciência, Universidade de Cambridge, vol. I, Círculo do Livro,1987.

593 http://br.answers.yahoo.com/question/index?qid=20080101083133AABIobh (em 23/02/2008)

594 H. Spoladore, Calendários em Maçonaria, Cadernos de Pesquisa Maçônica, vol.4, A TROLHA, 1992.

595 http://www.colegiosaofrancisco.com.br/alfa/calendarios/historia-do-calendario-1.php (em 23/02/2008)

a) **calendário sideral**, refere-se ao retorno de uma determinada estrela na abóbada celeste, normalmente, relacionada com o nascer do sol. Entre os índios do Brasil o nascer das Plêiades indicava o início de um novo ano.
b) **calendário lunar**, refere-se às fases da lua, isto é, ao seu movimento de translação em relação à terra. O mês lunar – sinótico – tem duração de 29 dias, 12 horas, 44 minutos, 2,8 segundos, determina um ano lunar menor que o ano solar, razão pela qual este calendário deve ser corrigido frequentemente para que os fenômenos solares e lunares tenham concordância. Portanto, o calendário lunar é menos preciso que o solar, e com o afastamento gradual da lua[596], a precisão diminuirá ainda mais.
c) **calendário solar**, relacionado com o movimento de translação da terra em relação ao sol, foi primeiramente descrito pelos egípcios, apesar de manterem meses lunares, no que foram seguidos pela cultura ocidental romana com Juliano, posteriormente corrigido por Gregório e se mantém até nossos dias.
d) **calendário lunissolar**, calendário que mantém os meses lunares e que necessita de ajustamentos periódicos com o ano solar, ajustamento este que se dá com a intercalação de meses suplementares. Ex. calendário hebraico. É um calendário menos preciso, como são todos os que se atrelam ao movimento da lua. *OBS. Nos calendários lunares e lunissolares o dia inicia com o pôr do sol; nos calendários solares, o dia inicia com o nascer do sol; já na Mesopotâmia e na China, o dia inicia à meia-noite.*

El festival del 25 de Diciembre se celebraba, por los Druidas de Bretaña e Irlanda, con grandes luminárias que encendían en las cimas de los montes.

---

596 F. Hoyle, A Natureza do Universo, Zahar Editores, 1962

> *El 25 de Diciembre, lo primero al momento de amanecer, celebrábase en todo el mundo antiguo, el nacimiento del Dios Sol. Este era el momento, en que, después del supuesto solsticio de invierno, alcanzando su punto más bajo en nuestro hemisferio, empezaba a aumentar gradualmente su ascenso. En este momento, en todas las religiones antiguas, se guardaba su nacimiento; desde la India hasta la Ultima Thule, estas ceremonias participaban del mismo carácter; en todas partes se fingía el nacimiento del sol, y su festival se celebraba con grandes regocijos.*[597]

O final do inverno, que é seguido pela primavera, traz de volta o calor e a vida, vegetal e animal. Muito natural que se festejasse um momento tão esplendoroso, verdadeira celebração da vida. Melhor ainda se fosse possível prever e saber, exatamente, quando aconteceria. Mais uma razão para marcar e conhecer o tempo, e assim fazer os calendários.

> *Nuestros antecesores encontrando que la iglesia, de acuerdo con su costumbre de purificar las festividades Paganas por medio de aplicaciones Cristianas, habían apropiado dos días próximos a estes períodos solsticiales a la memoria de los Santos eminentes, incorporando éstes festivales en el lapso de pocos días al calendario Masónico, y adoptaron estas dignidades como patrones de nuestra Orden. Con este cambio, los Masones Cristianos primitivos fueron los más persuadidos del carácter singular de dichos Santos. San Juan Bautista, al anunciar la aproximación de Cristo, y por la ablución mística a la que sujetó a sus prosélitos, y la que fue después adoptada en la ceremonia de iniciación con la Cristiandad, puede muy bien ser considerado como el Gran Jerofante de la iglesia; mientras que la naturaleza emblemática y misteriosa del Apocalipsis asimilaba el modo de instrucción adoptado por San Juan Evangelista a la práctica de la Fraternidad.*
>
> *Se nos conduce así a la conclusión de que la relación de los*

---

[597] A. G. Mackey, Enciclopedia de la Francmasonería, vol. II, Grijalbo, 1981.

San Juan, con la Institución Masónica, es más bien de carácter histórico que simbólico. Al dedicar a ellos nuestras Logias, no pretendemos declarar nuestra certeza en que hayan sido miembros eminentes de la Gran Orden, sino demostrar nuestra reverencia por el Gran Arquitecto del Universo con el símbolo de su creación, más espléndida; la gran luz del día.

En conclusión, puede observarse que la ceremonia de dedicación es meramente la anunciación de la forma de palabras, y habiéndose hecho esto; la Logia así, con la consagración y dedicación, puso separadamente algo sagrado para el cultivo de los principios de la Masonería, bajo este sistema singular que reconoce a los dos San Juan como sus protectores.[598]

Não é diferente a ideia apresentada por Abrines/Arderiu sobre substituição das festividades pagãs por comemorações cristãs; dizem eles:

Bajo el doble nombre de San Juan Bautista y de San Juan Evangelista, patronos de la Asociación, los francmasones celebran dos grandes fiestas anuales, llamadas indistintamente fiestas de San Juan o de la Orden. Estas fiestas, que corresponden a la época de los Solsticios, por lo que es más propiedad aún, se llaman también fiestas solsticiales, celébrense: la una, o se ala del solsticio de verano dedicada a San Juan Bautista, el 24 de junio[599]*, y la otra, la solsticial de invierno, que lo está a San Juan Evangelista, el 27 de diciembre.*

La institución de estas grandes solemnidades, se remontan a los tiempos de las primitivas iniciaciones, en que los misterios eran practicados con la pompa y esplendor más extraordinarios en las sagradas riberas bañadas por las salutíferas aguas del Nilo, del Iliso y del Tíber. Esto há dado margen a gran número de historiadores para establecer tal antigüedad de la

[598] A. G. Mackey, Enciclopedia de la Francmasonería, vol. II, Grijalbo, 1981.
[599] Observar que estamos citando um autor do hemisfério Norte, portanto a descrição das estações tem uma ocorrência inversa às do hemisfério Sul, aquelas por nós vividas.

Francmasonería, que traspasando los límites de la que pueda atribuirse a cualquiera otra institución, va a perderse en las impenetrables nebulosidades de los tiempos pre-históricos, haciéndose arrancar del principio del mundo y confundiendo su origen con el de la Sociedad.

Los solsticios determinan el paso de las dos grandes fases en que la naturaleza ofrece los cambios y contrastes más notables y opuestos; fenómenos sorprendentes y siempre admirables que todas las religiones y todos los cultos han conmemorado bajo distintas formas y alegorías.

Los equinoccios y los solsticios fueron llamados en el lenguaje metafórico la puerta de los cielos y de las estaciones, y de aquí los dos San Juan, nombre derivado de Janua, que significa puerta, con que los cristianos sustituyeron los antiquísimos mitos paganos del Janus de los etruscos y del Saturno de los frigios y griegos.

Teniendo la Institución masónica, dicen los más competentes intérpretes del simbolismo, la alta misión de ilustrar moralmente todas las clases del orden social, nada pudo hacer con más acierto que tomar por patrón y modelo de sus importantísimas funciones el cuadro físico del curso y los fenómenos solares, amoldando los pequeños templos llamados Logias, al templo maravilloso e inconmensurable que nos presenta con conjunto la naturaleza. Por eso el interior de las Logias nos ofrece las imágenes del Sol, de la Luna y de bóveda celeste sembrada de estrellas.

Estas fiestas tradicionales y eminentemente alegóricas son de rigurosa obligación. Para celebrarlas las Grandes Logias se reúnen con Asamblea general y las Logias en sesión magna. Unas y otras, según las antiguas prácticas y reglamentos, deberían proceder en la fiesta solsticial de verano, a la ceremonia de toma de posesión de los Grandes Maestros, Venerables y Dignatarios nuevamente elegidos; pero esto ha sufrido algunas alteraciones y hoy no se observa una regla fija, efectuándola muchas entidades en distintos días y épocas, con completa independencia de las citadas fiestas, que siguen observándose puntualmente sin ninguna alteración por todos los Francmasones regulares del Universo.[600]

Aparentemente, do ponto de vista astronômico, a Igreja acabou por relacionar a dupla festividade com os solstícios de inverno/S. João Batista e o de verão/S. João Evangelista (considerando os fenômenos no hemisfério Sul); assim, os fenômenos atribuídos a entidades pagãs cultuadas antes do cristianismo foram transferidos aos Santos da Igreja que agora velavam pelo movimento do sol e a manutenção das estações.

É preciso lembrar que o fenômeno solsticial é reconhecido em, praticamente, todas as culturas e civilizações, não constituindo uma característica maçônica. Lemos de D. Ligou que "estas festas foram celebradas em todos os tempos, em todas as grandes religiões e relacionam-se com a evolução do Sol, origem da vida, no céu. O cristianismo enxertou nestas festas solsticiais a celebração de São João: nascimento de S. João Batista no solstício de verão e festa de S. João Evangelista próximo ao solstício de inverno[601]"[602]. (o autor europeu descreve as estações do ano do hemisfério norte).

Por outro prisma, também podemos perceber uma nova interpretação ligando a dupla comemoração com outro resquício pagão, invocando o culto a *Janus*, o deus etrusco da antiguidade que, detentor de duas faces, mirava, ao mesmo tempo, o passado e o futuro. Observar, também, uma possível derivação a partir do primitivo nome "*Janus*" para o "*Joannes*", "*Joannis*", "*Ioannes*", "*Iohannes*", até o "João" dos Santos atuais.

Certamente, qualquer que venha a ser a verdadeira razão, ela

---

[600] L. F. Abrines & R. A. Arderiu, Diccionario Enciclopédico de la Masonería, T. II, Ed. Kier, 1962.

[601] Texto Original: "Ces fêtes furent célébrées de tout temps, dans toutes les grandes religions, et sont en rapport avec l'évolution du Soleil, source de vie, dans le ciel. Le christianisme a greffé sur ces fêtes du soltice les fêtes des Saint-Jean: nativité de saint Jean Baptiste au solstice d'été; fête de saint Jean l'Évangeliste près du solstice d'hiver."

[602] D. Ligou, Dictionnaire de la Franc-Maçonnerie, 2ª Ed. PUF, 2006.

há de passar, obrigatoriamente, pela influência da Igreja Católica. Neste ponto gostaria de relembrar alguns dados já comentados para justificar a dupla comemoração maçônica. Historicamente, a Igreja Católica experimentou um crescimento e um desenvolvimento marcantes após a conversão de Constantino, em 312, pois, a partir de então, deixou de ser a religião de citadinos, da classe média e baixa, que se reuniam às escondidas, para tornar-se, gradualmente, a religião dos governantes. Um novo impulso ao desenvolvimento do cristianismo é dado por Teodósio, em 392, quando, através de seu Édito, transformou o cristianismo na religião oficial do Império.

No entanto, isto tudo acontecia na capital do Império Romano do Oriente, em Constantinopla. No Ocidente, o Império Romano do Ocidente, com sua capital em Roma, somente tomaria decisões semelhantes mais tarde. Um evento marcante da aproximação da Igreja Católica e, consequentemente, do cristianismo com o poder estatal no Ocidente é relacionado com o batismo de Clóvis, rei franco da descendência merovíngia, ocorrido em Reins, no ano de 509, cerimônia presidida por S. Remígio. Também no Ocidente há um segundo tempo nesta aproximação, marcada pelo também rei merovíngio Gondrão, de 561 a 592, quando os reis assumem a tarefa de auxiliar na evangelização do povo franco promovendo a fé e a salvação pela via do cristianismo.[603, 604]

A influência da Igreja, portanto, passou então a estar presente em todos os segmentos da vida, precisou adequar-se com as, inicialmente, tímidas, e, posteriormente, marcantes mudanças sociais e econômicas experimentadas ao longo da Idade Média, como o surgimento de “novas camadas, ligadas às novas atividades: artesãos, mercadores, técnicos. Impondo-se rapidamente no plano material, essas camadas querendo a consagração do respeito, e,

[603] M. C. da Silva, A Realeza Cristã na Alta Idade Média, Alameda, 2008.
[604] L. V. Cichoski, A Prevalência do Espírito sobre a Matéria, inédito.

para isso, precisando vencer os preconceitos para com o trabalho, essência da sua atividade, fundamento da sua condição. Entre os meios para esta promoção, retenhamos apenas a utilização da religião, instrumento indispensável para toda a ascensão material e espiritual no mundo medievo. Por isso, cada profissão tem o seu Santo Patrono, *por vezes mais de um*".[605] (itálico nosso)

DAVID STEVENSON

Mais recentemente ativou-se o estudo sobre a precedência da Maçonaria na ilha. D. Stevenson[606] apresenta dados relativos à antiguidade da atividade maçônica dos escoceses. Voltamos nosso interesse para os dados relativos às Old Charges comentadas pelo autor.

Dado interessante apresentado neste estudo diz que: "Não existe nenhum manuscrito escocês dos Antigos Deveres (às vezes chamados de Antigas Constituições ou Manuscritos) anterior ao século XVII."

O autor esmiúça os Estatutos de Schaw, 1598 e 1599[607], reconhecido como um exemplo da produção do final do século XVI, lembrando que é no ano seguinte, 1600, a data mais recuada de uma inscrição de "aceito" na Maçonaria Operativa, o proprietário rural John Boswell. Estas são datas do século XVI, que coincidem com o pensamento de Mackey apresentado acima.

Como apresentação do estudo das Old Charges, D. Stevenson faz um estudo comparativo da obra de Schaw com o "Manuscrito de Kilwinning, de meados do século XVII", que no anexo 5 é assim

---

605 J. le Goff, Para um Novo conceito de Idade Média, Editorial Estampa, Lisboa, Portugal, 1980.

606 D. Stevenson, As Origens da Maçonaria, O Século da Escócia (1590-1710), Madras, 2009.

607 Na relação apresentada no anexo 5, está assim registrada "1598 Dec Wm. Schaw Statutes MS. [operative] MS [Edinburgh]".

apresentado: "1665-70 ca Edinburgh-Kilwinning MS. MS OC", portanto, com datação posterior ao Ms. Schaw.

No Ms. Kilwinning a invocação é dirigida a "Deus o Pai, o Filho e o Espírito Santo." Não havendo citação a São João em todo o estudo da estrutura do texto, que apresenta a lenda da Torre de Babel, de Euclides, seguidor de Abraão, do rei Davi, das Sete Artes Liberais entre outros estudos.

Voltando aos Estatutos de Schaw, o principal objetivo do capítulo, no final da descrição do "Primeiro Estatuto de Schaw" encontramos:

> *E, finalmente, a data do Primeiro Estatuto de Schaw, 28 de dezembro, é digna de nota. O Santo mais aceito como padroeiro da arte do maçom era São João, embora haja alguma confusão quanto a ser este João Batista, cujo dia era 24 de junho, ou João Evangelista, celebrado em 27 de dezembro. Em Edimburgo, nos tempos pré-Reforma, a Incorporação dos Maçons e Artífices tinha sido responsável pela manutenção da capela de São João Evangelista na Igreja do burgo, St. Giles, e a maioria das Lojas do século XVII realizava sua principal reunião anual – às vezes a única – em 27 de dezembro (a menos que caísse em um domingo, quando a reunião era adiada para o dia 28). É muito provável que William Schaw tivesse convocado sua reunião de Mestres Maçons em 27 de dezembro, o dia mais importante no calendário maçônico, e que como resultado das discussões durante esse encontro, o Primeiro Estatuto de Schaw tenha sido elaborado e concordado no dia seguinte. Certamente, foi isso que aconteceu com o Segundo Estatuto de Schaw, no ano seguinte.*[608]

Esta data não era observada pela Loja de Kilwinning, que realizava o seu encontro anual em 20 de dezembro.

Avaliando estes dados, constatamos que os Estatutos de Kilwinning (1665/1670), que são posteriores aos Estatutos de Schaw

---

[608] D. Stevenson, As Origens da Maçonaria, O Século da Escócia (1590-1710), Madras, 2009.

(1598 e 1599), não apresenta na sua introdução menção a São João e, também, não comemorava sua reunião anual em data relativa a estes Santos. Sendo assim, a conclusão que sou capaz de tirar é a que São João não era, unanimemente, cultuado em todas as Lojas da Escócia ainda em meados do século XVII.

ANEXO 1 – Quatro Mártires Coroados

QUATUOR CORONATI
LES SANTI QUATTRO

Festa comemorativa dia 8 de novembro
Padroeiros dos Cortadores de Pedra e Mármore e dos Escultores

As referências à confusa lenda dos Quatro Mártires Coroados ou "Santi Quatro Incoronato" ou Les Santi Quattro, ou ainda, como mais comumente encontramos e reconhecemos, os "Quatuor Coronati", aparecem mencionadas no antigo *Passio Quatuor Coronatorum,* texto do século IV, que conta uma lenda relativa a quatro talhadores de pedra das minas de Pannonia, em Sirmium[609] (atual Hungria), durante o reinado de Diocleciano (244/316 d.C.)[610], chamados Claudius, Castorius, Symphoriauns e Nicostratus, que podemos traduzir para Cláudio, Castório, Sinfrônio e Nicóstrato.

A lenda relata que Diocleciano havia encomendado várias obras aos artesãos – uma estátua ao Sol, à Vitória e aos Amores, além de colunas e capitéis. Ao longo do trabalho, os quatro artesãos, que, secretamente, são cristãos, convertem os companheiros de trabalho, entre eles, especialmente, a Simplicius (Simplício). Contudo, ao ser encomendada uma representação de Esculápio, conhecido como o deus da Saúde, mas entendido pelos artesãos como tendo relação com a bruxaria, negaram-se intransigentemente a executar a ordem.

Denunciados ao Imperador, são admoestados a cumprirem

---

[609] http://www.cademeusanto.com.br/quatro_santos_coroados.htm acessado em maio/2012.

[610] Diocleciano nasceu em 244 d.C. e morreu em 316; iniciou seu reinado em 284, sendo que, doente, abdica das funções administrativas em 305. Segundo consta, no campo da religião, organizou como culto do estado a reverência a Júpiter, por consequência determinou perseguição aos heréticos, entre eles os cristãos, principalmente entre 303 e 311. É neste período temporal que se dão os eventos relativos a S. Jorge e aos Quatro Mártires Coroados. (http://www.biografiasyvidas.com/biografia/d/diocleciano.htm acessado em maio/2012)

a ordem, mas eles se negam peremptoriamente. O caso, por ordem de Diocleciano, chega ao tribuno Lampadius, que no transcorrer do processo acaba morrendo em casa. De pronto os acusados são presos, após martírio ("*ictu plumbatarum*"), são colocados em esquifes de chumbo ("*in loculi plumbei*") e jogados ao rio Tibre. Um piedoso cristão os recolhe. Tal evento teria ocorrido em 8 de novembro de 287, 298 ou 303[611, 612, 613].

Tempos depois os restos mortais foram transladados para Roma, sendo sepultados na Via Labicana.

Outra versão acrescenta que, após a declinação do pedido imperial, foram solidarizados por um quinto artista – Simplicius – que acabou condenado conjuntamente.

Outro relato ainda, conta que o quinto mártir teria sido esquecido quando do translado dos corpos para Roma, e somente mais tarde – acredito que após a titulação cardinalícia do Papa Gregório Magno (590/604) –, o quinto nome foi acrescentado.

Em um outro relato há um segundo ato nesta lenda quando, tendo o imperador conseguido a estátua desejada – certamente, por outras mãos –, na data de sua apresentação e incensação, outros quatro cristãos, agora oficiais romanos, negaram-se a proceder ao cerimonial. Eram eles: Severus, Severinus, Carpophorus e Victorinus; martirizados, foram sepultados juntamente com os 5 primeiros[614].

O Papa Gregório Magno, 600 d. C.[615], teria sido o autor da expressão "quatro mártires coroados"; o Papa Leão IV(847/855) teria organizado o translado dos restos mortais dos mártires para Roma; o Papa Pascoal II(1099/1118) descobre os restos mortais na Igreja destruída.

---

611 http://www.polibusca.com.br/texto.aspx?idTxt=176 acessado em maio/2012.

612 http://quatuorcoronati.com/about-qc-lodge/the-legend/ acessado em maio/2012.

613 http://www.freemasons-freemasonry.com/cronologia_ma%C3%A7onica.html acessado em maio/2012.

614 Há um relato que inverte o nome dos personagens nas duas situações narradas: http://www.revistauniversomaconico.com.br/historia/os-quatro-coroados/ acessado em maio/2012.

615 http://pt.wikipedia.org/wiki/Santos_Quatro_M%C3%A1rtires_Coroados_(t%C3%ADtulo_cardinal%C3%ADcio) acessado em maio/2012.

Liturgicamente os Santos são representados portando os instrumentos de trabalho dos escultores: esquadro, compasso, maço; além de Cláudio, com uma prancheta, e Simplício, com um cinzel. Junto a estas ferramentas também estariam representados no mausoléu dos mártires uma coroa – pois num adendo a lenda diz que eles foram coroados com coroas de pregos –; um lobo e um cão, que teriam se recusado a consumir os restos dos supliciados.

Os dados gerais relativos a esta lenda encontram muitos indícios de historicidade e autenticidade. Passamos a expor o levantamento encontrado em P. du Colombier, que expõe obras de arte consagradas aos Santos Mártires Coroados que "no século XIV, por toda a Itália ... aparecem comumente como os padroeiros dos talhadores de pedra. De onde vem esta patronagem? Não há nada mais natural ao considerarmos o ofício dos panonianos, sendo muito provável, como de costume, que a *Lenda dourada*, sem lhes dar muito espaço, mas distinguindo-os em dois grupos fundamentais, funcionou como intermediária"[616].[617]

1. Igreja de Coelius, onde foram sepultados os restos mortais, reconhecidos como dos mártires coroados, no período de Leão IV, século IX. Esta Igreja teria sido queimada por vândalos de Robert Giscard em 1085 e reconstruída pelo Papa Pascoal II, em 1116. A mesma Igreja foi novamente restaurada por ordem do Papa Martinho V (1417/1431), trabalho feito por Afonso Carrillo. Atualmente faz parte de um mosteiro agostiniano, constituindo-se em um "pequeno jardim fechado, um dos cantos privilegiados de Roma, um dos refúgios de sua poesia"[618].[619]

---

[616] Texto Original: "au XIVe siècle, par toute l'Italie, ... , apparaissent communément comme les patrons des tailleurs de pierre. D'où vient ce patronage? Il n'a rien que de naturel pour qui considere le métier des tailleurs des Pannoniens et il es probable que, comme de coutume, la *Légende dorée*, qui a accueilli des Couronnés sans leur faire beaucoup de place, mais en distinguant les deux groupes fondamentaux, aura servi d'intermédiaire."

[617] P. du Colombier, Les Chatiers des Cathédrales, Ed. A. & J.Picard, 1973.

[618] Texto Original: "un petit cloître fleuri, l'un des coins privilégiés de Roma, l'un des refuges de sa poésie."

[619] P. du Colombier, Les Chatiers des Cathédrales, Ed. A .& J.Picard, 1973.

2. Registra-se em 1368 um contrato feito em Siena, Toscana, para a construção de uma capela dedicada aos Quatro Mártires Coroados pelos "mestres das pedras".
3. Os Quatour Coronati são escolhidos como patronos da escola dos talhadores de pedra de Veneza no século XVI.

Um dado interessante em Veneza é o que descreve, a respeito desta escola de pedreiros, que, "em 16 de novembro de 1396, fixa-se a sede no monastério de São João Evangelista onde celebra-se, em 8 de novembro, uma missa solene". Ou seja, no século XIV – no mesmo período de produção do Poema Régio –, na Itália os pedreiros rendiam homenagem aos "*Santi Quattro*" na Igreja de S. João Evangelista. Podemos concluir que a primazia entre os pedreiros italianos era para com os mártires artesãos e não para o Santo do Evangelho. Aparentemente, o tempo de S. João Evangelista como patrono dos pedreiros ainda está por vir, pelo menos na Itália.

Aliás, vale a citação de Colombier: "Podemos admitir que é na Itália, primeiramente, que os talhadores de pedra e, principalmente, os construtores escolheram como padroeiro os Quatre-Couronnés"[620].[621]

4. Ainda em Veneza existe, na Catedral de São Marcos, um mosaico representando os Quatro Mártires Coroados, obra de L. Gaetano, feita entre 1597 e 1599, a partir de um esboço de Tintoretto.
5. Há uma representação dos mártires em Pavia, na Igreja de San Pietro in Ciel d'Oro.
6. Em Arezzo, existem afrescos pintados por Parri Spinelli, encomendados pelos talhadores de pedra (scarpellini), Maçons (muratori) e os escultores em madeira (legnaiuoli), na Igreja de S. Francisco, em homenagem aos mártires padroeiros destes artesãos.

---

[620] Texto Original: "Tout concourt à faire admettre que c'est en Italie premièrement que les tailleurs de pierre, et plus généralment les ouvriers du bâtiment, se choisirent pour patrons les Quatre-Couronnés."

[621] Outras cidades que homenagearam os Quatro Mártires Coroados como patrono das artes da escultura: Flandres, Bruxelas, Anvers, Gand, Louvain, Bruges, Malines, Termonde, Soignies, Leyde, Middelburg, Gouda, Dordrecht, Leuwarden, Haarlen, Bois-le-Duc.

7. Encontraram-se ruas com o nome dos mártires em Palermo e Siracusa.
8. A pintora Giannicola di Paolo di Giovanni produziu em Perúsia (Perúgia), janeiro de 1512, em conjunto com a l'Université des Lombards, um quadro representando a Virgem com os Quatro Coroados e dois anjos. A obra, segundo du Colombier, foi desmembrada, estando a parte central (panneau principal) no Louvre de Paris (nº 1372), enquanto o restante (la prédelle) permanece em Perúsia, na Galerie Nationale de L'Ombrie.
9. Em Milão havia um Igreja dedicada aos Quatro Mártires Coroados, destruída em 1605, mas cujas estátuas estão conservadas, já tendo sido objeto de exposições.
10. Em Roma, no século XV, desenvolveu-se uma companhia de artesãos e escultores que buscaram antepor-se aos artistas da época, como Miguel Ângelo. Para tanto tentaram escudar-se em bulas do Papa Paulo III, que negou. Contudo, esta associação, devota dos Quatro Coroados, comprou a Igreja de S. Leonardo, onde pintou-se afresco comemorativo aos Santos sobre a porta de entrada. Manteve sua antiga sede, na qual, na capela de S. Silvestre, numa das absides encontra-se pintura do século XVI representando os patronos Coroados.
11. Em Florença, encontra-se a representação mais popular destes Santos, segundo du Colombier. Trata-se de um trabalho de

Fonte[622]

[622] http://www.google.com/imgres?hl=ptBR&client=gmail&rls=gm&biw=1152&bih=737&tbm=isch&tbnid=YITM-bEZx4nb7M:&imgrefurl=http://umolharsobreomundodasartes.blogspot.com/2010/11/arte-moderna-arte-renascentista-oudo_24.html&docid=YV7JfzyoU6zGJM&imgurl=http://3.bp.blogspot.co/ acessado em junho/2012.

escultura encomendado aos "maestri di peitre et di legname", idealizado por Nanni di Banco, e realizado por volta de 1413, na Igreja de Or San Michele.

12. Diversas obras de arte foram feitas em homenagem ou a partir da lenda dos Quatour Coronati. Pintura de Jacopo di Cione, feita para a Igreja Saint-Nicolas de Ferrara, intitulada Saint Joseph présentant l'Enfant à la Vierge, baseado no caso do tribuno Lampadius.
13. Em Anvers foi pintado por Magistrat, em 1458, um tríptico que retrata a história dos protetores dos construtores e talhadores de pedra.
14. Em Bruxelas, autor desconhecido do século XVI produziu um tríptico – hoje no museu municipal – que se sobressai, seja pela técnica, seja pela importância iconográfica. "O autor desconhecido mostra na tela central os panonianos no momento em que recusam a execução da estátua de Esculápio, após lhes ser apresentado o croqui, por personagens vestidos à moda oriental, o que dá a entender um conhecimento profundo do Passio, pois a Virgem aparece nos céus para reconfortar os mártires[623]."[624]
15. Outra pintura feita por volta de 1642, por Gaspard de Crayer, para a Igreja de Santa Catarina de Bruxelas, hoje se encontra no Museu de Lille.
16. Em Flandres foi produzida, em 1694, uma flâmula (bannière) como indicação da patronagem dos Santos para a corporação local.
17. Na Alemanha, como já foi dito, existe menção aos Santos Coroados nas Constituições de Ratisbonne, de 1459.
18. Em Viena, os Santos Mártires eram cultuados na Igreja de

---

[623] Texto Original: "L'auteur inconnu a montré, dans le panneau central, les Pannoniens au moment même où ils refusent d'exécuter la statue d'Esculape d'après un modèle qui leur est présenté par des personnages vêtus à l'orientale. Ceci semble supposer une connaissance précise de la Passio, mais la Vierge apparaît dans le ciel pour réconforter les martyrs."

[624] P. du Colombier, Les Chatiers des Cathédrales, Ed. A. & J.Picard, 1973.

Saint-Étienne. Nesta Igreja há uma escultura que representa o próprio artista segurando um compasso, obra de 1513.

19. A decoração do túmulo do arquiteto Wolfgang Denk, morto em 1513, na Igreja de Steyr, é uma alegoria que apresenta o artesão, os Santos Coroados, que portam os instrumentos de trabalho do Mestre Arquiteto e o Cristo Crucificado.
20. Outra Igreja em homenagem aos Quatuor Coronati foi erigida em Canterbury no ano de 619 d.C., com festa, obviamente, em 8 de novembro.
21. Por fim, du Colombier comenta que a devoção aos Quatro Mártires Coroados é menor na França do que a vista em outros países do continente. Lembra ainda que em "Toulouse, com efeito, entre os Corpos Santos de S. Sernin, existem as relíquias – completas, asseguram os livros do século XVII – de cinco Panonianos"[625].[626]

Portanto, é mais do que justa a grande homenagem prestada pela Maçonaria inglesa aos Mártires Coroados com a denominação de "Quatuor Corònati" à primeira Loja de Pesquisas da Inglaterra, fundada em 1886. Esta homenagem permite reconhecer uma tradição na veneração destes Santos Mártires naquele país.

De uma maneira muito apropriada, o primeiro número produzido pela Loja de Pesquisa inglesa Quatour Coronati, AQC vol. 1, página 59, publica comentário do irmão A. F. A Woodford – um dos fundadores da Loja e do periódico – contando a saga dos Quatro Mártires Coroados – The Legend of the Quatuor Coronati –, acrescentando dados sobre os Antigos Deveres – Old Charges – que mencionam a lenda e os mártires, sendo o primeiro um manuscrito do século XII, guardado no Museu Britânico com o título de A Lenda de Arundel (The Arundel Legende) cuja referência

[625] Texto Original: "Toulouse, en effect, parmi les Corps saints de Saint-Sernin, a les reliques – complètes, assurent les livres du XVIIe siècle – des cinq Pannoniens."
[626] P. du Colombier, Les Chatiers des Cathédrales, Ed. A. & J.Picard, 1973.

é: "Ar: MSS, 91, f. 2186. Existe outra cópia da lenda no Museu Britânico, Harleian MSS, Nº 2802, f 99. Existe também uma breve referência aos Quatour Coronati no Poema Régio, MS, 8, c, 7 f 165, do século XIV"[627].[628]

Museu da Catedral de Florença
Fonte[629]

[627] Texto Original: "Ar: MSS, 91, f. 2186. There is another copy of the legend in the British Museum, Harleian MSS, Nº 2802, f 99. There is also a short notice of the Quatuor Coronati in *Regius* MS, 8, c, 7 f 165, of the 14th century."
[628] http://quatuorcoronati.com/about-qc-lodge/the-legend/ acessado em maio 2012.
[629] http://www.cartage.org.lb/fr/themes/Arts/sculpture/Pages/0034756fr.html acessado em junho/2012.

TEXTO QUATRO COROADOS NA OBRA LEGENDA ÁUREA[630]

Os Quatro Coroados foram Severo, Severiano, Carpóforo e Vitorino, que por ordem de Diocleciano foram chicoteados até a morte com correias guarnecidas de chumbo. Por longo tempo não se pôde conhecer os nomes deles, mas depois de muitos anos foram descobertos por revelação. Decidiu-se então que sua memória seria honrada junto com a de cinco outros mártires: Cláudio, Castório, Sinforiano, Nicóstrato e Simplicio, que haviam sofrido o martírio dois anos antes deles. Estes últimos mártires eram todos escultores que, tendo recusado a Diocleciano a esculpir um ídolo e oferecer sacrifício aos deuses, foram por ordem do próprio imperador colocados vivos em caixas de chumbo e lançados ao mar, por volta do ano do Senhor 287. O Papa Melquíades ordenou honrar, junto com estes cinco mártires, os quatro precedentes, chamados de os quatro coroados antes que seus nomes fossem descobertos, e seu uso prevaleceu mesmo depois que foram revelados.

TEXTO QUATRO COROADOS VERSÃO FRANCESA[631]

"Les quatre couronnés furent Sévère, Séverin, Carpophore et Victorin qui, par l'ordre de Dioclétien, furent fouettés à coups d'escourgées de plomb jusqu'à ce qu'ils en moururent. D'abord leurs noms furent inconnus, mais longtemps après Dieu les révéla. On décida donc que leur mémoire serait honorée sous les noms de cinq autres martyrs, Claude, Castorius, Symphorien, Nicostrate et Simplicien, qui souffrirent deux ans après eux. Or, ces derniers martyrs étaient d'habiles sculpteurs qui ayant refusé à Dioclétien de sculpter une idole, et de sacrifier aux dieux, furent mis vivants, par ordre de cet empereur, dans des caisses de plomb et précipités

---

[630] J. D. Varazze, Legenda Áurea, o livro dos Santos, Cia. das Letras, 2003.
[631] http://livres-mystiques.com/partieTEXTES/voragine/tome03/165.htm acessado em junho/2012.

dans la mer vers l'an du Seigneur 287. Le pape Melchiade ordonna d'honorer sous les noms de ces cinq martyrs les quatre précédents qu'il fit appeler les quatre couronnés, avant que l'on découvrît leurs noms; et l'usage en a toujours prévalu, même quand on eut su comment ils se nommaient réellement."

TEXTO QUATRO COROADOS NA VERSÃO LATINA[632]

"Quatuor coronati fuerent Severus, Severianus, Carpophorus et Victorinus, qui jubente Dyocletiano asque ad mortem ictibus plumbatorum caesi sunt. Horum nomina cum reperire non possent, tendem post multos annos domino revelante reperia sunt statutuns que fuit, ut cerum memoria sub nominibus aliorum quinque martirum scilicet Claudi, Castorii, Symphoriani, Nicostrati et Simplicit recoleratur, qui post duos anno a martírio praedictorum passi sunt. Isti enim martires cum omnem sculpturae artem hanerem et Dyocletiano ydolum quoddam sculpere nollent nec sacrificare aliquatenus consentirent, jussu ipsius Dyocletiani in locales plumveos vivi missi sunt et sic in mare preacipitati circa annos domini CCLXXXVII. Sub nominibus igitur istorum V statuit Melchiades papa praedictus IV honorari et IV coronatos vocari, scilicet antequam eorum nomina reperirentur, et licet postmodum nomina reperta fuerunt, usus tamen obtinuit, ut IV coronati deinceps vocarentur."

[632] Jacobi a Voragine, Legenda Aurea, Vulgo historia Lombardica Dicta. Ed. Th. Graesse, 1850.

ANEXO 2 – São Jorge[633, 634]

O SANTO GUERREIRO COMEMORADO DIA 23 DE ABRIL

Este é outro Santo da antiguidade, teria vivido de 275 a 303. Como em outros casos, era filho da nobreza local, perdendo o pai acaba doando suas posses aos necessitados. Neste caso integra a nobreza e o exército de Diocleciano. Ao saber dos planos para um massacre de cristãos (visto que Diocleciano, como medida de união do povo sob seu reinado, institui o culto a Júpiter), insurge-se diante do Conselho e do monarca. Como consequência sofre martírio doloroso por vários dias sem abnegar sua crença e fé. Por fim o imperador ordena sua degola em 23 de abril de 303, dia no qual comemora-se sua data. Seus restos mortais foram depostos em Lida, Palestina – cidade natal de sua mãe –, onde erigiu-se templo em homenagem ao Santo.

Diz o Martirológio Romano, "San Jorge, mártir, cuyo glorioso certamen, que tuvo lugar en Diópolis o Lida, en Palestina, celebran desde muy antiguo todas las Iglesias, desde Oriente hasta Occidente (s. IV)."[635]

Ao nome de S. Jorge associa-se a lenda do dragão[636] – entendido como paganismo. S. Jorge, nesta lenda, é filho de um lorde e sua mãe morre no seu nascimento, tendo sido raptado pela Dama do Bosque, que lhe conferiu atributos especiais manifestados por

[633] http://www.cancaonova.com/portal/canais/liturgia/santo/index.php?dia=23&mes=4 acessado em maio/2012.
[634] http://pt.wikipedia.org/wiki/S%C3%A3o_Jorge acessado em maio/2012.
[635] Martirológio Romano em http://www.4shared.com/office/bh_psYeB/martirologio_romano.html.
[636] N. B. Megale, O Livro de Ouro dos Santos, Ediouro, 2003.

marcas como a do dragão no peito, a jarreteira na perna e uma cruz vermelha no braço. Após seu treinamento como cavaleiro e soldado, vai enfrentar os hereges na Palestina, onde enfrenta e destrói o dragão que submetia a cidade Líbia de Selena. Nesta ocasião estava sendo sacrificada ao monstro a filha do rei o que é impedido pela bravura do Santo guerreiro, que a desposa e a leva para a Inglaterra.

Outra versão da lenda coloca S. Jorge em Selene, na Líbia, onde existe um grande réptil atormentando a população local. Não mais tendo animais para aplacar a fome do monstro, a princesa Sabra está prestes a ser sacrificada quando o cavaleiro Jorge aparece em seu cavalo branco e enfrenta o réptil com sua espada Ascalon. Na primeira arremetida é rechaçado pelo monstro e protege-se junto a uma laranjeira. Finalmente percebe o ponto fraco da besta junto a uma região desprovida de escamas e então acerta o oponente.

São Jorge é venerado no panteão das Igrejas Romana, Ortodoxa e Anglicana. No Brasil é muito devocionado pela tradição dos cultos afro-brasileiros como Ogum.

Além de ser o padroeiro da Inglaterra (que vem dedicando homenagens ao Santo desde o século XIII, sendo o patrono da Ordem da Jarreteira, fundada por Eduardo III em 1330), também é assim considerado em Portugal, na Georgia e na Lituânia. Cidades como Gênova, Moscou e o Rio de Janeiro também o têm como padroeiro. No Brasil é o patrono da Cavalaria do Exército e dos Escoteiros, além da torcida do Corinthians Futebol Clube.

ANEXO 3 – São Brás

COMEMORADO DIA 3 DE FEVEREIRO NA IGREJA OCIDENTAL
11 DE FEVEREIRO NA IGREJA ORIENTAL

Santo armênio, viveu entre os séculos III e IV, período no qual o cristianismo ainda não era religião tolerada pelos imperadores orientais. Como muitos personagens deste período, foi catequizado e batizado assumindo sua conversão e o cristianismo[637].

Também é um exemplo dos Santos eremitas, isto é, como tantos outros Santos e mártires do início do cristianismo, observou um período de afastamento da comunidade. A impressão que temos é que estes retiros faziam o papel de um estágio de consolidação da conversão para uma atuação social posterior. Como o cristianismo era perseguido, acredito que seus seguidores mais promissores precisavam de um estágio de reasseguramento de suas crenças, bem como de aceitação das suas consequências.

Na história de S. Brás, dá-se dessa forma. E com a morte do bispo de Sebasbe, a fama do eremita é suficiente para trazê-lo à administração da cúria. Torna-se bispo.

A lenda[638] que envolve este Santo prende-se, por um lado, aos seus trabalhos leigos, pois era médico. Assim, ao ser preso devido ao cristianismo que promovia e desenvolvia, ao ser levado para seu suplício, foi interpelado por uma mãe que trazia seu filho pequeno com grande dificuldade respiratória devido a uma espinha de peixe na garganta, ao que, segundo a lenda, o mártir, após orar

[637] http://pt.wikipedia.org/wiki/Br%C3%A1s_de_Sebaste acessado em maio/2012.
[638] http://www.cancaonova.com/portal/canais/liturgia/santo/index.php?dia=3&mes=2

Senhor meu, Pai de misericórdia e Deus e todo o consolo, digna-te ouvir a humilde prece de teu servo e concede a graça da saúde a este menino, para que o mundo creia que só Tu és o Senhor dos vivos e dos mortos. Tu que és o Soberano e a todos ofereces a tua misericórdia, te suplico humildemente, que todos os que vêm a mim para alcançar a cura de doenças, pela intercessão deste teu humilde servo, sejam benignamente ouvidos e favoravelmente atendidos[639],

retirou o corpo estranho salvando o pequeno doente. Assim nasceu a aura de protetor das doenças da garganta que ainda hoje se associa a S. Brás.

Seu martírio está registrado no Martirológio Romano:

San Blas, obispo y mártir, que, por ser cristiano, padeció en tiempo del emperador Licinio en la ciudad de Sebaste, en Armênia (c. 320)[640].

Também tem uma versão ortodoxa mais tocante:

Inicia com uma oração de S. Brás em agradecimento ao martírio que era um desejo seu:

Ó Deus! Por que dás esse nome aos demônios que só têm poderes para fazer o mal? Não há outro Deus senão o Único e verdadeiro Deus, Todo Poderoso e Eterno, e é este Deus que eu adoro.

Segue com o relato da lenda que envolve o martírio do Santo:

Irritado com estas palavras, Agricolao ordenou que fosse cruelmente açoitado até a morte. São Brás, porém, expressava alegria em seu semblante e sua força espiritual o sustentava. Foi depois levado para a prisão onde operou vários milagres, o que despertou ainda mais a ira do governador que ordenou que esfolassem seu corpo, parte por parte. Escorria muito sangue por todos os

---

639 http://ecclesia.com.br/synaxarion/?p=3359 acessado em maio/2012.

640 Martirológio Romano em http://www.4shared.com/office/bh_psYeB/martirologio_romano.html.

lados e algumas mulheres vieram limpar seus ferimentos. Foram, por isso, presas e forçadas a oferecer sacrifícios aos ídolos, sob pena de suas vidas. Elas pediram então para que trouxessem os ídolos, mas retrocederam e jogaram as oferendas nas águas de uma lagoa. Esta atitude lhes rendeu a coroa do martírio, sendo degoladas juntamente com seus filhos. O governador, sentindo-se vencido e envergonhado, mandou que jogassem São Brás no fundo da lagoa onde as oferendas haviam sido jogadas. Protegendo-se com o sinal da cruz, São Brás começou a caminhar sobre as águas como se estivesse andando em terra firme. Chegou até a metade da lagoa e sentou-se serenamente, mostrando aos pagãos que seus deuses não tinham nenhum poder sobre ele. Alguns corajosos e incrédulos jogaram-se nas águas para tirar a prova do que estava acontecendo, mas se afogaram. Naquele momento, São Brás ouviu uma voz que vinha do fundo das águas e lhe dizia que iria receber em breve a coroa do martírio. Ao sair para terra firme o governador ordenou imediatamente que lhe cortassem a cabeça. Isto aconteceu no dia 11 de fevereiro do ano 316.

ANEXO 4[641] – Manuscrito Edinburgh Register House, 1696[642]

AS 15 PRIMEIRAS QUESTÕES DO CATECISMO[643]

Pergunta: 1.Você é Maçom [pedreiro]?
Resposta: Sim.

P. 2 Como posso saber?
R. Você deve sabê-lo em tempo e lugar conveniente. (Tal resposta é usada quando está presente um não Maçom, um estranho. Quando isto não acontece, você pode responder pelos sinais, toques e outros pontos de reconhecimento).

P. 3 Qual é o seu primeiro ponto?
R. Dai-me o primeiro e lhe darei o segundo. O primeiro é para ser

---

641 http://www.rgle.org.uk/Edinburgh_Register_House_1696.pdf acessado em abril/2012.

642 Texto Original: Quest. 1 Are you a mason? Answer: Yes
Q: 2 How shall I know it? Ans: You shall know it in time and place convenient. Remark the forsaid answer is only to be made when there is company present who are not masons. But if there be no such company by, you should answer by signes tokens and other points of entrie.
Q: 3 What is your first point? Ans: Tell me the first point ile tell you the second. The first is to heill and conceall, second, under no less pain, which is then cutting of your throat, for you most make that sign, when you say that
Q: 4 Where was you entered? Ans: At the honourable lodge.
Q: 5 What makes a true and perfect lodge? Ans: Seven masters, five entered apprentices. A dayes journey from a burroughs town without bark of dog or crow of cock.
Q: 6 Does no less make a true and perfect lodge. Ans: Yes, five masons and three entered apprentices &c.
Q: 7 Does no less? An: The more the merrier the fewer the better chear
Q: 8 What is the name of your lodge? Ans: Kilwinning.
Q: 9 How stands your lodge? Ans: East and west as the Temple of Jerusalem.
Q: 10 Where wes the first lodge? Ans: In the porch of Solomons Temple.
Q: 11 Are there any lights in your lodge? Ans: Yes, three the north east. s w, and eastern passage. The one denotes the master mason, the other the warden, the third the setter croft.
Q: 12 Are there any jewells in your lodge? Ans: Yes, three, Perpend Esler a Square pavement and a broad oval.
Q: 13 Where shall I find the key of your lodge? Ans: Three foot and an half from the lodge door under a perpend esler, and a green divot. But under the lap of my liver where all my secrets of my heart lie.
Q: 14 Which is the key of your lodge? Ans: a weel hung tongue.
Q: 15 Where lies the key? Ans: In the bone box.

dado e guardado, o segundo, sujeito a não menos do que causar a penalidade de ter a garganta cortada, visto que o sinal deve ser feito quando se quiser aquilo.

P. 4 Onde você foi recebido?
R. Em uma honrada Loja.

P. 5 O que torna uma Loja Justa e Perfeita?
R. Sete Mestres, Cinco Aprendizes aceitos. (*A jornada desde uma cidade sem o latido de cães ou o cantar do galo*)[644]

P. 6 O que mais torna a Loja Justa e Perfeita?
R. Cinco pedreiros e três Aprendizes aceitos & c[645].

P. 7 Nada mais?
R. (*quanto mais melhor...* [646])

P. 8 Qual é o nome da sua Loja?
R. Kilwinning

P. 9 Como se dispõe a sua Loja?
R. De leste ao oeste como no Templo de Jerusalém.

P. 10 Onde era a primeira Loja?
R. No pórtico do Templo de Salomão.

P. 11 Existiam luzes na sua Loja?
R. Sim, três no nordeste, no sudeste e na passagem para o Oriente.

---

643 Este foi um texto de dificílima tradução. Reconheço minhas limitações e, talvez, fosse melhor não abrir e apresentar este anexo. Contudo, apresento o texto e o resultado dos esforços que foram possíveis na tradução, esperando que algum Irmão possa melhorar o que aqui foi experimentado.

644 Neste trecho encontrei dificuldades na tradução, contudo penso que o sentido é o trabalho no silêncio da noite, sem o latido dos cães ou o cantar do galo.

645 Interpreto o "C." como se referindo aos Companheiros, o restante da Oficina, da companhia, da cia.; rigorosamente, Companheiros seriam os fellows.

646 Outra expressão de difícil tradução.

Uma representa o Mestre Maçom, a outra o Vigilante e a terceira o conjunto do Oficio.

P. 12 Havia alguma joia em sua Loja?
R. Sim, três. (*A Perpendicular (ou Prumo,) um pavimento quadrado e uma sala ampla)*

P. 13 Onde posso encontrar a chave em sua Loja?
R. Três passos e meio[647] da porta da Loja (*sob a perpendicular e um* 'green divot' *(torão?; tufo?) verde, mas sob o meu fígado onde repousam todos os segredos do meu coração.)*

P.14 Qual é a chave da sua Loja?
R. Uma língua bem travada[648].

P. 15 Onde está a chave?
R. Na caixa de ossos.

---

[647] Também "um metro e meio".
[648] Outra tradução controversa, pois "**well-hung tongue é loquaz, fluente etc.**" portanto, uma significação oposta àquela que escrevi, e o fiz baseando-me no sentido do sigilo exigido em nossos trabalhos e presentes em outros catecismos de Graus Superiores.

10. Considerações Finais

Após considerar todos os itens e apontamentos, apesar de lermos em Aslan que "os dois São João foram padroeiros da Maçonaria desde a Idade Média", preciso reconhecer que não encontrei nenhuma referência que demonstre esta escolha de forma insofismável. É oportuno lembrar as datas apontadas por P. Naudon como exemplos do patronato joanino no período operativo: 1427, 1502 e 1561[649]. Obviamente, fica em aberto a possibilidade de tais referências virem a lumen no futuro.

Em Mackey encontramos comentários que podem esclarecer este nebuloso ponto onde uma tradição transforma-se em verdade inquestionável. Diz o conhecido escritor maçônico:

> *La tradición nos informa que las Logias Masónicas eran dedicadas originalmente al Rey Salomón, porque fue nuestro primer Gran Maestro Excelentísimo. En el siglo diez y seis, San Juan Bautista parece haber sido considerado como protector singular de la Francmasonería; pero subsecuentemente este honor fue dividido entre los dos Santos, San Juan Bautista y Evangelista; y las Logias modernas, en este país*[650] *al menos, son erigidas y consagradas universalmente a Dios, y dedicadas a los Sacratísimos Juanes.*[651]

---

649 P. Naudon, Les Loges de Saint-Jean, 3ème Ed. Drvy-Lyvres, 1980.
650 Refere-se, obviamente, aos Estados Unidos da América do Norte.
651 A. G. Mackey, Enciclopedia de la Francmasonería, vol. II, Grijalbo, 1981.

A respeito do "honor fue dividido entre los dos Santos", o Batista e o Evangelista, o mesmo autor, em outro lugar, esclarece que

> *San Juan Bautista es uno de los Santos protectores de la Francmasonería, y al mismo tiempo, es en realidad el único, pues el nombre de San Juan Evangelista fue introducido posteriormente has el siglo dieciséis.*[652]

Ao longo das pesquisas encontrei uma curiosa menção que antagoniza os dados de Mackey, pois diz o autor: "O Santo padroeiro da irmandade Maçônica primeiramente não foi São João Batista, e sim São João Evangelista, cujo festival era comemorado em 27 de Dezembro, no dia em que eles tinham sua assembleia geral, provavelmente conduzida dessa maneira porque nessa época do ano os membros estavam mais desligados de seus trabalhos e profissões."[653, 654] Contudo, o autor não disponibilizou as fontes que sustentam esta afirmativa.

Observando esta massa de dados coligidos e, possivelmente, mal ordenada; principalmente observando os inúmeros Santos de nome João levantados; lembrando que, na lista preliminar oriunda da Wikipédia[655], encontramos 14 diferentes Santos com o prenome João, dos quais 6 (42,8%) eram anteriores ao período Operativo da Maçonaria, e, por consequência, 8 (57,2%) eram Santos do período Especulativo.

Na segunda listagem de Santos, a partir dos apontamentos do Irm∴ R. da Camino[656], levantamos dados um pouco diferentes. Foram mencionados 35 diferentes Santos com o nome de João, sendo 15 (42,8%) relativos a Santos da antiguidade, portanto, anteriores ao movimento Operativo; 4 (11,4%) foi o número de Santos de

---

[652] A. G. Mackey, Enciclopedia de la Francmasonería, vol. IV, Grijalbo, 1981.
[653] http://mnegocio.blog.uol.com.br/arch2008-12-21_2008-12-27.html acessado em maio/2012.
[654] http://formadoresdeopiniao.com.br/index.php?option=com_content&view=article&id=4871:-maconaria--sao-joao-batista&catid=66:templo&Itemid=85 acessado em abril/2012.
[655] http://pt.wikipedia.org/wiki/Anexo:Lista_de_santos acessado em abril/2012.
[656] R. da Camino, Lendas Maçônicas, Ed. Aurora, 1982.

nome João que viveram durante o período Operativo – aqui considerado entre o ano 1000 e 1400. Já no período Especulativo foram encontrados 9 (25,7%) diferentes Santos. A diferença encontrada entre o número total de Santos mencionados pelo Irm.·. Rizzardo (35) e os até aqui somados (28), que perfaz 7 (21,1%) outros Santos de nome João, diz respeito aos personagens sobre os quais não se encontrou nenhuma referência nas pesquisas efetuadas quer em livros, quer na rede virtual de computadores.

Na terceira coletânea de nomes dos Santos "João"[657], encontramos 32 representantes divididos em 6 (18,8%) de antigos personagens cristãos; 5 (15,6%) de representantes contemporâneos à Maçonaria Operativa e, por fim, 21 (65,6%) Santos que viveram durante as fases de Transição e Especulativa da Maçonaria.

Por fim, nossa última coletânea chamada de Santoral Católica[658], uma fonte espanhola, com 25 Santos prenominados de João, dos quais 7 (28%) anteriores ao momento Operativo da Maçonaria; 6 (24%) de representantes dos séculos XI ao XV e, finalmente, 12 (48%) contemporâneos às fases de Transição e Especulativa da Maçonaria.

Em todas estas listas percebe-se que o número maior de Santos coincide com o período de Transição e Especulativo, isto é, o mais moderno. Este dado tem significado, pois, logicamente, nenhum Santo deste período poderia ter sido escolhido como padroeiro da Maçonaria. Também não poderíamos ter nenhum Santo cristão anterior a São João Batista, que é o único que antecede, cronologicamente, o nascimento de Cristo; tendo o próprio João Batista, data de nascimento 6 meses antes daquela atribuída a Cristo. Considerando-se o nascimento do Salvador em 25 de dezembro – na festa do "Natalis Invicti Solis" ou Nascimento do Sol Vitorioso[659], um solstício – a festa do nascimento do J. Batista

[657] http://www.corazones.org/santos/a_santos_vidas.htm acessado em maio/2012.
[658] http://www.ewtn.com/spanish/saints/indice_alfabetico.asp acessado em maio/2012.
[659] J. Castellani, Manias e Crendices em nome da Maçonaria, A TROLHA, 2002.

teria que ser posta – como o é – em junho, mais especificamente 24 de junho, na outra festa solsticial.

Assim sendo, *considerando* que não me foi dado conhecer indicação da nominação dos "dois São João" em documentos antigos da Maçonaria Operativa;

Considerando que os documentos conhecidos mais antigos – o Poema Régio e o Manuscrito de Cooke – saúdam ao Rei Salomão como patrono dos pedreiros (lembrando que a palavra francesa Maçom somente aparece a partir do final do século XII, não havendo Maçons, mas apenas pedreiros – *latomus* ou *cementarius* – entre os construtores) – por ter sido o rei o responsável pelas obras do Templo de Jerusalém, isto é, foi o primeiro Grão-Mestre (termo que dificilmente existiria no período da construção do Templo, isto é, ao redor de 1000 antes de Cristo);

Considerando que os documentos mais antigos da Maçonaria Operativa repetem lendas relativas aos Quatro Mártires Coroados, em mais de uma oportunidade;

Considerando algumas conclusões como as de L. Vibert que, textualmente, nos diz, ao descrever as principais características do Poema Régio, 1390, mencionando o lugar de destaque dos Quatro Mártires Coroados: "e passamos para uma das características a qual se constitui em uma especialidade deste manuscrito (MS), trata-se da Lenda dos Quatro Coroados, que ocupa trinta e sete linhas, onde se diz haverem sido mantidos os artigos e pontos já referidos. *Eles foram, de fato, os Santos padroeiros do comércio dos pedreiros e ainda são*"[660].[661] (o destaque ao final do parágrafo é nosso.);

Considerando que tanto o Batista como o Evangelista, pelo fato de pertencerem aos relatos bíblicos do Novo Testamento, eram

[660] Texto original: "and we pass on to a feature which is one of the specialities of this MS, and that is the Legend of the Quatuor Coronati, which occupies thirty-seven lines; they are said to have kept the articles and points just recited. They were, in fact, the patron saints of the building trades and still are."

[661] L. Vibert, Freemasonry Before the Existence of Grand Lodge, Spencer & Co. s/d.

personagens conhecidos na Antiguidade e Idade Média, época dominada pelo cristianismo Católico Romano com participação aguda e contínua na vida individual, familiar, profissional e governamental daquele período;

Considerando que as Associações Leigas Operativas desenvolveram-se a partir das Organizações Religiosas, organizações estas nas quais seus participantes e mentores conheciam e falavam dos "dois São João", visto ter a Igreja Católica se valido da substituição dos diversos deuses pagãos[662] por Santos do cristianismo como forma de adequar a religião aos fiéis da antiguidade, já consolidado pelo conhecimento e aceitação do povo e dos governos da Idade Média;

Considerando as características do trabalho na Idade Média, quando as atividades profissionais desenvolviam-se plenamente no verão, mas paravam no inverno, período no qual comemora-se S. João Batista no hemisfério Norte, em virtude das condições climáticas; sendo os eventos climáticos estudados, conhecidos e muito bem marcados;

Considerando que uma das referências mais antigas (1260), aceitas com sucesso no período medieval e ainda disponível, a Legenda Áurea apresenta em seus 175 capítulos, 8 (4,5%) que se referem a Santos de nome João; destes 8, 2 (25%) referem-se a S. João Batista (sua Natividade e Decapitação); 2 (25%) referem-se a S. João Evangelista (O Apóstolo e João na Porta Latina); restando 4 (50%) a outros Santos de nome João: João, o abade; João e Paulo; João Crisóstomo e João Esmoler; estes últimos citados neste nosso estudo. Em nenhuma destas hagiografias faz-se a menor menção de alguma relação de qualquer um destes Santos homens da Igreja com os pedreiros ou com os trabalhos em pedra;

Considerando a inexistência de referências aos dois personagens "joaninos" nos textos e lendas das mais antigas Old Charges

---

[662] Como curiosidade, acrescentamos que, entre os deuses do panteão da antiguidade clássica, Palas Atenae era cultuada como a protetora dos artesãos.

inglesas por mim conhecidos; os Santos de nome João aparecem – conforme D. Knoop, C.P. Jones e H. Carr – no Edinburgh Registre House,1696, como o documento inglês mais antigo, que encontrei, a mencioná-los;

Considerando que os fundadores e promotores da Maçonaria Especulativa inglesa do século XVIII – T. Desaguilers e J. Anderson – também eram religiosos e, portanto, também conheciam as histórias bíblicas dos apontados padroeiros maçônicos;

Considerando que Lojas maçônicas inglesas foram dedicadas a S. João, no mesmo período em que Lojas escocesas eram dedicadas a Santo André;

Considerando que em duas exposituras, Three Distinct Knocks, 1760 e J. & B., 1762, aparecem pela primeira vez a Abertura forma da sessão, similarmente, a forma hoje conduzida e com menção a S. João[663]; [664]

Considerando as relações religiosas e esotéricas, estas últimas desenvolvidas maciçamente a partir do século XVIII, presentes na disposição do culto aos personagens coincidentemente com os Solstícios de Verão e Inverno (no hemisfério Norte) com o Santo Batista, e o Evangelista, respectivamente;

Considerando as relações religiosas e esotéricas, estas últimas desenvolvidas maciçamente a partir do século XVIII, presentes na disposição do culto aos personagens coincidentemente com os Solstícios de Verão e Inverno (no hemisfério Norte) com o Santo Batista e o Evangelista, respectivamente;

Considerando a presença de menções aos mesmos de forma mais consistente a partir do desenvolvimento da Maçonaria

[663] Texto Original: "The earliest description of a formal Opening of the Lodge in an English text is in *Three Distinct Knocks*, published in 1760, and the procedure then was very similar to that in use today. [...] This is supposed to have represented the Antients' practice; the 'Moderns' (according to *J. & B.* of 1762) opened simply 'in the name of Holy St. John'."

[664] H. Carr, An Examination of the Early Masonic Catechisms, Lodge of Research, Leicester, 1963.

Especulativa inglesa; contudo há um exemplo na produção francesa do século XVIII com o seguinte teor: "Já nos começos da nova fé o patrão de todos os Iniciados Maçônicos, diga-se: São João confessava e batizava, o que significava que iniciava";[665]

Julgo pertinente concluir que:

a) Os primeiros Santos Padroeiros mencionados em antigos documentos maçônicos operativos disponíveis e ainda acessíveis para consultas foram os Quatros Mártires Coroados[666].

b) A escolha destes Santos como padroeiros dos pedreiros medievais tem, pelo menos, duas bases de sustentação: a primeira é o fato dos referidos Santos manterem atividade no campo dos pedreiros e talhadores de pedra[667]; e a segunda é constituírem exemplo de Santos conhecidos e cultuados desde a antiguidade, época do martírio destes cristãos.

c) O Rei Salomão aparece como o "primeiro Grão-Mestre" das obras do Templo de Jerusalém (muito embora, dificilmente, esta denominação tenha sido usada naquele tempo), sendo mencionado como tal no Manuscrito de Cooke, cerca de 1410/1420, nosso segundo mais antigo documento operativo. Vale o adendo que Salomão não é "Santo" da Igreja – no sentido exato do termo –, mas o filho de Davi, e continuador da linhagem de Cristo.

d) A relação de patronagem entre São João Batista e São João Evangelista e a Maçonaria é mais recente que a, habitualmente, atribuída. No máximo a partir da baixa Idade Média, provavelmente a partir do século XVI; ou seja, o mais provável com os

---

[665] J. M. Ragon, A Missa e seus Mistérios, Ed. Arca da Aliança, 2002.

[666] A conclusão de L. Vibert, em seu estudo sobre o Poema Régio, especificamente sobre a menção aos Quatour Coronati, foi que: "provavelmente ele contenha a mais antiga alusão até agora conhecida da ligação destes Santos com o nosso ofício". (Texto Original de "Freemasonry Before the Existence of Grand Lodge": "Accordingly it probably contains the earliest allusion hitherto discovered to the connection of these saints with our craft."

[667] O comentário a este respeito feito por L.Vibert, foi: "uma Guilda de artesãos construtores teria dificuldades para encontrar outros mais adequados como Santos padroeiros" (texto original de "Freemasonry Before the Existence of Grand Lodge": "and a Craft Gild of the building trades would be hard put to it to find any more suitable saints as patrons".)

dados disponíveis é pensar que o nome de São João começou a aparecer como Santo Padroeiro da Maçonaria a partir do período de Transição, isto é, com o ingresso dos aceitos, exemplificados por John Boswell[668].

e) Menos que uma conclusão, contudo, parece-me possível intuir que os próprios Maçons aceitos, oriundos de ambientes diferentes daquele dos Operativos, possam ter sido os vetores que aproximaram a Maçonaria de "Transição" dos Santos joaninos, a partir de seus conhecimentos, atividades e devoções pessoais.

f) Não há evidência do uso do nome dos Santos de nome João, regular e comumente, nos documentos primordiais da Maçonaria Operativa; a Old Charge mais antiga a mencionar estes Santos é o Estatuto de Schaw, 1598/1599, final do século XVI, o que exemplifica o pensamento de A. Mackey acima exposto. Mais difícil ainda é entendê-los como patronos dos pedreiros nos primeiros séculos do cristianismo, conforme apontado por Abrines/Arderiu.

g) Citações mais frequentes aos dois Santos de nome João – o Batista e o Evangelista – ganham grande destaque quando das considerações simbólicas no âmbito da Maçonaria. Assim, C. Dyer[669], no seu excelente estudo do simbolismo maçônico, ao comentar as paralelas que ladeiam o círculo com o ponto central, nos diz: "Em tempos modernos, estas duas paralelas eram usadas para exemplificar os dois São João – o Batista e o Evangelista – como patronos da Ordem, cujas festividades são celebradas perto dos solstícios, que acontecem quando o Sol, em seu trajeto zodiacal, toca estas duas paralelas".

Uma noção mais apurada seria possível a partir do estudo sistemático das Old Charges, conforme apresentadas no Anexo 5

[668] Lembro que esta conclusão não é partilhada por Paul Naudon comentado no corpo de nosso estudo.

[669] C. Dyer, O Simbolismo na Maçonaria, Madras, 2010.

do capítulo anterior. Compõe-se aquela relação de 146 Manuscritos (MS) e outros 7 documentos (miscelânea), totalizando 153 documentos. Estes documentos podem ser classificados a partir das datas reais ou atribuídas pelos estudos técnicos de datação. Século XIV, 1 (0,6%) documento, o Manuscrito Régio. Século XV, 3 (1,9%) documentos, entre eles o Manuscrito de Cooke. Século XVI, 3 (1,9%) documentos. Século XVII, 48 (31,4%) documentos. Século XVIII, 83 (54,4%) documentos. Século XIX, 8 (5,3%) documentos. Século XX, 7 (4,5%), estes últimos são os documentos chamados de miscelânea.

Visto que os documentos conhecidos, os 2 (1,2%) mais antigos e os estudados por H. Carr, a partir do trabalho de Knoop e Jones, foram 16 (10,4%). Somados, os documentos que pude acessar e saber da menção sobre S. João como Santo Padroeiro dos Maçons são, atualmente, em número de 18 (11,6%). Sendo dois deles os mais antigos, nos quais não há menção aos Santos de nome João. Já os 16 restantes, o mais antigo a referir o nome de S. João é The Edinburgh Registre House, 1696 (ver anexo 6, as primeiras 15 questões do catecismo). Portanto, não temos nenhuma informação sobre a presença do nome de S. João em documentos maçônicos, entre 1410 – data do Ms de Cooke – e 1696. Entre estas duas datas existem 51 (33,4%) manuscritos; depois de 1696, descontando os 16 estudados, ainda encontramos mais 84 (54,9%) documentos; pessoalmente presumo que estes documentos deverão mencionar os dois Santos de nome João, como percebemos nas Old Charges francesas, todas elas posteriores ao desenvolvimento Especulativo inglês.

g) Somente poderemos ter uma compreensão mais conclusiva quando tivermos conhecimento do conteúdo das Old Charges restantes, não estudadas e não conhecidas pelo autor, e que representam a maioria de 88,3% das Antigas Obrigações catalogadas. Mesmo que 81 (52,9%) tenham data posterior a 1717, portanto, depois da Primeira Grande Loja, quando os Santos joaninos já eram uma realidade no âmbito maçônico.

i) Como já se disse, não encontramos na documentação estudada uma ligação concreta entre os Santos de nome João e a Maçonaria Operativa. Todas as lendas e mitos associados aos Santos não apresentam temática relacionada quer aos pedreiros que aos construtores em geral – como visto, por exemplo, nas lendas dos Quatuor Coronati e S. Tomé. Contudo, é inegável a aproximação destes Santos com o pensamento especulativo.

São João Batista é reconhecido como o anunciador, o proclamador da vinda do Messias, isto é, da Luz. Assim, a visão especulativa que nos estimula, continuamente, a buscar a Verdade, o Conhecimento, a Luz, encontra ligação direta com o escopo do ser Maçom, mais ainda, do vir a ser Maçom.

São João Evangelista prega, exatamente, a importância da Luz no desenvolvimento de tudo: do cosmo, da Terra, do homem e, portanto, do Maçom. A utilização do Quarto Evangelho, tanto nos versículos escoceses como nos adonhiramitas, sintetiza esta busca que, dada a imperfeição do homem, torna-se constante, contínua e necessária. Indiferentemente de como possamos entender a escolha destes textos, seja porque o Padroeiro é S. João, seja S. João eleito padroeiro pela utilização do seu ensinamento, fato é que a relação da Maçonaria Especulativa com os Santos de nome João é mais evidente e consistente que a encontrada nos documentos e textos Operativos.

Finalizando e tecendo um paralelo, ouso dizer que, assim como a Maçonaria é HERDEIRA das tradições iniciáticas da antiguidade, embora não tenha existido naquele momento histórico, paralela e contemporaneamente com elas, de igual forma os Santos em estudo, João Batista e João Evangelista, são HERDEIROS de uma antiga tradição de Santos Padroeiros que se cristalizou, maçonicamente, no período de Transição no nome, figura e simbolismo destes Santos, embora, possivelmente, não tenham desempenhado esta função nas fases primevas da Instituição Maçônica.

11. Posfácio

Todo autor ao compor um texto busca por algo novo. A originalidade, ou pelo menos a novidade, devem ser as marcas de um bom estudo. Não por acaso o saudoso Irm.·. K. Prober batizou seu "pasquim" de A Bigorna, Boletim Noticioso e NOVIDADEIRO[670]. Observando tudo que foi dito, penso que há pouca originalidade neste estudo. Penso que uma possível novidade possa ser encontrada na forma como os dados foram dispostos. Mesmo assim, recuperar conhecimentos que trazemos e que deles não mais temos consciência é um modo de (re)aprender.

Reconhecendo que a motivação para o estudo foi uma dúvida pessoal, uma avaliação positiva está diretamente ligada à capacidade de o trabalho dirimir a dúvida inicial. Se por um lado me foi dado conhecer muito mais que conhecia anteriormente de Maçonaria, História Geral, História da Igreja e do Cristianismo, penso que o estudo cumpriu com este desiderato.

Por outro lado, muitas novas dúvidas e questionamentos estão à espera de um novo estudo. Onde está esta esmagadora maioria de Old Charges não estudadas? Por que não foram dadas a conhecer na integralidade? Aliás, porque é tão exígua a produção relativa aos Antigos Deveres?

No campo do simbolismo maçônico muitas questões permanecem abertas. Trabalhavam os Operativos com algum símbolo?

---

[670] K.Prober, A Bigorna, vol. 1, nº 1 a 33, edição do autor, nº 370.

Quais os símbolos utilizados na Idade Média pelas Corporações de Ofício? Quando os Operativos lançaram mãos deles? Quando começamos a estudar simbolicamente os instrumentos de trabalho? Como foi possível aos Operativos adaptarem-se à convivência com os Especulativos e desenvolverem estudos nos campos simbólico, histórico, filosófico e outros?

Apesar de termos avançado, consideravelmente, no conhecimento de diferentes aspectos da Instituição graças aos incansáveis Irmãos que se dedicaram à pesquisa primária. Os pesquisadores ingleses que inauguraram o sistema de Lojas de Pesquisa e continuam trazendo dados originais e novidades do passado longínquo de nossas raízes. Os franceses não ficaram a dever em nada neste campo, Lojas de Pesquisas foram desenvolvidas e muitas novidades vieram à luz. Entre nós, no Brasil, é preciso lembrar, parabenizar e agradecer aos Irmãos que modificaram a produção literária maçônica. No nome dos irmãos: Manoel Arão, Nicola Aslan, Theobaldo Varoli Filho, José Castellani e Francisco de Assis, gostaria de agradecer a todos aqueles que têm se dedicado a esta difícil, solitária e, por vezes, poeirenta tarefa de, com seus esforços, facilitarem o nosso caminhar em busca do conhecimento, da Luz.

12. Bibliografia Comentada

A) BIBLIOGRAFIA NÃO MAÇÔNICA

A.I) BIBLIOGRAFIA NÃO MAÇÔNICA, RELIGIOSA

1. A. V. DenBorn, Dicionário Enciclopédico da Bíblia, 5ª. edição, Ed. Vozes, 1992.

Excelente obra na abordagem dos temas bíblicos. Verbetes muito minuciosos com referências repetidas às fontes primárias, preponderantemente, latinas. Foi muito útil sempre que necessitei de um esclarecimento confiável de temas não encontrados em outros dicionários bíblicos.

2.Bíblia Sagrada

Utilizei diferentes edições da Bíblia Sagrada, secundado por fontes virtuais quando foi necessário comparações.

2.a) Bíblia Sagrada, (Trad. Monges de Maresous, Bélgica) 37ª Edição, Ed. Ave Maria, 1982.

É a edição mais facilmente encontrada da versão dita vulgata de S. Jerônimo, utilizada pela Igreja Católica.

2.b) Bíblia Sagrada, Edição Eletrônica, –

Edição encontrada em http://www.rksoft.com.br/html/biblia.html

Facilita no trabalho, pois permite a pesquisa de palavras e expressões; permite o estudo através de mapas e comentários. Também é acrescida de um minidicionário.

2.c) Bíblia Sagrada, Edição Missionária, a partir da tradução de João Ferreira de Almeida, 2ª. edição, Sociedade Bíblica do Brasil, 1988.

Edição comumente empregada pela Igreja Evangélica, mantendo algumas distinções para a versão católica. Não apresenta o livro Eclesiástico, por exemplo.

2.d) Bíblia Sagrada, Edição Pastoral, Paulus, 1990.

Edição mais moderna e com linguagem mais atual da versão vulgata. Facilita o entendimento de algumas passagens mais obscuras crípticas. Auxilia como texto de comparação no estudo de versículo a versículo.

3) E. Arens, A Bíblia sem Mitos, uma Introdução Crítica, 3ª. edição, Paulus, 2007.

Trata-se de obra sobre a crítica histórica do texto bíblico. O autor avalia os aspectos históricos, culturais e religiosos que levaram à produção dos textos. Reflete sobre as possíveis origens e possíveis autores dos diferentes livros, propondo síntese autoral diversa da tradicional. Fundamental em qualquer abordagem sobre a história do povo hebreu e do próprio livro bíblico.

4)G. Brainey, Uma Breve História do Cristianismo, Ed. Fundamento, 2012.

Neste texto recente, encontrado durante a produção de nosso estudo, está disposta uma muito breve história do cristianismo; muitos dos eventos desta história são apenas pontuados ou citados cronologicamente. Foi fonte de pesquisa para nosso trabalho, principalmente, os primeiros capítulos sobre o desenvolvimento inicial da Igreja. Obra de fácil e agradável leitura.

5) I. Asimov, Guia de la Biblia, Nuevo Testamento, Ed. Laia, 1985.

Interessante livro, escrito por um não religioso. O interesse do autor foi buscar bases históricas para os eventos narrados na

Bíblia. Faz alguns comentários muito curiosos, como é sua conclusão a respeito do Éden, diz o autor que Éden era uma região onde poderia ter-se localizado o jardim descrito nas escrituras, desta forma, mais corretamente, deveríamos dizer o Jardim que ficava no Éden, e não o Jardim do Éden, que dá ideia de um jardim cujo nome é Éden, e não de um jardim que ficava em uma região maior, esta sim, chamada Éden.

6) J. W. Rogerson, O Livro de Ouro da Bíblia, Ediouro, 2003.

Este texto focaliza-se especificamente na história do livro chamado Bíblia. Discorre sobre os autores e os objetivos que tiveram na composição dos textos. Permite uma visão cronológica muito pertinente sobre o aparecimento dos textos, principalmente quando discorre sobre as profecias.

7) Martirológio Romano em http://www.4shared.com/office/bh_psYeB/martirologio_romano.html

É um texto que acabei conhecendo ao longo das pesquisas realizadas para este trabalho. Trata-se de documento alentado, com mais de 600 páginas, que relaciona todos os mártires comemorados ao longo do ano. Descobre-se que a cada dia comemoram-se entre 10 e 15 mártires diferentes, o que faz subir o número dos beatos e Santos da Igreja. Vale como consulta histórica.

A.II) BIBLIOGRAFIA NÃO MAÇÔNICA, LEIGA

1) I. Asimov, Cronologia das Ciências e das Descobertas, 2ª edição, Civ. Brasileira, 2001.

Esta obra aborda a cronologia do desenvolvimento tecnológico e científico do homem. Começando com a evolução dos hominídeos chega aos principais progressos do final do século XX, época de publicação da obra com o autor ainda vivo. O painel apresentado possibilita uma visão sequencial das principais descobertas e criações do homem.

2) F. de Coulanges, A Cidade Antiga, Ediouro, 2004.

Esta é uma obra surpreendente, pelo menos me surpreendeu muito. O autor desenvolve a tese sobre o período organizacional das crenças humanas antes do desenvolvimento das cidades. Expõe, com talento, a caracterização da religião domiciliar, embrião das demais religiões. Também expõe o desenvolvimento do direito e outras aventuras criativas do ser humano.

3) G. A. J. Hodgett, História Social e Econômica da Idade Média, 2ª. Edição, Zahar Ed. 1982.

Um livro que apresenta uma resenha do desenvolvimento socioeconômico da Idade Média, permitindo a compreensão das principais características daquela época. Comenta as feiras, as estradas, os produtos, as rendas. Enfim, a compreensão da Idade Média estará incompleta sem o conhecimento aqui apresentado.

4) Jacopo de Varazze, Legenda Áurea, A Vida dos Santos, Cia. de Letras, tradução Hilário Franco Júnior, 2003.

Este é um daqueles livros que nem sonhamos existir, ao descobrirmos sua existência nos surpreendemos e ao lê-lo nos apaixonamos. Talvez o primeiro best-seller editorial, apresenta, senão todas, pelo menos a maioria das histórias que ouvimos em algum momento de nossa catequese. A tradução é magistral, a edição perfeita.

5) J. Heers, O Ocidente nos séculos XIV e XV, Edusp/Pioneira, 1981.

Assim como o livro anterior é fundamental para a compreensão das características da Idade Média, este e o seguinte auxiliam muito com o painel social e cultural que apresentam.

6) J. Le Goff, Para um novo conceito de Idade Média, Ed. Estampa, 1980.

O autor é renovado medievalista e a obra preencheu lacuna no seu lançamento. Todos os aspectos possíveis de serem estudados são abordados no texto. Permite a formação de um "novo conceito" a respeito dos fatos e atos da Idade Média.

7) M. C. da Silva, A Realeza Cristã na Alta Idade Média, Alameda, 2008.

Este livro foi uma grata surpresa na pesquisa feita em busca de uma compreensão da posição do cristianismo na Alta Idade Média. Obra nacional que enfoca os primeiros merovíngios e suas estreitas relações com a Igreja Católica, mais especificamente, descreve a conversão de Clóvis e seus descendentes. Imperdível.

8) P. Du Colombier, Les Chantiers des Cathédrales, Ed. A. & J. Picard, Nouvelle édition, 1973.

Este é um texto clássico quando estudamos a vida dos construtores das catedrais medievais. O autor aborda os construtores, os arquitetos, as plantas, as construções. Foram muito úteis os dados apresentados a respeito dos Quatro Mártires Coroados.

B) BIBLIOGRAFIA MAÇÔNICA

B.A) BIBLIOGRAFIA MAÇÔNICA – BRASILEIRA

1) J. Castellani, Consultório Maçônico, II, A TROLHA, 1989.

A coletânea "Consultório Maçônico" deve ser lida e estudada por todos os Irmãos interessados nos diversos campos de estudo da Maçonaria. Ao todo são hoje 11 (onze) volumes, nos quais o autor, a exemplo de H. Carr em seu The Freemason at Work, responde dúvidas com sua particular técnica e tática.

2) N. Aslan, Grande Dicionário Enciclopédico de Simbologia e Maçonaria, vol. IV, A TROLHA, 2000.

Reputo como a obra "obrigatória" para um desenvolvimento seguro do saber maçônico. Pessoalmente não conheço outra obra do gênero – nacional ou estrangeira – que lhe desmereça. Nos seus quatro volumes dificilmente deixamos de encontrar resposta para nossas dúvidas.

3)R. da Camino, Lendas Maçônicas, Ed. Aurora, 1982.

O Irmão Rizzardo da Camino, autor falecido, é dono de uma produção invejável. Sua visão mais espiritualizada e mística imprime aos textos um formato particular entre os autores nacionais.

B.B) BIBLIOGRAFIA MAÇÔNICA – ESTRANGEIRA

1)A.G. Mackey, Enciclopedia de la Francmasonería, vol. I-IV, Grijalbo, 1981.

Sem dúvida foi a primeira obra de referência no estudo da Maçonaria, visto que sua primeira edição é de 1857. Mesmo sofrente de um acesso mais limitado a informações, talvez não disponíveis então, merece estudo e as devidas considerações. É bibliografia básica ao lado de N. Aslan.

2) B. E. Jones, Freemasons' Guide and Compendium, Georg G Harrap & Cia. Ltd. 1955.

Penso ser falha qualquer relação bibliográfica que não refira Bernard E. Jones. Este é um daqueles livros que fornecem as bases para um estudo sólido. É um vade-mécum indispensável.

3) H. Carr, An Examination of the Early Masonic Catechisms, Lodge of Research, Leicester, 1963.

Este é um pequeno texto, não mais que 70 páginas, comentando e aprofundando o trabalho de D. Koop & G. P. Jones, The Early Masonics Cathecisms. Privilegia o estudo dos catecismos ingleses dos séculos XVII e XVIII. Imprescindível para o desenvolvimento de uma compreensão histórico-evolutiva destes documentos.

4) H. Carr, The Early French Exposures, Quatuor Coronati Lodge, 1971.

Este é um texto mais longo, chancelado pela Quatuor

Coronati, dedica-se ao estudo dos catecismos franceses, cronologicamente posteriores aos ingleses. O texto permite uma visão da produção francesa que se desenvolveu a partir das exposituras inglesas, principalmente, do "A Maçonaria Dissecada" de S. Prichard.

5) L. F. Abrines & R. A. Arderiu, Diccionario Enciclopédico de la Masonería, T. II, Ed. Kier, 1962.

Já comentamos esta obra em outro trabalho e, novamente, no início da segunda parte deste estudo. Penso que o Dicionário tem sua importância por ter sido muito utilizado, embora sofra de algumas falhas na fundamentação dos dados apresentados, conforme procuramos demonstrar com o estudo realizado, muito embora, reduzido aos dados relativos ao tema em apreço.

6) L. Vibert, The Story of the Craft: A Simple Account of the development of Freemasonry, Spencer & Co. s/d.

Fui apresentado a este autor através da bibliografia do Irm∴ N. Aslan. Demorei algum tempo até encontrar as obras deste autor – que em livro parecem ser em número de três. Da mesma forma que H. Carr, L.Vibert também foi secretário da A.Q.C. Neste texto apresenta uma síntese elucidativa do desenvolvimento da Maçonaria, desde suas raízes operativas até a estruturação especulativa no século XVIII.

7) L. Vibert, Freemasonry Before the Existence of Grand Lodges, Spencer & Co. s/d.

Esta obra focaliza mais os acontecimentos do período Operativo, com grande e instrutiva ênfase na caracterização do que devemos entender por Maçonaria Especulativa.

8) P. Naudon, A Maçonaria, Difusão Européia do Livro, 1968.

Um livrinho, acredito que hoje esgotado, cujo formado esconde um grande conteúdo. O autor é inquestionavelmente outro referencial seguro de um bom estudo. Ao lado de A. Mellor, A.

Lantoine e D. Ligou, P. Naudon apresenta uma visão pesquisada da Maçonaria na França.

9) P. Naudon, Les Origines de la Franc-Maçonnerie, Ed. Dervy, 2002.

Nestas duas obras o autor desenvolve um tema frequente em suas publicações. A relação da Maçonaria com a Igreja Cristã, com o cristianismo. Naudon procura fundamentação que relacione a presença do cristianismo no desenvolvimento do pensamento e postura maçônica. Esta obra é uma releitura de outra anterior, “Origines Religieuses et Corporatistes de la Franc-Maçonnerie”. O autor procura pelas origens da instituição ao longo da história dos construtores comentando o Colégio Romano e outras possíveis influências, principalmente as cristãs, da Idade Média.

10) P. Naudon, La Franc Maçonnerie Chrétienne, Dervy-Livres, 1970.

Uma faceta deste trabalho é a que se refere ao desenvolvimento de alguns Ritos e Rituais. Exemplos são: o aparecimento do grau de Kadosch, o Grau Rosa-Cruz, o Ritual do Real Arco e, também, o Rito Escocês Retificado de Willermoz. Como anexo somos apresentados aos manuscritos do Ritual do Grande Imperador do Oriente, 1765; ao Ritual do Soberano Príncipe Rosa-Cruz, 1787; e ao Ritual do Real Arco, 1765.

11) P. Naudon, Les Loges de Saint-Jean et La Philosophie Ésotérique de la Connaissance, Dervy-Livres, 3ème. Edition, 1980.

Terceira edição, 1980, da obra aparecida pela primeira vez em 1974. O autor apresenta uma resenha histórica sobre as Lojas de São João acrescida de um estudo nos campos Simbólicos que deve trazer algumas novidades aos Irmãos afeitos a este campo. Como de hábito esta obra de Paul Naudon traz interpretações pessoais e conclusões, por vezes, inesperadas.